VOZES ROUBADAS

VOZES ROUBADAS

Diários de guerra

Organizado por Zlata Filipović e Melanie Challenger

Tradução:
AUGUSTO PACHECO CALIL

7ª reimpressão

SEGUINTE
O selo jovem da Companhia das Letras

O selo Seguinte pertence à Editora Schwarcz S.A.

Grafia atualizada segundo o Acordo Ortográfico da Língua Portuguesa de 1990, que entrou em vigor no Brasil em 2009.

Título original
Stolen voices — Young people's war diaries, from World War I to Iraq

Capa
Kiko Farkas/ Máquina Estúdio
Elisa Cardoso/ Máquina Estúdio

Foto de capa
David Seymour/ Magnum Photos

Preparação
Marcos Luiz Fernandes

Revisão

Carmen S. da Costa
Daniela Medeiros

Dados Internacionais de Catalogação na Publicação (CIP)
(Câmara Brasileira do Livro, SP, Brasil)

Vozes roubadas : diários de guerra / organizado por Melanie Challenger e Zlata Filipović ; tradução Augusto Pacheco Calil. — 1ª ed. — São Paulo : Companhia das Letras, 2008.

Título original: Stolen voices — Young people's war diaries, from World War I to Iraq.
Vários autores.
ISBN 978-85-359-1210-4

1. Crianças e guerra 2. Diários 3. Juventude – Diários I. Challenger, Melanie. II. Filipović, Zlata.

08-01991 CDD-302.230904

Índice para catálogo sistemático:
1. Diários de guerra : Jovens : Meios de comunicação : Século 20 : Sociologia 302.230904

[2020]

EDITORA SCHWARCZ S.A.
Rua Bandeira Paulista, 702, cj. 32
04532-002 — São Paulo — SP
Telefone: (11) 3707-3500
www.seguinte.com.br
contato@seguinte.com.br

/editoraseguinte
@editoraseguinte
Editora Seguinte
editoraseguinteoficial

SUMÁRIO

(Nota: um asterisco [*] indica diários já publicados mas esgotados; dois asteriscos [**] indicam diários inéditos)

PREFÁCIO

As vozes destas crianças nos oferecem um vislumbre de como o horror da guerra destrói a inocência da infância e corrompe nosso bem mais precioso: os jovens. Durante a última década, 2 milhões de crianças foram mortas em situações de conflito armado, enquanto outros 6 milhões foram mutiladas ou feridas. Mais de 250 mil crianças são usadas hoje como soldados em conflitos armados por todo o planeta. Desde 2003, mais de 11,5 milhões ficaram desabrigadas em seus próprios países, e 2,4 milhões foram forçadas a se refugiar fora de sua terra natal. O flagelo das minas terrestres resulta na morte ou mutilação de algo entre 8 mil e 10 mil crianças todo ano. No futuro, a paz e a prosperidade de muitos países dependerão de como lidaremos com as crianças afetadas pelos conflitos de hoje e de sua reabilitação e desenvolvimento posteriores.

Assumi o cargo de representante especial do Secretariado-Geral para Crianças e Conflitos Armados das Nações Unidas em setembro de 1997, depois da publicação do revolucionário relatório da sra. Graça Machel a respeito do impacto do conflito armado sobre os jovens. Durante os últimos anos, através dos esforços do meu gabinete e da comunidade internacional, avanços significativos foram obtidos, impulsionando a causa da proteção às crianças e gerando grande solidariedade por ela. Esses esforços resultaram em maior consciência global no sentido de advogar em favor das crianças afetadas por conflitos armados, bem como no desenvolvimento de um impressionante e abrangente corpo de normas e instrumentos de proteção. Além disso, o amparo às crianças afetadas pela guerra está agora firmemente instalado na agenda internacional de paz e segurança, e a proteção e o bem-estar das crianças refletem-se cada vez mais nos mandatos das missões de paz das Nações Unidas, incluindo o destacamento de conselheiros de proteção infantil. As preocupações das crianças também vêm sendo incorporadas nas negociações de paz, nos acordos e nos programas de reabilitação e reconstrução posteriores aos conflitos.

Apesar desses avanços, a situação das crianças permanece grave e inaceitável. A comunidade internacional enfrenta agora uma dura dicotomia. De um lado, foram estabelecidos padrões claros e sólidos em relação à proteção às crianças afetadas por conflitos armados, bem como firmaram-se importantes iniciativas concretas, especialmente no âmbito internacional. Por outro lado, as atrocidades cometidas contra as crianças continuam, em boa medida, sem combate na vida real. A chave para vencer essa lacuna está numa campanha global coordenada que apoie padrões e normas internacionais, ou seja, um redirecionamento da energia empregada na elaboração de padrões para a missão de fazê-los valer na prática.

Desde 2001, o relatório anual do Secretariado-Geral para Crianças e Conflitos Armados das Nações Unidas tem incluído informações específicas quanto às graves violações cometidas contra as crianças e anexado “listas” de monitoramento que apontam explicitamente as partes que recrutam e usam crianças em situações de conflito armado. O Conselho de Segurança também expressou sua intenção de tomar medidas concretas e pontuais contra as partes conflitantes listadas no relatório que não tomam providências para pôr fim às violações das quais são acusadas. Esses esforços, combinados à advocacia e à ação da sociedade civil nos âmbitos nacional e internacional, podem levar à criação da “massa crítica” necessária para acabar com os abusos contra as crianças.

Hoje, mais do que nunca, dispomos dos meios necessários para garantir a proteção a todas as crianças expostas a conflitos armados. No mundo atual, as partes conflitantes não mais operam como ilhas isoladas em si mesmas. A viabilidade e o sucesso dos seus projetos políticos e militares dependem crucialmente das redes de cooperação e boa vontade que as conectam ao mundo exterior — à sua vizinhança imediata e à comunidade internacional mais ampla. Nesse contexto, a força da opinião pública internacional e nacional representa um meio poderoso de influenciar a conduta dos grupos em conflito. Livros como *Vozes roubadas* contribuem para a formação dessa massa crítica.

Olara A. Otunnu, subsecretária-geral das Nações Unidas,
Representante especial do Secretariado-Geral
para Crianças e Conflitos Armados (1997-2005)
Nova York, julho de 2005

AGRADECIMENTOS

As organizadoras gostariam de agradecer a:

Barry van Driel, por apresentar-nos em 2003, quando "um pensamento se lançou para desposar outro pensamento"!

Anne Frank-Fonds (Suíça), Scarman Trust, Big Lottery Fund e Bridge House Estates Trust (Inglaterra), pelo financiamento e desenvolvimento deste livro.

Jack Boas; Paul Salmons e os departamentos de educação e arquivo do Imperial War Museum, de Londres; Georgina Fitzpatrick e Karen Murphy, do Facing History and Ourselves; Kay Shaffer, Janet Symes e Katy Radford, do Save the Children UK; Jehan Helou, do Tamer Institute; Basima Takrori, Suzanne Bunkers, John Pinkerton, Helen Basini e Kanan Abid, do War Child; Alex Ross, Toine van Teeffelen e Marliers Hagers, do NRC Handelsblad; Marie Masumoto, do Japanese American National Museum; Rivka Schiller, do YIVO Institute for Jewish Research; Diane Gordon e a equipe do Auckland War Museum; Karen Coe e a equipe do United States Holocaust Memorial Museum; Musab Hayatli, Mohammed Thamir, Linda e Andrew Hutchinson, Lucrecia e Bill Coomber, Libby e Laurie Weisman, George Landau, Mark Davies, Fran Sterling, Alexandra Zapruder, Stephen Glantz, DeeDee e Gary Whitman, Olara Otunnu, Lisa Nicoletti, Tina e David Micklethwait, Antoine Audouard, Susanna Lea e a sua equipe — especialmente Katrin Hodapp —, Tobias e o resto da família Munthe, Jonathan Tepper, Iason Athanasiadis, Martina Lajtner, Aoife Daly, Henry Raymont, nossos editores na Penguin Books e, é claro, nossos queridos pais, amigos e familiares.

INTRODUÇÃO

Zlata Filipović

Eu pensava que as guerras aconteciam às outras pessoas. Até os meus onze anos, morando na Bósnia, tudo o que eu ouvira sobre as guerras era que elas tinham ocorrido havia muito tempo, como as duas guerras mundiais, ou que aconteciam no Líbano, na África — em algum lugar distante. Mesmo enquanto a guerra lentamente espreitava minha Sarajevo natal, rastejando pelas cidades e vilas ao meu redor, eu pensava que aquilo jamais poderia acontecer comigo. Guerras são como doenças terríveis, como a pobreza, como todas as coisas ruins que sabemos que acontecem no mundo, mas achamos que nunca chegarão até nós. Como forma natural de nos protegermos, procurando nos certificar de que jamais tenhamos de vivenciá-las, preferimos não pensar a respeito das guerras e as transferimos para outras pessoas, distantes de nós.

No início de 1992, eu tinha onze anos e vivia feliz e sem preocupações em Sarajevo, ansiando por cada dia, por ir à escola, pelas férias, por crescer na minha cidade, trabalhar e formar uma família lá. Nunca me passou pela cabeça que uma guerra me atingiria, pondo tudo de cabeça para baixo, dividindo minha vida em dois períodos: *antes* da guerra e *desde* que a guerra começou. Um ano ou dois antes de "minha" guerra começar, eu havia lido o diário de Anne Frank. Fiquei horrorizada ao ver que tanto sofrimento e injustiça poderiam acontecer a alguém cujas palavras me encorajaram a conhecê-la e a gostar dela, e cujos escritos pessoais ofereciam o material para a minha própria identificação. O diário de Anne Frank, bem como o do fictício Adrian Mole (a invenção hilária de Sue Townsend), me inspiraram a começar meu próprio diário. Pensei que ele seria o meu tesouro pessoal, algo a que eu pudesse voltar nos anos vindouros e rir da minha inocência e dos alegres eventos cotidianos da minha infância e adolescência. Infelizmente, de forma brutal e repentina, a guerra entrou na minha vida, e o meu diário tornou-se um diário de guerra, um registro dos terríveis eventos que aconteciam a minha família, meus vizinhos, minha cidade e meu país. Uma série de eventos precipitou a publicação do meu diário — uma história individual que se tornou um testemunho do sítio de Sarajevo e da vida de uma criança sob o fogo cruzado.

Em 2003, fui procurada por uma jovem inglesa que estava pensando em reunir uma série de diários de guerra, e ela me perguntou se eu teria interesse em trabalharmos juntas — foi assim que começou a história de *Vozes roubadas* e da colaboração com Melanie Challenger. A combinação da minha própria experiência e do meu interesse em estudar a paz e o conflito me permitiu tomar parte de uma seleção sem precedentes. Até hoje, os diários de guerra vêm sendo apresentados ao público ou como uma singularidade, na qual um indivíduo apresenta a sua própria vida em meio ao conflito, ou como uma seleção, concentrando-se num evento específico — como a Primeira Guerra Mundial, o Holocausto ou a Guerra do Vietnã. Esta coletânea é a primeira do gênero a expor a vivência do conflito compartilhada pelos jovens, quando quer que a violência tenha ocorrido, seja onde for. Como organizadoras, Melanie e eu decidimos interpretar o conceito de guerra de maneira mais ampla, para incluir não apenas situações que ficaram conhecidas e foram designadas como guerras, mas também vários conflitos mundiais e instâncias de violência coletiva. Decidimos também considerar não apenas os diários de jovens que vivenciaram o conflito em cidades, vilarejos, campos, esconderijos e guetos, mas também aqueles cujas mãos possivelmente pegaram em armas ou foram designadas para o uso delas. O jovem soldado é uma realidade do conflito tanto quanto o não combatente, e nós sentimos que seria importante e honesto mostrar ambos os lados dessa moeda. A seleção final contém treze diários entre já publicados e inéditos, esquecidos e arquivados, que nos aproximam de cada jovem cuja vida foi tocada pela violência dos séculos XX e XXI.

Durante a pesquisa para este livro, deparei-me com os paralelismos entre as vidas e os escritos das diferentes pessoas, pois, ao vivenciar o conflito, os jovens experimentam e escrevem a respeito de coisas similares. É claro, toda universalização é arriscada, uma tentativa de amalgamar várias experiências individuais numa única vivência — mas também é impossível, ao olhar para os vários diários de guerra mantidos pelos jovens, deixar de notar semelhanças e temas recorrentes. Em todos eles, reconheço os momentos de desespero, de confusão, injustiça e dor; a consciência da perda da infância, da juventude e da inocência sobre a qual eu mesma escrevi, pensei ou senti. Também reconheço as instâncias menos esperadas dos eventos mais simples de cada dia, bem como a continuidade da vida e do processo de crescimento, da esperança, do desejo pela natureza, pela música, pelo humor, dos planos, das ambições e da jovialidade — apesar da existência da guerra, essa coisa terrível e negra feita para "engolir" a vida. Às vezes temos a sensação de que estas vozes estão conversando umas com as outras, complementando-se e cantando juntas numa única voz, a voz da infância roubada e da juventude insubstituível.

Talvez a pergunta seja: Por que uma coletânea de diários, em vez de outras formas de expressão? Os diários oferecem uma experiência imediata dos eventos, antes que maiores considerações ou truques da memória possam distorcer ou influenciar um relato. Os diários contêm as palavras de seu tempo, mas são também muito pessoais e em geral não são escritos para serem publicados; assim, eles transmitem a natureza do conflito de uma maneira real e muito imediata. Embora não sejam redigidos como um registro histórico, acabam sendo exatamente isso, de um jeito poderoso, pessoal e humano.

É interessante considerar por um momento como surgiram os diários aqui apresentados. A maioria dos jovens que mantêm diários tem um interesse geral pela leitura e pela escrita, e alimentam a ambição de um dia se tornarem romancistas, poetas ou jornalistas, uma vez que as "temíveis" guerras tenham acabado. Além da oportunidade que os diários oferecem para o registro dos eventos cotidianos, eles propiciam aos seus autores um refúgio da loucura que os cerca e se tornam espaços de comunicação e expressão pessoal. Os diários são ao mesmo tempo registros e confissões, enquanto a escrita é um método de transformação, permitindo aos autores assimilar e personalizar os eventos que os cercam e estão fora do seu controle. Durante o conflito, o mundo exterior é forte e incontrolável; a morte espreita em cada esquina e a todo momento, e então a criação desse espaço pessoal e íntimo que um indivíduo pode dominar e utilizar para dar algum sentido à própria vida torna-se incrivelmente importante. Através da observação e da escrita, o autor do diário também vivencia uma maneira de se distanciar da situação terrível, mesmo que seja apenas pela duração da escrita. Enquanto a privação e a miséria do lado de fora manifestam-se em cada sentença, o próprio processo da escrita pertence apenas ao autor do diário e ajuda a preservar sua individualidade e sanidade. Por vezes, o desejo de escrever é tão forte que sobrepuja as ameaças de punição (como era o caso em alguns campos de prisioneiros) ou as restrições de tempo e espaço (como na maioria dos diários de campo de batalha). Este é um forte desejo de se comunicar, de acreditar que alguém esteja ouvindo, mesmo que seja um pedaço de papel em branco, que alguém possa escutar e compreender.

Muitos diários não foram incluídos nesta seleção — alguns eram curtos demais, outros demasiado longos, alguns inacessíveis ao grande público em virtude do estilo de escrita, e alguns simplesmente não foram (ainda) descobertos. É importante lembrar que aqueles que mantêm diários são apenas os letrados, que dispõem de tempo, espaço, papel e tinta para escrever e cujas culturas trazem uma tradição de escrita diária. Não é o caso do mundo todo, o que explica a extrema dificuldade em encontrar diários provenientes da África e da América do Sul, bem como de grupos como os americanos nativos, aborígines ou maoris, embora a violência e as perseguições tenham desempenhado um papel importante na história desses povos. Assim, Melanie e eu não fomos capazes de representar essas vozes nesta seleção. Entretanto, durante nossa pesquisa, encontramos incríveis testemunhos orais e escritos, histórias curtas, desenhos e poemas feitos por jovens sobreviventes de conflitos, que proporcionam um poderoso vislumbre de suas vivências.

Espero que os diários aqui incluídos possam oferecer uma visão do que significa ser um jovem crescendo em meio à guerra. Vemos a guerra como um conceito enorme e alienígena, quase impossível de ser plenamente entendido. Ao conhecer as pessoas que a vivenciaram, cresceram em meio a ela e compartilharam conosco seus fragmentos diários, podemos dividir o conceito da guerra em pedaços menores e começar a entender o que ela significa. Para mim, viver na guerra significava a falta de água, por exemplo. Significava não poder sair nas ruas. Significava não ter tecidos de algodão. Significava que todos conheciam pelo menos uma pessoa próxima que havia sido morta. Significava inventar novas maneiras de cozinhar, significava inventar novas receitas. Significava que as pessoas continuavam fazendo bebês. Significava que as pessoas ainda morriam de causas naturais. Significava que as pessoas continuavam se casando. Significava manter a esperança, planejar o futuro. Também significava a presença da morte a cada momento. Significava tantos detalhes da vida — e se começarmos a selecionar esses momentos, teremos um quadro maior e mais coerente de como é a vida dentro do conflito. Também aprendemos o peso das coisas simples da vida e o efeito de sua ausência.

Talvez os diários de *Vozes roubadas* ajudem a refinar as noções que empregamos no pensamento histórico e dos problemas atuais. As guerras *realmente acontecem* a pessoas como nós — pessoas com esperanças, desejos e problemas, não importa quando e onde vivam. Ao desenvolver um relacionamento íntimo com os indivíduos que sobreviveram ao conflito, somos forçados a ir além das atordoantes contagens de vítimas e das imagens de refugiados e sobreviventes sem rosto, imaginando de fato cada uma dessas pessoas — suas vidas e suas histórias —, fazendo uso de nossa empatia e compaixão para realmente sentir a proximidade de vítimas e sobreviventes com os quais estamos ligados. Talvez assim possamos perceber também que os jovens cujos escritos e cuja vida estamos conhecendo compartilham uma humanidade comum, que transcende a cultura, o credo e a geografia. É também uma humanidade que compartilhamos.

Meu maior desejo é que o leitor consiga se ligar a todos os autores dos diários, seguindo sua "história de guerra" e aprendendo um pouco mais a respeito dos frequentemente frios e abstratos fatos históricos (ou atuais) dos respectivos conflitos. Estes diários podem fazer do conceito da guerra algo menos misterioso e mais acessível, para que saibamos com o que estamos lidando, como ela é e como funciona. Podemos olhar o conflito dentro dos olhos, através dos olhos dos jovens diaristas. Através do entendimento do que é o conflito, podemos estar em posição mais favorável para lidar com ele. Nosso profundo desejo de paz e a verdadeira existência desta podem, infelizmente, estar sempre em contradição, mas isso não significa que devamos abandonar o difícil trabalho de conhecer a paz, mantê-la e encontrá-la quando houver desaparecido. Por toda a história, países se tornaram ditaduras, marginalizando e perseguindo grupos por motivos políticos e econômicos, mas a educação preconceituosa e a propaganda objetiva foram de imensa influência no processo de manipulação da invenção de inimigos, da criação do medo, e do distanciamento em relação ao "outro". Se tomarmos essa visão da educação agindo negativamente, nada nos impede de afirmar que ela também possa agir positivamente — em favor da paz.

Há alguns meses, recebi um e-mail de uma garota americana de dez anos que lera o meu diário e cuja argumentação era tão pertinente que me senti obrigada a reproduzi-la aqui. Ela estranhava que a minha história fosse a única que ela lera sobre a guerra na Bósnia, ou que a história mais famosa sobre o Holocausto fosse a de Anne Frank. Mas, depois de pensar um pouco, ela percebeu que, para melhor compreendê-la, seguimos uma história e subsequentemente aceitamos que Anne Frank seja, à sua maneira, o rosto do Holocausto, e que eu seria, de certa forma, a face da guerra na Bósnia. Entretanto, ela não podia deixar de se indagar: "Quem será a face da paz?".

Zlata Filipović
Dublin, 2006

INTRODUÇÃO

Melanie Challenger

Quando Anne Frank, a mais famosa diarista do século XX, morreu no campo de concentração de Bergen-Belsen, em março de 1945, ela morreu em completo anonimato, tendo sua individualidade arrancada pelo governo nazista e reduzida a nada mais do que uma entre os seis milhões de judeus, homens, mulheres e crianças, levados à morte durante o Holocausto. Mas em algum lugar seu diário permaneceu na escuridão, recusando essa sentença e combatendo-a. O diário exclama a cada página que Anne Frank não era apenas uma judia. Ela era, como todos os seres humanos, um bordado de emoções, desejos, defeitos e qualidades, os complexos detalhes de uma vida. Ela desejava tornar-se escritora, era apaixonada por um garoto chamado Peter, tinha uma melhor amiga chamada Hannah e amava a mãe na mesma medida que tinha raiva dela. Nas páginas do seu diário, ela relata seu sonho de que algum dia ela e sua família pudessem ser "pessoas novamente, e não apenas judeus".

Conheci Zlata em Amsterdã, na Prinsengracht, na casa em que Anne Frank escrevera o seu diário. Era um belo e ensolarado dia da primavera de 2003, e juntas nós andamos pelos cômodos que a família Frank habitara por muitos anos e vimos a castanheira que Anne descreve, florindo para uma nova temporada quase sessenta anos após a morte da adolescente holandesa. O local onde ela se escondeu e escreveu seu diário foi transformado num museu visitado por milhões de pessoas que aprendem sobre as atrocidades que ocorreram depois de 1945: o conflito no Vietnã, o Khmer Vermelho no Camboja, o colapso da Iugoslávia e o massacre de Srebrenica, os curdos mortos em 1988 por gás venenoso, o genocídio em Ruanda e, agora, os conflitos no Afeganistão, Iraque e Sudão.

Nós duas tínhamos lido *O diário de Anne Frank* e havíamos nós mesmas mantido diários desde cedo. Os meus permaneceram pessoais, os pensamentos e autoexames de uma adolescente que viveu tempos de paz. Os de Zlata passaram por uma sinistra metamorfose até se tornarem diários de guerra, o relato da testemunha ocular de um terrível período na história, um registro de sofrimento e resistência. Foi um registro que deu a ela o solene título de "Anne Frank de Sarajevo".

Juntas, imaginamos um livro que reconstituísse o caminho da guerra através do século conforme esta invadia a vida de criança após criança, cada bala e cada cartucho de artilharia criando ondulações, violenta e hipnoticamente, através da vida interior de uma criança, espalhando-se pelas vidas de seus amigos e família e até pelo futuro do seu país e do mundo.

Saí da universidade com a ingênua crença de que me tornaria uma autora de ficção. Mas quando pus a caneta no papel para produzir uma história de entretenimento e distração, descobri-me lutando contra as palavras. Era o ano 2000, quinto aniversário do final do conflito na Bósnia-Herzegovina. Os pormenores desse conflito chegaram ao meu conhecimento através de imagens e do material filmado e transmitido pela televisão e pela internet, canais de recepção passiva, a consciência de poltrona. Nascida no final dos anos 1970, eu pertencia à geração da experiência como distração, e a escrita que eu supusera para mim mesma parecia apresentar os sintomas desse mal. Através de uma série de conversas e coincidências, aprendi, por diversos meios — música, filmes e literatura —, que a escrita estava sendo usada de forma *ativa* na Bósnia após o conflito. Nesse país em recuperação, roteiros de filme, diários, poemas, contos e libretos faziam parte daquilo que Walter Benjamin chamou de a moribunda função social da arte, a função de comunicar algo poderoso aos apáticos e entorpecidos, catalisando nossas mentes para um pensamento ativo. Embora me sentisse sobrecarregada pelas dificuldades e pela culpa experimentadas por um artista ao lidar com temas como o genocídio e o conflito, e batalhasse para me manter acima dos perigos da exploração e comercialização, achei que os riscos eram mais importantes do que reclamar esta função social do escritor.

A escrita é utilizada para melhor compreender as coisas, para organizar os pensamentos e ideias, especialmente as mais difíceis, para memorizar e persuadir, para manipular e comandar. Os estados-nação que levaram as pessoas à guerra se basearam na escrita para concretizar suas intenções violentas, redigindo leis que então eram impostas aos outros, limitando suas vidas. Massas de documentos foram redigidas durante os anos do nazismo, e os nazistas, uma vez cientes da grande probabilidade de perderem a guerra, dedicaram-se à destruição dos artigos que os condenariam com a mesma sistematicidade com que tentavam apagar as vidas daqueles que não faziam parte da sua visão de Estado alemão perfeito. Imagine a população judia da Europa lendo, pela primeira vez, as restrições que o governo nazista impôs a ela. Ou as jovens mulheres do Afeganistão lendo as leis, conforme determinadas pelo Talibã durante os anos 1990, que restringiam significativamente suas vidas e o seu direito à educação. Stálin assinou pessoalmente milhares de sentenças de morte durante os expurgos comunistas. Um gesto da pena bastava para ele exterminar a vida de uma pessoa cujo rosto não vira e cuja voz não ouvira.

Contra esse abuso da escrita surge uma contramedida. Nos pedaços rasgados de papel em meio à escuridão das celas, em velhos cadernos de caligrafia nos porões à luz de velas, em blocos num campo de batalha, jovens rapazes e moças voltam seus olhares para dentro, para observar os efeitos que as horríveis circunstâncias têm sobre suas personalidades, e para fora, para registrar as transformações do mundo à sua volta sob o fardo da guerra. Como poeta, fiquei especialmente marcada pelo caso de uma revista de poesia fundada secretamente por alguns jovens em meio aos horrores do campo de concentração de Terezin, que sobreviveu à guerra. Através de *Vedem*, que significa *Na vanguarda*, os adolescentes expressavam sua ira, estupefação e esperança numa série de poemas surpreendentes. Esses poemas servem de testemunho do extraordinário valor da escrita enquanto instrumento de expressão humana nas circunstâncias mais proibitivas e adversas. Através da obstinação de sua escrita, as vozes desses jovens indivíduos sobreviveram até muito depois de os nazistas terem sepultado prematuramente os autores numa vala comum.

O conflito e o genocídio ecoaram por todo o século XX, uma sequência de sinos lúgubres batendo sem interrupção desde a Grande Guerra, a primeira guerra mundial da história humana, ressoando desoladoramente no século XXI. Estima-se que dezenas de milhões de indivíduos tenham sido mutilados durante essas campanhas militares, uma mão que ansiava pelo toque dos cabelos de uma criança ou da sobrancelha de um amante, uma mão que certa vez segurou uma pena, sacrificada pelas ambições de um Estado-nação.

A frágil carne do homem sucumbe à amputação pelos estilhaços, balas, granadas; o corpo de um ser humano é transformado num novo e cruel desenho pelo bisturi da guerra. Da mesma maneira, transformam-se as frágeis fronteiras de um país, uma ponta cortada aqui, um limite separado ali, um contorno brutalmente deformado para além do reconhecimento. Os mapas são redesenhados, e novos nomes são inscritos sobre a página; assim como o Curdistão foi inscrito na invisibilidade pelas penas dos cartógrafos, também as fronteiras da Iugoslávia foram dissolvidas, e dúzias de outros países surgiram e se foram. Esses países apagados dos mapas sobrevivem na mente dos seus conterrâneos, para quem a pátria, cirurgicamente desaparecida, continua viva.

Aprendendo a adaptar-se à nova forma de seus corpos e de seus países, homens e mulheres carregam consigo para os anos futuros um profundo sentimento de perda e uma semente de nostalgia potencialmente venenosa, uma semente que pode permanecer dormente ou tornar-se a raiz do tipo de nacionalismo que faz dos vizinhos inimigos em tempo de guerra.

E ainda assim há uma ameaça maior do que a amputação

do corpo ou da pátria: *a amputação da imaginação.* A liberdade de pensar fazendo o melhor uso de nossas capacidades é significativamente frustrada pelos traumas diários do conflito e pelo clima geral de censura criado pelos agressivos estados-nação que iniciam as guerras. A determinação de sobreviver em tempos de crise sobrepuja todas as outras funções do pensamento, que, por sua natureza, necessitam de uma extensão para dentro das vidas de outras pessoas: piedade, empatia, compaixão. Embargados das vidas dos outros, os indivíduos sacrificam durante a guerra as faculdades da comunhão; tornam-se isolados de tudo, exceto de si e de seu clã, impermeáveis a todo sentimento de humanidade compartilhada.

A escritora sul-africana Nadine Gordimer sustenta que escrever é *sempre e imediatamente uma exploração de si e do mundo, do ser individual e do coletivo.* O diarista que ergue uma caneta em tempos de guerra começa a contra-atacar a amputação da imaginação que ameaça nossas capacidades de empatia e compaixão. Através dos diários, tanto o escritor quanto o leitor reconhecem que as pessoas, para além de suas idiossincrasias individuais, respondem de maneiras paralelas e compartilham similaridades que se mantêm através das diferenças temporais e culturais. É portanto um absurdo sustentar visões que creditem qualidades maiores ou menores a diferentes raças e nações.

Em 2002, eu começara a adaptar os diários de Anne Frank para um coral em homenagem ao sexagésimo aniversário do final do Holocausto. Percebi que o mais extraordinário a respeito dos seus diários era que, depois de encarcerada por tanto tempo, sua consciência se dividira em duas metades — a entidade individual social e a parte "melhor e mais pura" de si, a consciência humana da qual todos compartilhamos. Perguntei-me qual seria a função mais importante de nossa consciência — e a imaginação, com a sua habilidade de alcançar o interior de nossas vidas *e* as vidas exteriores dos outros, pareceu-me ser aquela através da qual transmitimos nossas ideias e a qualidade moral de nossas ações com maior profundidade.

Cada diário de poder apresenta ao mesmo tempo um sentido distinto de individualidade e a universalidade de nossas vivências, desmascarando a verdade de que os seres humanos são inerentemente similares através das nações e das culturas, assim negando o mortífero sistema de crenças que imagina alguns indivíduos como o outro, uma raça alienígena e inferior, algo para ser apagado e esquecido. O esquecimento do indivíduo sob o obscuro véu da guerra é combatido pela defesa da escrita, através da qual a exploração de si e da pátria feita pelo diarista entalha indelevelmente as minúcias mais profundas e íntimas da vida na sepultura dos desconhecidos, detalhes da vida que são a um só tempo pessoais e coletivos em sua abrangência. Apesar de empunharem suas penas em tempos de guerra, quando o ar estala com a ameaça da remoção dos vestígios de seus corpos, suas existências e seus países, os escritores contemplam e observam toda a glória da vida.

Durante a pesquisa de *Vozes roubadas*, o que mais me comoveu foi a extinção de três qualidades maravilhosas e universais — amor, compaixão, brilho do pensamento —, todas sacrificadas tão injustamente, tão silenciosamente, sem julgamento nem resistência. Através destes escritos, somos testemunhas do ardente amor de Nina Kosterina e do seu desfecho brutal no enregelado front moscovita; da ternura de Stanley Hayami, enredada num ato inútil de coragem e compaixão pelo próximo, resultando no sacrifício de sua vida em nome do mesmo governo que o havia declarado um inimigo; e de Yitskhok Rudashevski, tão brilhante, tão capaz, esmagado num instante. Sem as suas palavras, Nina, Stanley e Yitskhok seriam três entre aqueles que o jovem poeta da Primeira Guerra Mundial Charles Sorley chamou de "milhões de mortos sem voz", silenciados e esquecidos.

Escreverei brevemente sobre três lugares no mundo onde jovens indivíduos, tendo suas vidas sacrificadas na guerra, permaneceram no anonimato, sem o artefato de um diário para exclamar por eles "Eu vivi!". Em 2002, empreiteiros de uma propriedade industrial em Boezinge, próximo à cidade belga de Ypres, desavisadamente escavaram a terra de ninguém entre as trincheiras das tropas inglesas e alemãs. Ao se depararem com a carapaça preservada de um capacete de aço inglês, descobriram os corpos de dois soldados, preservados fragilmente. Nos Estados Unidos há o Túmulo dos Desconhecidos no Cemitério Nacional de Arlington, em cuja fortaleza de mármore estão os sem-nome e sem-identificação. Na extremidade oeste da nave da abadia de Westminster está enterrado o Soldado Desconhecido, outro rapaz não identificado da Primeira Guerra Mundial, coberto inicialmente pelo solo e posteriormente pelo mármore negro do país no qual morreu. A colossal perda de vidas humanas em dúzias de países durante as guerras do século XX foi abstraída das mentes daqueles que herdaram uma terra em cujo solo jazem hoje cerca de 200 milhões de pessoas, sacrificadas num século de violência. O número está tão além da nossa imaginação que o próprio ato de pensar naqueles que morreram é um ato de esquecimento.

Há uma famosa anedota sobre o historiador judeu Simon Dubnov, cujas palavras finais antes de ser fuzilado pelos nazistas em Riga foram o grito de guerra "Schreibt und farschreibt!" ("Escreva e registre!"). Conforme adentramos o século XXI, fechamos nossos olhos para os milhares de conflitos esquecidos, negligenciados nos livros de história. Embora através de diários, cartas, documentos e retrospectivas os soldados desconhecidos dos Estados Unidos e da Europa tenham algumas vozes que se elevam sobre a obscuridade do solo, há dúzias de países no mundo onde a população sofreu atrocidades no mais completo silêncio. Quantas das nossas crianças no Ocidente têm conhecimento dos milhares de homens, mulheres e crianças mortos na "guerra secreta" travada no front do Laos durante a Guerra do Vietnã, dos vilarejos arrasados? Ou sobre o ataque aéreo devastador à cidade espanhola de Chechaouen, no Marrocos? Ou sobre os atos de violência no Iêmen durante a luta pela independência?

A escrita permanece um dos antídotos mais poderosos contra esse século de violência, escrita cuja função primária é ativar nossas mentes para atos positivos, generosos e sérios do pensamento, relembrar, ter empatia e iniciar o processo de compreensão. Através dos fios da escrita dos diaristas, os numerosos mortos e vivos anônimos que enfrentaram tempos de guerra podem ser distinguidos, um a um, e reconhecidos. É meu desejo, como jovem autora, confrontar meus leitores com as vozes de outros jovens escritores cujos detalhes de individualidade, ameaçados pelas engrenagens aniquiladoras da guerra, lançam um grito de escuta em suas páginas. Eu atendo ao pedido de Nadine Gordimer, que, durante o simpósio da UNESCO de 1992 em Harare, falou em "encontrar na história a impressão digital da carne". Estes diários são a impressão digital da carne, os traços daquelas mãos que ousaram erguer suas penas em tempos de guerra.

Melanie Challenger
Nova York, 2006

PRIMEIRA GUERRA MUNDIAL

1914-8

Piete Kuhr

Alemanha
1914-8 (12-15 anos de idade)

Logo concluirei meu diário de guerra. Será o último diário de guerra que escreverei na vida, pois jamais pode haver outra guerra, jamais...

Piete Kuhr nasceu em 1902. Sua mãe administrava uma pequena escola de canto em Berlim, a mais destacada de sua época, e assim a jovem Piete passou a infância na companhia da avó, na cidade próxima de Schneidemühl. Foi encorajada pela mãe a iniciar seu diário para documentar os eventos da Primeira Guerra Mundial.

A guerra entrou na vida de Piete no verão de 1914, quando o arquiduque da Áustria Francisco Ferdinando visitou a cidade de Sarajevo. Lá, um jovem bósnio, Gavrilo Princip, assassinou o arquiduque e sua esposa, Sophie, desencadeando os eventos que levaram à Primeira Guerra Mundial. Princip foi capturado e julgado. A data exata de seu nascimento não pôde ser determinada, mas é certo que ele tinha dezenove anos ou acabara de fazer vinte na época em que cometeu os assassinatos. A juventude livrou-o da pena de morte, embora ele viesse a falecer na prisão, de tuberculose, em abril de 1918.

As províncias da Bósnia e da Herzegovina estavam sob controle do governo austro-húngaro desde 1878. A Áustria assumiu controle total das províncias em 1908, o que enfureceu os nacionalistas sérvios, que desejavam incorporar a região a um Estado sérvio. Consequentemente, o grupo terrorista sérvio Mão Negra, ao qual pertencia Princip, decidiu assassinar Francisco Ferdinando. Desde a virada do século toda a Europa passava por inúmeras tensões políticas, que dividiam o continente em dois blocos. A crise que se seguiu ao assassi-

nato forçou a Alemanha a decidir se aliava-se ao Império Austro-Húngaro em uma resposta militar à Sérvia. Alemanha, Áustria-Hungria e Itália formavam a Tríplice Aliança desde 1882. Ao autorizar a Áustria a retaliar a Sérvia, a Alemanha efetivamente declarara guerra. O país temia a resposta militar tanto da França como da Rússia (que faziam parte da Tríplice Entente, juntamente com o Reino Unido), e assim planejou um breve confronto contra a França e, possivelmente, uma guerra de mais seis meses contra a Rússia. Foi a marcha de tropas alemãs através da Bélgica em direção à França que levou a Grã-Bretanha a entrar na luta e declarar guerra à Alemanha.

Muito do que o diário de Piete detalha são as privações sofridas pela Alemanha como resultado de sua política belicista e as mudanças na disposição das pessoas frente a uma guerra que não dava sinais de terminar. Em 1915, quando se tornou cada vez mais aparente que a guerra não teria um final tão imediato quanto se havia planejado, a Alemanha aprovou políticas econômicas adicionais para lidar com o elevado custo da batalha prolongada. A atmosfera geral no país era de instabilidade, com a destituição de muitos políticos e comandantes militares conforme as derrotas se acumulavam. No inverno de 1916-7, os alimentos já eram escassos e muitos alemães estavam exaustos pelo esforço de guerra. As disposições esquerdistas aumentaram, mas os trabalhadores alemães se recusaram ou temeram rebelar-se ou fazer greves, apesar de encorajados pela Rússia.

A batalha decisiva foi disputada pela Alemanha contra a França e a Inglaterra, em 1918. De início, a Alemanha pareceu estar obtendo vitórias, mas as forças oponentes contra-atacaram com resultados devastadores. Em 3 de outubro de 1918, foi oficialmente declarado que a Alemanha perdera a guerra. As consequências dessa derrota foram imensas para o país, que foi sobrecarregado pelo fardo de um tratado de paz forjado pelos Aliados. Os termos desse tratado impuseram à Alemanha uma vasta dívida, que deveria ser paga pelos contribuintes. Foi em meio à colossal insegurança pós-guerra causada por essa dívida (tanto financeira quanto psicológica) que as políticas extremistas de Hitler firmaram suas raízes, preparando o terreno para os horrores da Segunda Guerra Mundial.

Os anos iniciais da Primeira Guerra Mundial, até 1916, consistiram em táticas convencionais de guerra; entretanto, a segunda fase degenerou em meios de combate nunca antes empregados, conforme ambos os lados ficavam mais desesperados para garantir sua sobrevivência. Pela primeira vez, foram empregadas armas químicas, como o gás mostarda, que resultava em ferimentos hediondos. Longos quilômetros de trincheiras foram escavados na fronteira da França com a Bélgica, e as condições de vida dos soldados, muitos dos quais menores de 21 anos, eram desesperadoras. No início de 1918, o envolvimento dos Estados Unidos no confronto foi um sinal de que o fim dos combates se aproximava. O armistício foi assinado em 11 de novembro de 1918, encerrando a guerra e criando a república alemã.

1914

Meu nome é Piete.

Não direi qual é meu verdadeiro nome, pois é muito estúpido. Vou dizê-lo, sim; é Elfriede, Frieda (Frieda é o limite do ridículo!). Meu irmão se chama Willi-Gunther, ele tem quinze anos. Eu tenho doze. Moramos com minha avó em Schneidemühl, na província de Posen. Minha mãe tem uma escola de música em Berlim, a "Principal Escola de Música e Dramaturgia". Ela nos visita com frequência. Estes são os melhores momentos.

Hoje é dia 1º de agosto de 1914. Faz muito calor. Começaram a colher o centeio no dia 25 de julho, já está quase branco. Quando passei por um campo esta noite, colhi três ramos e fixei-os sobre minha cama com uma tachinha.

A partir de hoje a Alemanha está em guerra. Minha mãe me aconselhou a escrever um diário sobre a guerra; ela acha que ele poderá me interessar quando eu for mais velha. É verdade. Quanto eu tiver cinquenta ou sessenta anos, aquilo que tiver escrito quando criança deverá parecer estranho. Mas será verdadeiro, pois não se deve contar mentiras num diário.

Foram os sérvios que começaram. No dia 28 de junho, eles receberam o príncipe herdeiro Francisco Ferdinando e sua esposa, Sophie. O casal real estava passeando de carro pela cidade de Sarajevo, e enquanto o carro passava, com eles acenando, houve uma emboscada e tiros foram disparados. Ninguém sabe quem foi o autor. O jornal diz que toda a Áustria-Hungria está num alvoroço indescritível. Em Viena, um ultimato foi redigido e enviado à Sérvia, mas os sérvios o rejeitaram. Todos dizem que os sérvios desejam a guerra para poderem manter seu estado de independência e que a Rússia irá apoiá-los. Certa vez eu conheci um estudante russo em Kolberg, Nikolai Kedrin; meu irmão, Willi-Gunther, era muito amigo dele. E agora também ele estará envolvido nos tiroteios. Perguntei a Willi-Gunther se ele era capaz de imaginar tal coisa. Willi pensou um pouco e disse que não.

Áustria-Hungria, Alemanha, Sérvia, Rússia e França mobilizaram seus exércitos. Não fazemos ideia de como será a guerra. Há bandeiras em todas as casas da cidade, como se estivéssemos na época de algum festival. São todas pretas, brancas e vermelhas.

2 de agosto de 1914

Agora descreverei a cidade de Schneidemühl. Há nela 25 mil habitantes, três igrejas evangélicas, uma luterana, uma católica e uma judaica, além de muitas pontes. Há também um bom número de praças com árvores antigas. A maior das praças chama-se Neue Markt, há uma menor, chamada Wilhelmsplatz, e outra chamada Alte Markt. Nosso rio é o Kuddow; o seu trecho mais estreito é a Zgordalina. É um nome polonês. Realmente muitos poloneses moram aqui — muitos mesmo. Os trabalhadores que vêm cuidar da terra na época da colheita são quase todos poloneses.

O Kuddow é um pequeno rio cheio de redemoinhos e corredeiras, raso, coberto por uma vegetação parecida com cabelos verde-azulados. Ele não é navegável. Seu momento mais bonito é logo após o pôr do sol, e também sob a luz do luar. Certamente escreverei poemas a seu respeito — seja como for, ao menos tentarei escrever.

Minha mãe está nos visitando estes dias. Ela queria passar

as férias na Suécia, mas como a situação tornou-se grave ela veio para cá. Minha mãe é bem alta e magra, tem o cabelo cor de bronze e veste roupas incomuns. Usa sapatos de salto alto. Ela é a mulher mais bela que eu e meu irmão conhecemos. Reluzimos de orgulho quando andamos pela rua ao lado dela.

Hoje é domingo. Não tem escola. Quando acordei, ouvi mamãe e vovó conversando animados na varanda. Queria entender o que eles diziam, mas Marie, nossa governanta, estava fazendo tanto barulho que eu mal podia escutá-los. Ela estava esfregando o chão com força porque havia derrubado um pouco de leite. Eu corri para a varanda de camisola e perguntei: "O que aconteceu?". Mamãe, que estava bebendo café e comendo um rolinho de presunto, disse: "Em Berlim dois russos atiraram contra nosso príncipe herdeiro. Dizem que ele está gravemente ferido". Eu fiquei estupefata. Vovó disse: "As pessoas falam cada coisa, não se pode acreditar em tudo que se ouve". Por que não acreditar? Se os russos declararem guerra contra nós, então disparariam contra o príncipe herdeiro. É óbvio.

Quando eu e vovó estávamos a caminho da igreja, paramos diante da vitrine de um jornaleiro onde muitas outras pessoas estavam reunidas. Havia um pedaço de papel pendurado atrás do vidro com uma mensagem escrita em lápis azul: "O boato a respeito do atentado contra o príncipe herdeiro da Alemanha é falso. O príncipe herdeiro se encontra em perfeita saúde".

"Viu só!", disse vovó.

Inúmeras pessoas estavam na igreja, sentadas e de pé. O ar estava quente e abafado. O pastor pregou um sermão muito ardente, falando da exaltação alemã e da luta por justiça. Fiquei muito frustrada porque tenho apenas doze anos e não sou um homem. De que serve ser uma criança quando há uma guerra? Uma criança não tem utilidade nenhuma em tempos de guerra. Temos que ser soldados. A maioria dos homens alista-se de livre e espontânea vontade.

Todos cantamos "Nosso Deus é uma poderosa fortaleza". Vovó cantou com sua voz fina, que às vezes treme um pouco.

Eu gosto muito da vovó. O pastor fez sua prece ao Senhor e concluiu pedindo a Deus "que traga a vitória às nossas tropas".

"Já passei por isso duas vezes antes", disse a vovó durante o caminho de volta. "Foi a mesma coisa quando eclodiu a guerra da Dinamarca, e novamente em 1870. Por que as pessoas não conseguem viver em paz?!"

3 de agosto de 1914

Na escola os professores dizem que é nosso dever patriótico aprender a não usar palavras estrangeiras. De início, pensei não saber o que queriam dizer com isso, mas agora percebo — não se deve dizer "adieu", pois é uma palavra francesa. O correto é dizer "lebwohl" ou "auf wiedersehen", ou "Gruss Gott", se preferir. Devo chamar mamãe de "mãe", só que "mãe" não soa carinhoso o bastante. Eu a chamarei de "mami". Compramos uma caixinha de metal onde colocaremos cinco *pfennigs* a cada vez que cometermos um deslize. O conteúdo da caixa de economias de guerra servirá para comprar lã de tricotar. Precisamos tricotar peças de lã para os soldados.

Hoje perguntei ao nosso professor de ciências naturais: "Devo escrever a história do busardo no meu caderno?". Herr Schiffman respondeu: "Decidimos falar o nosso adorável idioma alemão. A palavra correta para 'caderno' é 'kladde'".

Pensei que Herr Schiffman estivesse brincando, e comecei a rir. Então ele ficou ofendido. Não pude evitar, acho cômico quando alguém diz "kladde".

4 de agosto de 1914

... É noite. Na cama, preciso escrever mais um pouco.

O 149º Regimento de Infantaria montou acampamento em Schneidemühl. Ele será mandado para o front ocidental. Esta noite escutamos o som distante de tambores, bumbos e caixas. "Uma banda militar!", gritei. Apuramos os ouvidos para escutá-la. A música ficava cada vez mais alta e clara. Agora estavam tocando a marcha de Hohenfriedberger. Não aguentamos mais ficar dentro de casa e corremos para a rua. "Vamos para a estação de trem!", gritou Willi. Corremos pela passagem subterrânea do vovô (que ele havia construído) e abrimos caminho entre a multidão, indo na direção da Droshkenplatz. Os postes estavam acesos, e a folhagem das castanheiras sob a luz branca parecia feita de papel. Subi na cerca de ferro; de lá dava pra ver tudo: à esquerda o prédio amarelo da estação de trem, em cujas quatro torres de tiro havia sentinelas de rifle ao ombro, à minha frente as plataformas da estrada de ferro, e atrás de mim a praça com a multidão emparelhada ombro a ombro. Na plataforma 3 havia um trem de mantimentos, cheio de reservistas. Eles se apoiavam contra as portas abertas dos vagões, acenando e rindo.

Ouvi Willi exclamar "Aí vêm eles! O Centésimo Quadragésimo Nono!". Nosso regimento marchou pela rua até a estação. Os soldados vestiam o novo uniforme cinza de campo de batalha com os capacetes pontudos e cinza. E as botas do período de paz! Suas mochilas estavam tão cheias que os soldados quase desapareciam sob elas. Na frente vinha a banda do regimento tocando com força total. Eu estreitei os olhos para ver se o grande poodle branco que sempre carregava o timbale estava com eles, mas não o vi lá. O baterista marcava o tempo com o bastão ornado com borlas vermelhas e prateadas. A banda puxou "Há um chamado como o estrondo do trovão". Então ouvimos os soldados cantando "... firme e fiel a sentinela monta guarda no Reno", e todos se juntaram à cantoria aos gritos de "hip, hip, hurra!".

E então veio o 149º, os soldados ombro a ombro, derramando-se sobre a plataforma como uma enchente de água cinza. Todos eles traziam longas guirlandas de flores do verão ao redor dos pescoços e no peito. Ramos de ásteres em tamanha quantidade que era como se fossem derrotar o inimigo atirando-lhe flores. Os rostos dos soldados estavam sérios. Imaginei que estariam rindo e festejando. Mas havia apenas um soldado celebrando. Eu o conhecia, era o filho de Frau Schön, ela era membro da irmandade de vovó. O tenente Schön estava alegremente se despedindo de todos os seus amigos e parentes, recebendo beijos, abraços e tapas nas costas de toda a multidão. Eu quis gritar "Olá, tenente Schön!", mas as palavras não saíram de minha boca.

Agora a banda estava tocando "Sejam vossos os louros da vitória". As pessoas que ainda estavam na praça acenaram com seus chapéus e lenços. Os reservistas no último vagão imitavam os instrumentistas com as mãos e a boca e provocaram grandes gargalhadas. Alguns soldados do nosso 149º Regimento correram até a bomba d'água e derramaram o líquido sobre si e pescoço abaixo dentro do uniforme. Estava muito abafado o calor de agosto somado à multidão de gente tão junta. Então um dos reservistas na plataforma 3 subiu no teto do seu vagão de mantimentos e gritou para os nossos soldados: "Vocês, distintos cavalheiros, já estão trajados com toda a indumentária de batalha, mas nós ainda precisamos nos vestir", e ao dizer as palavras "ainda precisamos" ele pinçou sua roupa de civil de maneira tão cômica que todos ao redor riram e aplaudiram. O trem dos reservistas começou a se afastar, eles cantavam músicas e vivas, e todos nós acenamos até onde os pudemos ver. Enquanto isso, o aperto na praça da estação tornara-se tão grande que eu tive de pular da cerca; estava quase sufocando. Uma velha senhora lamentava alto: "Paul! Onde está meu querido Paul? Deixe-me ao menos vê-lo, filho!". Ela foi empurrada na direção dos trilhos, mas eu não pude ver se ela afinal encontrou seu Paul em meio à multidão de soldados. Seus olhos eram pequenos e vermelhos, provavelmente injetados pelo choro. Fiz uma breve prece a Deus: "Santo Deus, proteja este Paul! Traga-o de volta para ela! Por favor, por favor, por favor, eu lhe suplico!". Fiquei subitamente tão tomada por este Paul como se os céus estivessem caindo.

"Adeus, soldado!", bradou de repente um pequeno menino, estendendo a mão por sobre os trilhos.

"Adeus, irmãozinho!", respondeu o soldado, apertando a mão do menino...

Então os soldados começaram a cantar uma música que

eu jamais ouvira antes, que subitamente afogou o som de todo o resto. Só consegui entender alguns versos:

Os pequenos pássaros da floresta
Cantaram tão belo refrão:
Na terra pátria, na pátria,
Lá nos encontraremos então.

Não faltava muito para me fazer chorar. Fui para casa pelo caminho mais longo. Fiquei olhando a mão que o soldado apertara. Enquanto subia os degraus mal iluminados, encarei a palma da mão. Então dei-lhe rapidamente um beijo. Que coisa boba, não?

6 de agosto de 1914

Copenhague: a Dinamarca declarou sua neutralidade.
Constantinopla: os turcos declararam sua neutralidade.
Berna: a Suíça declarou às potências sua neutralidade.
Bucareste: a Romênia declarou sua neutralidade.

As tropas passam constantemente pela estação de trem. Eles vêm em vagões intermináveis. Uma vez contamos cinquenta vagões num único trem de mantimentos. Os soldados e reservistas riem e cantam. Eles chegam festejando e se vão igualmente animados. As moças da Cruz Vermelha distribuem café, limonada e sanduíches entre os soldados. Quando um trem deixa a estação, as cestas estão vazias. Mas há pacotes novos de doações esperando em nossa casa, e nossa governanta, Marie, e eu corremos de um lado para o outro, trazendo uma cesta depois da outra. Como faz muito calor, tomei um pouco do café dos soldados. Esvaziei a caneca grande de um gole só. Fingi que era um soldado recebendo cuidados, e fiquei muito feliz.

Em um dos vagões estava escrito: “Uma boa viagem até a Rússia! O Japão também está ajudando!”. Mas não é verdade que tenhamos chegado a esse ponto; o Japão ainda não declarou apoio a nenhuma potência nem afirmou se vai tomar parte na guerra. Há alguns dias pensávamos que todo o mundo estaria do nosso lado. Mas veja como estão as coisas agora!

Gostei de outro verso:

A todo prussiano, que acerte um russo,
A todo alemão, que esmague um sapo,
Os sérvios terão o que merecem.
Seja sérvio ou russo o inimigo,
Nós o faremos em pedaços.

Queria tanto ir com eles! Não quero ficar para trás e ser criança! Tenho tanta pena dos soldados e dos cavalos!

7 de agosto de 1914

Há boatos a respeito da eclosão de uma grande fome na Rússia, e diz-se que a população revoltada é mandada aos campos de batalha a chicotadas. Se já há fome na Rússia, a guerra logo acabará. Quem sabe não seria melhor se já tivesse acabado. Há tanto milho nos campos à espera de quem venha colhê-lo. A mobilização tirou os trabalhadores rurais da colheita. Mas com a ajuda de Deus o milho não se estragará, para que tenhamos o bastante para comer durante o inverno. As outras crianças da escola de gramática se ofereceram para fazer o trabalho da colheita. Dezoito membros da classe do meu irmão, a terceira superior, já foram designados especialmente para o trabalho na terra. Pedi a mamãe que redigisse para mim também uma nota de dispensa para ajudar no trabalho da colheita. Ela escreveu: "Dou minha permissão para que minha filha Elfriede ("Elfriede!") participe do trabalho da colheita em atividades adequadas à sua força física. Cordialmente".

Esta tarde fui até a casa do diretor da nossa escola e entreguei a ele a carta. Fiquei muito assustada. Ele leu o bilhete e disse: "Mas você ainda é muito jovem, Elfriede".

“Não, senhor!”, disse eu. “Na verdade sou bem mais velha do que aparento.”

“É mesmo!”, respondeu o diretor, provocando-me com os lábios. “E como foi que você ficou tão mais velha do que aparenta?”

Eu sabia muito bem onde ele queria chegar. Ele estava se referindo ao incidente ocorrido dois anos atrás, quando eu quase fui expulsa da escola (depois eu conto por quê). Olhei para ele com frieza. Mas, antes que pudesse responder alguma coisa, ele disse: “Volte para casa, sua menina levada e horrível! Meninas como você não têm serventia à pátria!”.

Esta noite, enquanto ainda estávamos na varanda comendo batatas assadas e conserva de arenque, um homem na rua gritou alto: “Luttich foi tomada!”. Todos pulamos, e Willi derrubou o frasco de conserva. “Crianças, crianças!”, disse mamãe, e as lágrimas rolavam de seus olhos. Mal podíamos nos dar conta do fato de que devíamos ter conquistado a primeira grande vitória. Vovó abriu a janela e chamou alguém na rua: “Por favor, venha cá um instante!”. Ela correu até o jornaleiro e comprou um exemplar da edição especial de notícias. Lá estava escrito em preto no branco!

Fomos até a rua, ninguém tinha mais fome. A cidade toda festejava. As pessoas dançavam na calçada, cantavam e assoviavam, e uns gritavam para os outros “Luttich foi tomada!”.

Em meio a toda a alegria fui invadida por uma terrível e dolorida tristeza. O 149º! Quando estávamos novamente sentados na varanda, eu reuni a cera derretida de uma vela e fiz com ela uma pequena cruz na qual escrevi com uma agulha de costura as seguintes palavras: “Luttich tomada, 7.8.1914”. Pendurei a cruz num fio de algodão ao lado das cascas de milho junto da minha cama.

14 de agosto de 1914

Finalmente!

“As potências envolvidas na guerra europeia fizeram até

o momento onze declarações de guerra na seguinte ordem, precisamente:

1. Áustria-Hungria v. Sérvia
2. Alemanha v. Rússia
3. Alemanha v. França
4. Inglaterra v. Alemanha
5. Bélgica v. Alemanha
6. Áustria-Hungria v. Rússia
7. Montenegro v. Áustria-Hungria
8. Sérvia v. Alemanha
9. França v. Áustria-Hungria
10. Montenegro v. Alemanha
11. Inglaterra v. Áustria-Hungria"

Há boatos nas ruas de que estão sendo feitos preparativos para grandes batalhas tanto na França como na Rússia. Na França estamos reunindo nossas tropas perto da fortaleza de Belfort. Na Rússia estamos avançando rumo a São Petersburgo. O governo russo precisa tentar ganhar os poloneses para a sua causa. Colunas de ciclistas alemães e austríacos estão agora pregando avisos nas paredes das cidades polonesas dizendo, no idioma deles: "Poloneses, rebelem-se contra o governo e submetam-se ao ordeiro regime alemão".

Agora há barricadas nas pontes das nossas estações de trem. Por toda parte há sentinelas. Nas pontes, há cartazes que dizem "Dirija devagar!". Todo motorista é interrogado e todo veículo, revistado. Ninguém que esteja atravessando uma ponte pode demorar-se sobre ela. Trens militares passam por sob as pontes. Subitamente tem-se a sensação de que o inimigo está bem próximo.

As pessoas estão começando a ficar tensas. Soubemos de algumas famílias que deixaram a cidade. Nossa Marie não é a única que quer escapar. Novos refugiados chegaram da Prússia Oriental. Desta vez eu os vi com meus próprios olhos, mães, crianças, velhas e velhos. Alguns bem-vestidos, outros, mal. Todos trazem trouxas e malas, roupa de cama, casacos e mantos, tudo amarrado junto. O posto da Cruz Vermelha na estação cuida dos refugiados.

Uma mulher com crianças barulhentas ficava gritando "Para onde podemos ir? Para onde ir?". Desejei a ela boa sorte e disse: "Não se preocupe, o imperador cuidará de todos nós!". "Pobre menina", disse a mulher (pronunciando-o de uma maneira esquisita), "uma criança como você não faz ideia de como é, não?" E as lágrimas correram por todo o seu rosto rechonchudo e vermelho.

20 de agosto de 1914

As edições de notícias contendo os nomes dos soldados mortos são chamadas de "Listas de Baixas". Há uma Cruz de Ferro impressa no cabeçalho, e sob ela estão as palavras "Caídos no campo da honra". E então seguem-se os postos e nomes dos mortos, sua unidade no exército, a batalha e a data da morte. Depois dos mortos, são listados os feridos, e depois deles, os desaparecidos. Sobre os desaparecidos está escrito: "Considerado desaparecido".

Todo soldado leva consigo um cartão de identificação. Os soldados o chamam de "bilhete da morte". Os ordenanças médicos que procuram por mortos no campo de batalha determinam os nomes dos falecidos através desses cartões de identificação. Temos medo sempre que aparece uma lista de baixas. Sempre esperamos encontrar, entre os caídos, filhos, irmãos ou maridos de pessoas que conhecemos. Esta guerra já deveria ter acabado.

Ontem o jornal dizia que o imperador visitou o front ocidental. Alguém havia escrito um poema, cujo último verso era algo assim:

Dirija-se com alegria, ó imperador,
Ao campo de batalha;

Selarás o destino de todo o mundo.
Erguendo-se sobre seus exércitos de bronze
Sobem aos céus as nuvens douradas da glória.

Como pode o imperador dirigir-se "com alegria" ao campo de batalha? Se ele for até o campo de batalha e ouvir um homem moribundo aos seus pés chamando "Mamãe!" — como será então?

Willi riu-se quando eu disse isso a ele. "Acha mesmo que o imperador vai ao campo de batalha para um passeio?", perguntou ele.

"É o que diz aqui, oras!", disse eu, apontando com o dedo para o jornal.

23 de agosto de 1914

Mami voltará a Berlim depois de amanhã. Aí então nos sentiremos como cães sem dono. A guerra nos parecerá ainda mais triste. Não haverá ninguém com quem conversar a respeito dela.

Willi e eu estamos sempre correndo atrás da mami, e, se ela não se incomodar, gostamos de observá-la de perto. De qualquer maneira, não queremos nos esquecer da sua aparência quando pensarmos nela durante o inverno.

À noite, quando mami e Willi estavam sentados no gazebo de verão trabalhando na poesia do próprio Willi, "Na terra da pedra cantante", minha tristeza tornou-se tão grande que eu corri para fora. Na Guterbahnhoff Strasse encontrei três caminhões que dobravam lentamente a esquina. Os caminhões carregavam macas sobre as quais estavam soldados feridos. Eles gemiam quando as rodas chacoalhavam sobre os paralelepípedos rombudos. As mulheres nas ruas ficaram olhando, e uma moça da classe trabalhadora gritou: "Lá vão os nossos rapazes!", apontando para os soldados enfaixados. Os curativos estavam cobertos de sangue coagulado. Um soldado estava sentado na beirada da caçamba do segundo caminhão. No seu ombro esquerdo não havia braço. Seu peito era como uma caixa quadrada de bandagens secas. Os lábios estavam entreabertos de maneira que era possível ver os dentes por trás deles. A cabeça ficava pendendo para o lado. A mulher subitamente me pegou pelo braço, me chacoalhou e berrou: "É culpa sua eles estarem todos morrendo! Culpa sua!".

Eu me desvencilhei da mulher e bati-lhe na mão. Então saí correndo rua abaixo, enquanto a mulher seguiu praguejando às minhas costas, berrando: "Sua esnobe de nariz empinado!". Quando cheguei ao nosso quintal, sentei no monte de areia sob a cerejeira e comecei a chorar. Gretel apareceu à porta e perguntou: "Por que você está chorando?".

"Uma mulher disse que os soldados estão morrendo por minha culpa."

"Ela é completamente louca", disse Gretel, indignada. "Não dê bola para essas coisas! Ela é absolutamente maluca!" Ela se sentou ao meu lado e cutucou a areia. Então perguntou: "E quanto aos soldados?".

"Oh, os feridos. Estavam muito machucados, vindos do leste. Em caminhões."

"Viu-os?"

"Sim."

"Estavam muito mal?"

"Muito mal. Alguns pareciam quase mortos."

"E isso lá é culpa sua?" Gretel começou a rir. Eu meti um dedo na areia e disse: "Talvez seja em parte culpa minha. Talvez eu tenha cometido algum pecado. Nunca se sabe".

Durante a noite, enquanto vovó estava dormindo, levantei-me silenciosamente da cama e fiquei na janela aberta da varanda. As estrelas brilhavam com intensidade; não pude tirar os olhos delas. Se cada soldado morto fosse virar uma estrela no céu, este ficaria tão brilhante que nós não mais precisaríamos do Sol ou da Lua. E então me dei conta da besteira que estava pensando, porque as estrelas obtêm sua luz das grandes constelações. Seja como for, um cadáver não pode se tornar uma estrela. E então pensei nas palavras da mulher da classe trabalhadora e fiquei furiosa. Considerei durante um bom tempo que seria boa ideia me esgueirar secretamente até a estação de trem e me contrabandear para dentro de um dos trens de tropas. Seria melhor para mim morrer com os outros. Sonhei com o nosso diretor fazendo um discurso no salão da escola: "Nossa camarada Elfriede Kuhr deu sua vida no campo da honra. Honrem a jovem garota que se tornou verdadeiramente uma menina corajosa ao final de seus dias!". Ao pensar em como seria difícil para ele proferir aquelas palavras, me contive para não explodir em risos. Teria sido uma humilhação para o diretor.

30 de agosto de 1914

Agora subitamente as mulheres que fazem parte da irmandade da vovó estão se queixando dos judeus e não fazem mais compras nos estabelecimentos pertencentes a judeus. Tornou-se óbvio para mim que a tal mulher da classe trabalhadora havia me confundido com uma menina judia. Estava prestes a ir contar essa história às senhoras da irmandade da vovó quando um mensageiro trouxe uma gigantesca cesta cheia de vinho, frutas, pães e salsichas. Por acaso tinha sido mandada para os soldados pela esposa de um lojista judeu. O nome dela é Frau Edel, e ela mora na nossa rua, a Alte Bahnhoff. Fazemos muitas compras na loja dos Edel.

Os combates persistem com selvageria por todo o front oriental. Ao longo de toda a extensão de quase quatrocentos quilômetros a luta segue furiosa. Se ficarmos bem parados e prestarmos atenção, é possível sentir o chão tremendo levemente sob nossos pés. É uma sensação esquisita.

Colunas inteiras de refugiados da Prússia Oriental passaram pela cidade. Muitos estão chorando. Mas outros ficam bem quietos. Há mães com crianças bem pequenas. Elas metem as crianças sob os xales e as deixam mamar. Os traseiros dos pequeninos estão assados porque as mães não têm fraldas suficientes para poder secá-las. Nós rasgamos antigos lençóis e camisas e demos a elas os retalhos para que embrulhem os bebês.

Gretel e eu agora brincamos no jardim fingindo que a sua antiga boneca de plástico é uma criança refugiada que não tem mais fraldas. Ela pintou o bumbum da boneca de vermelho, para indicar a assadura.

As meninas das escolas de Schneidemühl se reúnem à tarde, cada qual na sua turma, para tricotar meias, cachecóis, gorros, joelheiras, luvas, e protetores de orelha para os soldados. A lã cinza como os uniformes é vendida a peso por diferentes quantias. Um cachecol não é difícil de tricotar — sempre pontos de mão direita e de esquerda do lado de trás. Mas é necessário ser um gênio para tricotar um pé de meia. Quando afinal eu termino com grande dificuldade as duas pernas, vovó leva as meias consigo até a estação, e entre fazer uma sopa e servir um café ela tricota os pés nas meias.

4 de setembro de 1914

No trem, foi detida uma mulher que suspeita serem todos inimigos prestes a matá-la a tiros. Ela grita, delira e reza. Há cinco crianças com ela, também gritando. Os ordenanças médicos tiraram um menino de catorze anos do mesmo trem. Durante a viagem ele ficou tentando saltar do vagão. Agora metem-no num táxi e o enviam ao hospital municipal.

"Será que ele não tem pais?", perguntou Frau Annchen aos refugiados. Eles também não sabem; o menino estava sozinho no trem.

"Onde estávamos morando não restou pedra sobre pedra", disse uma camponesa. "Tudo arde em chamas. Não sobrou uma única cabeça de gado viva. Só pudemos trazer conosco um pouco de roupa de cama e roupas de vestir, e algum dinheiro."

Corremos por aí, servindo pão, café e sopa. Em média são consumidos a cada dia na estação quatrocentos quilos de pão, 25 quilos de café, cem litros de leite e cinquenta quilos de banha. Às vezes chegam três ou quatro trens de soldados, cada qual com 1500 homens, tudo no espaço de uma hora. Entre estes, chegam outros trens de refugiados e trens de passageiros convertidos em trens-hospitais. Ontem à noite um soldado saiu de um trem-hospital gritando a plenos pulmões. Vestia apenas uma camisa cinza de algodão, seu disco de identificação ao redor do pescoço, e calças militares esfarrapadas. Ele ficou correndo diante do depósito da Cruz Vermelha, arrancando os cabelos, e bateu a cabeça ao menos dez vezes contra um dos postes de ferro da iluminação, berrando: "Eu os ouvi gritando! Vocês nunca ouviram nada parecido! Eu os ouvi gritando, eu os ouvi gritar!". E então ele próprio, de boca escancarada, rugiu "Aaaaah... aaaaah... aaaah", até que alguns ordenanças vieram correndo e seguraram seus braços com força atrás das costas. Ele havia golpeado energicamente o rosto contra o poste, e o sangue escorria-lhe pela testa. Corremos também até eles e vovó perguntou, horrorizada: "Qual é o problema com esse rapaz?". "Ele enlouqueceu", disse um dos ordenanças. "Ele estava presente durante os combates na Masúria e perdeu o juízo. Não há nada errado com ele além disso."

"Não aperte tanto assim os braços dele", ordenou vovó, e foi então até o soldado ensanguentado e apenas acariciou-lhe a bochecha. O soldado gritou "Mamãe, eu realmente os ouvi gritar!", e olhou para vovó com olhos selvagens. Vovó disse: "Não, meu rapaz, você está sonhando. Recupere o juízo, menino, e eu lhe darei um pouco de café".

E ele esvaziou toda a xícara de café que vovó e Frau Annchen lhe trouxeram à boca enquanto ambas lhe sorriam. Depois que ele já havia sido levado embora, eu disse a vovó: "Eles estavam mesmo gritando, vovó! Veja só, eles estavam mesmo gritando nos pântanos. O soldado não estava mentindo!".

Mas vovó subitamente se irritou e disse que eu não podia ficar espreitando entre os soldados e devia, em vez disso, ir para casa fazer o dever da escola. E com isso eu também me irritei, arranquei meu avental de café e fui embora sem me despedir.

7 de setembro de 1914

Aconteceu uma coisa. Eu briguei com um menino porque ele estava chamando Sibylla Lowenthal de "porca judia".

"Retire imediatamente esse comentário!", gritei, mantendo-me imóvel. Foi tudo na Milch Strasse, bem diante da Casa do Diaconato, que meu avô havia construído pouco antes de morrer. Uma diaconisa de capuz azul, vestido azul e braceletes azuis estava andando no jardim para lá e para cá, cortando ásteres. "Ralé judia!", gritou o menino. "Açambarcadora de guerra!"

Atracamo-nos imediatamente. O menino me acertou no rosto, e eu lhe dei um soco sob o queixo. Ele derrubou meu chapéu escolar, e eu derrubei o dele. Então ele pegou meus cabelos e quase me arrancou as marias-chiquinhas. Se a diaconisa não tivesse vindo correndo pelo portão do jardim, nós nos teríamos golpeado muito mais. Ela disse: "Pois bem, crianças! Não têm vergonha? Não querem se comportar feito crianças alemãs?". Eu apontei para Sibylla, que estava recostada na cerca do jardim. "Irmã, ele chamou minha amiga de porca judia."

Então o menino saiu correndo. Eu o persegui por alguns passos e gritei-lhe: "Pode esperar — ainda vamos nos encontrar novamente!".

14 de setembro de 1914

O pequeno cemitério é onde enterram nossos inimigos. Alguns prisioneiros russos que morreram no translado e diversos espiões que foram fuzilados descansam lá. O casal belga também está enterrado lá. Frau Annchen e vovó pediram a mim que lhes mostrasse o cemitério. Como elas não estavam de serviço na estação hoje, fomos juntas até lá. Gretel Wegner também foi conosco.

Quando estávamos diante da cerca de arame farpado, vovó subitamente olhou ao redor com expressão dolorida e resmungou: "Isto supera qualquer coisa! É a nossa própria terra!". Ficamos todos realmente estupefatos. O trecho de solo arenoso imediatamente adjacente ao cemitério era o último pedaço de terra que nos pertencia. Como o solo era improdutivo, nunca conseguimos vendê-lo. Nosso antigo cocheiro Schultz tentara uma vez plantar batatas lá, mas nunca deu certo. Frau Annchen achou que vovó deveria ficar satisfeita. Agora ela certamente poderia vender o terreno para a prefeitura, pois haveria muitos mais inimigos morrendo e precisando de túmulos. Aí o conselho municipal logo irá adquirir terreno adicional para aumentar o cemitério. Além disso, a areia fina é boa para enterros.

Gretel e eu arrancamos gravetos de pinheiros e os arremessamos na direção da cova mais próxima. Decidimos cuidar secretamente do cemitério russo. Ele seria inteiramente nosso. Gretel ficou de trazer um pequeno ancinho, pois havíamos encontrado um buraco no arame farpado através do qual alguém haveria de ter rastejado. O arame estava retorcido e dobrado para fora; mal dava para espremer-se por ele. Amarraríamos o ancinho na copa de um pinheiro para que ninguém o roubasse. E então poderíamos capinar entre os túmulos toda semana e deixar punhados de flores silvestres sobre os montes de terra remexida...

15 de setembro de 1914

Depois de termos jantado, apareceu alguém à porta, e lá estava Frau Schön (a esposa do conselheiro) em lágrimas.

"Deus do céu, o que aconteceu?", disse vovó. "Querida Frau Schön, entre, sente-se no sofá e procure se acalmar!" Mas Frau Schön nem conseguia falar, e apenas chorava mais alto, até conseguirmos compreender que o seu filho mais novo, que servia como primeiro-tenente, fora morto em Tannenberg. Pouco antes disso ele fora condecorado com a Cruz de Ferro, Segunda Classe. O conselheiro Schön estava visitando a família do seu filho mais velho, e por isso Frau Schön estava sozinha quando recebeu a triste notícia. Ela saíra em disparada para a casa de vovó porque não sabia onde mais encontrar conforto. Vovó e Frau Schön choraram juntas por algum tempo. Frau Schön insistia em pedir: "Se ao menos eu soubesse como ele morreu! Se teve de sofrer muito... e se estava inteiro, sem perder algum membro do corpo". Foi tão triste vê-la preocupar-se com o corpo do menino dela, se perdera algum membro, quando afinal ele estava morto.

16 de setembro de 1914

Na noite passada eu ouvi vovó chorando. Ela chorava tanto que aquilo me perturbou bastante. O jovem primeiro-tenente Schön é o primeiro de nossos amigos a ser morto. Afundei a cabeça no travesseiro para que vovó não me ouvisse chorar.

Esta manhã recebemos uma carta da mamãe. "Agora meu querido aluno Dahlke morreu em Mauberge", contava ela. "Era o melhor aluno da minha aula de canto, um tenor heroico, destinado a tornar-se um segundo Caruso! Não podem imaginar meu pesar, ando por aí como se houvesse uma pedra em meu peito e outra na garganta." Este foi o segundo amigo! Mamãe prosseguia dizendo: "Obrigada, querida Piete, pelas primeiras páginas do seu diário! Como esteve ocupada! Já é quase um livro! Mas procure ver a guerra de um ponto de vista mais heroico — não apenas o lado negativo. Não deixe a parte ruim obscurecer a grandeza do evento. Não se deixe dominar pelo sentimentalismo bobo. Nossos inimigos querem nos roubar o país e a honra. Nossos homens defendem a ambos. E Siegfried Dahlke teve a morte de um herói! Jamais se esqueça disso!".

Certamente jamais me esquecerei. De fato eu choro, não porque nossos soldados estão morrendo heroicamente, pois há algo de grandioso na morte do herói. Choro simplesmente porque morreram — apenas morreram. Nada de manhãs, nada de noites — mortos. Quando o filho de alguma mãe é morto, ela chora todas as suas lágrimas, não porque ele morreu como herói, mas porque se foi e está enterrado. Não mais irá sentar-se com ela à mesa, não poderá mais receber dela uma fatia de pão ou ter as meias cerzidas. Dessa maneira, ela não pode dizer "Muito obrigada" por seu filho ter morrido heroicamente (por favor, por favor, mamãe, não fique brava!).

2 de outubro de 1914

Um dia frio e horrível. As folhas nas árvores já estão amarelas e vermelhas e, em alguns pontos, estão caindo. Não irão durar muito mais, e então tudo ficará nu e vazio. Seguindo-se a este clima virá um inverno ameno e sujo. Então estaremos duas vezes mais ocupadas tricotando. Quando eu tiver terminado o segundo par de luvas, quero tricotar joelheiras. Os soldados na estação de trem disseram que a água da chuva nas trincheiras chega a ter até meio metro de profundidade. Com a umidade a penetrar-lhes a pele, os soldados chapinham na água enquanto disparam. O mofo penetra direto nos abrigos cavados. Há muitos problemas de bexiga e rins entre os soldados.

2 de novembro de 1914

Não existe chance de paz até o Natal. De outra maneira não estariam nos sugando tanto na escola por causa do Natal. Todos os dias eles dizem: "Cada *pfennig* para os soldados". Vovó diz que vamos levá-la à falência com as arrecadações escolares. Agora temos uma grande Cruz de Ferro feita de madeira, pendurada na parede da escola, sobre a qual temos de martelar mil pregos de ferro. Quando todos os pregos estiverem no lugar, aí ela será de fato uma cruz "de ferro". Cada menina pode martelar quantos pregos quiser. Os pregos pretos custam cinco *pfennigs* cada, os prateados, dez. Até agora já martelei dois pregos pretos e um prateado. É uma boa diversão. O dinheiro arrecadado é empregado na guerra.

A neve se foi outra vez. Agora chove. No oeste todas as operações tornaram-se inviáveis por causa da enchente. Em outras áreas da batalha as trincheiras estão igualmente submersas. Talvez eles nem consigam disparar contra Verdun por causa da umidade.

Um soldado escreveu o seguinte poema:

Nosso cabelo cresce como crinas
E o sabão nos é desconhecido.
Nossos dentes mantêm-se sujos;
E não há esperança de uma troca de camisas!

Nossas roupas estão ensopadas,
Os estômagos, sempre vazios.
Nada de vinho ou cerveja para nós.
Foram-se os dias de fartura.

Estamos cheios de lama nos olhos,
E nossos sapatos e pés estão flutuando,
Não nos restou nada de seco
A não ser pelo humor e pela garganta.

E ainda assim este heroísmo
Merece de fato a sua moeda especial;
Demonstramos nosso patriotismo
Apesar do reumatismo na virilha.

O soldado certamente não estava exagerando, embora haja algo que eu não possa imaginar — que os seus estômagos estejam sempre vazios. Pois a melhor carne, as melhores conservas e todos os melhores alimentos vão para os suprimentos do exército. Mas no calor da batalha deve ser frequente que as cozinhas de campo não possam se adiantar. Então os estômagos dos soldados devem roncar. Logo também roncarão os nossos, pois muitas das provisões na pátria ficaram ainda mais caras e não há mais tanta carne como antes. Todos falam em escassez...

5 de novembro de 1914

Corri até Gretel no quintal, e por causa da chuva nos sentamos sob o telhado da lavanderia. Lá eu contei a Gretel que Paul Dreier não escrevera nas últimas três semanas. Eu disse: "Vovó rezou para Deus pedindo a Ele que protegesse Paul. Se Deus atendesse a todas as nossas preces, nenhum soldado teria de morrer. Provavelmente Ele já ficou completamente surdo — por causa do trovoar da artilharia!".

Gretel implorou a mim que não cometesse pecado. "Alguma coisa vai lhe acontecer mais tarde, você pode adoecer e até mesmo morrer", disse ela.

"Acredite ou não", disse eu, "não me importaria nem um pouco. Antes, quando ainda não havia a guerra, eu me importava. Mas agora não me importo mais. E ainda vou dizer-lhe outra coisa... não posso mais brincar de bonecas. Bonecas tão pequenas, sabe — elas não têm lugar em meio à guerra."

Gretel me perguntou do que eu gostaria de brincar, então. Eu disse: "De soldados". Gretel ficou desapontada porque gosta muito das bonecas. Mas eu não posso mais brincar com elas.

24 de dezembro de 1914

Está quase chegando a meia-noite. Escrevo secretamente em minha cama sob a luz da lanterna de guerra da vovó.

Natal! Agora é Natal!

Trocamos presentes às seis horas. Antes disso, vovó, Willi e eu fomos até a antiga igreja da cidade para a missa de Natal. O mercado estava bem cheio de gente silenciosa. Os sinos soaram e então pararam, passamos pelo pórtico e sentamos em nossos bancos. De repente o órgão começou a tocar, de início um prelúdio, mas a melodia de "Noite feliz" era fácil de ser reconhecida. Todos abaixaram as cabeças, como se tivesse sido dada uma ordem, e começaram a soluçar e a chorar. Então a melodia fez-se mais clara, e todos nós cantamos o melhor que pudemos. Então nosso pastor mais velho, Schammer, foi até o altar, demorou-se observando a árvore de Natal com as suas velas acesas e disse: “Paz na Terra aos homens de boa vontade!”. E então todos soluçaram e choraram ainda mais.

A igreja estava repleta de gente vestindo roupas pretas e véus pretos de luto. Por um longo período fomos incapazes de falar ao sairmos da igreja. Nossa banda militar estava tocando músicas de Natal no mercado. Se alguém encontrava algum amigo, eles simplesmente apertavam as mãos em silêncio.

Então fomos até a estação para as comemorações natalinas dos soldados. Nosso antigo vagão aposentado de quarta classe estava na plataforma, enfeitado e decorado à moda de uma casinha de confeitos. Dentro estava tudo bem iluminado. A pequena árvore de Natal estava sobre uma mesa comprida, coberta por uma toalha branca sobre a qual foram postos presentes. Na parede estava pendurado um grande quadro do imperador, rodeado por uma guirlanda de pinhas. Igualmente pendurados nas paredes estavam nossos bonecos-soldados, pares de suspensórios e os espessos reforçadores de sapatos que os soldados tanto apreciam.

Conforme entramos, todos gritaram “Aaaaah!”, como se fôssemos nós a vida e a alma da festa. As moças da Cruz Vermelha, bem como os soldados, estavam esperando pela vovó. Então ela acendeu as luzes da árvore de Natal. Nosso gramofone, que estava emprestado a eles, tocou “Há uma rosa florescendo”. Quase todos os soldados ali presentes ficaram em silêncio, sentados ou de pé, diante das velas acesas, alguns deles chorando desconsolados. Um tenente andou de lado até chegar à porta do vagão. Ele tirou o quepe, beijou a mão da vovó, e ficou escutando pensativo num canto. Um dos soldados era magro como um sarrafo e moreno como um cigano. Ele apertava horrivelmente os olhos enquanto chorava. Outro, um jovem soldado de cavalaria ferido, escrevia ininterruptamente cartões-postais para “casa”, rápido como um raio, limpando o nariz e os olhos com o punho o tempo todo.

Agora estamos todos na cama. A casa está escura. Também nos aposentos do fundo, onde moram as famílias Wegner e Zuhlke, tudo está escuro e silencioso. Gretel certamente está dormindo a esta altura.

O que estarão eles fazendo lá fora... todos eles?

Por favor, por favor, santo Deus, acabe logo com a guerra!

31 de dezembro de 1914

Por que eu não estou junto aos soldados? Por que não estou morta? Por que raios continuo vivendo esta vida? Há muito tempo ela não me traz alegria alguma, primeiro a escola, agora a guerra. Não posso deixar de escrevê-lo. Não posso; escutou, mamãe? E não vou! A vida aqui conosco é assim, e se devo descrevê-la de outra maneira, então seria obrigada a mentir! Assim, preferiria não escrever mais coisa alguma.

1º de março de 1915

Os soldados cantam esta marcha:

Os mosqueteiros são um bando alegre,
Uma irmandade do bem.
Eles gritam e cantam suas canções animadas,
E tratam as garotas como ninguém.

Os jovens tenentes são ainda mais animados do que os mosqueteiros (inclusive, não se fala mais em mosqueteiros hoje em dia; eles são chamados de "infantaria" ou "pelotão de marcha"). Os oficiais frequentemente usam o refeitório para namorar. Embora seja bem distante da nossa casa, o som da música alegre chega até nós. Isso acontece quando há um jantar do regimento, como dizem. Às vezes as mulheres os frequentam, as esposas dos oficiais e garotas convidadas da cidade. Todos dançam e bebem bastante. A agitação aumenta cada vez mais. Recentemente o evento chegou ao ponto da balbúrdia, que foi, entretanto, silenciada.

Quem quer morrer? Seria bom ao menos sentir um pouco do gosto da vida. A vida é maravilhosa, apesar da guerra ou de qualquer outra coisa. A grama é deliciosa, as árvores, o ar livre, o céu, a lua e o sol. E também os animais — todas essas coisas são fantásticas.

11 de março de 1915

Outra arrecadação foi anunciada na escola. Desta vez estão pedindo novamente por cobre, além de latão, chumbo, zinco, bronze e ferro velho. A partir desses materiais serão feitos canos de armas, canhões, cartuchos de munição, e assim por diante. A competição entre as classes está acirrada. Nossa classe, a quarta, reuniu até agora a maior quantidade. Eu virei a casa de cabeça para baixo, procurei de cima a baixo. Nossa Marie nem reclama muito! "A senhorita Piete está nos roubando tudo!" Levei colheres antigas, facas, garfos, potes, chaleiras, uma bandeja, uma tigela de cobre, dois abajures de bronze, antigas fivelas de cinto e nem sei mais o quê. Vovó bateu palmas e resmungou: "A menina vai me levar à falência! Entregue antes os seus soldadinhos de chumbo do que os meus últimos pertences!".

Então meu pequeno exército, com o qual eu e Willi tanto brincávamos, acabou encontrando sua morte. Para evitar o sacrifício de todos os soldados, eu sorteei cotas entre os candidatos à morte. Os escolhidos para preencher a cota foram selecionados entre as quatro colunas e postos de lado. Quando o sorteio acabou, pus os azarados aos pares dentro de uma grande colher de metal e mantive-a sobre a chama do gás. Os heróis nos seus belos uniformes azuis derreteram até a morte pela pátria, o chumbo tornou-se prateado, pesado e fluido.

"Rápido, na água gelada!", exclamou Willi. Deixei a massa chiar numa bacia de água fria, enquanto cantava "Os pequenos pássaros na floresta". "Os outros também", pediu Willi com crueldade. "Não há sentido em guardá-los."

Foi horrível! Derreti-os até o último soldadinho. Poderia facilmente ter chorado. Mas, ao invés disso, gargalhei com meu irmão.

29 de julho de 1915

Os zepelins sobrevoam nossa cidade quase todos os dias; parecem gigantescos charutos prateados. Agora estou tão acostumada a vê-los que nem olho mais para cima. O *Zepp 35* costuma aparecer. Os zepelins estão frequentemente envolvidos em missões de bombardeio sobre a Inglaterra e Paris; causam enorme destruição.

Estou sentada no jardim escrevendo. O sol está me banhando o pescoço sob a larga aba do meu chapéu panamá. O chapéu era de meu avô. Como é gostoso o verão! Estou olhando para a antiga macieira — a "minha" macieira —, olho ao redor do jardim, vejo todas as belas flores, os pés de morango já colhidos com suas folhas verdes, as groselheiras, as batatas robustas. Este ano vou levar todo o produto do meu jardim, tanto as frutas como as flores, para os soldados no hospital.

24 de dezembro de 1915

Noite de Natal! Amarrei uma fita azul-celeste ao redor do pescoço da minha gata, Minka. Mamãe veio de Berlim para o festival, como costuma fazer todo ano. Willi e eu estamos muito contentes e mal a perdemos de vista. Ela está usando um vestido azul-escuro de lã que é justo nos quadris e fechado por um milhão de pequenos botões. Quando mostrei Minka a ela, ficou encantada. Minka teve um comportamento esplêndido. Executou cada um dos truques inteligentes que eu havia ensinado. Primeiro — "Minka, como fazem os gatos?", ao que se segue um prolongado "Miau!". Então — "Minka, mostre do que é capaz", ao que Minka se apoia nas patas traseiras e estica as dianteiras no ar, tentando alcançar minha mão estendida. E ainda mais, até que mamãe disse, rindo, que já bastava e que Minka estava pronta para entrar para o circo.

É noite. Escrevo na cama à luz de uma lanterna de bolso; Minka está toda enrolada como uma bola, ronronando. Toda a casa já foi dormir. Ó, nossa Noite Feliz!

Da sala de visitas vêm os cheiros da árvore de Natal e das velas apagadas. Penso nas centenas de milhares de trincheiras e abrigos cobertos de neve e na Noite Feliz de todos os soldados. Fico triste e feliz ao mesmo tempo, e poderia chorar. Oh não, lá vem de novo aquela música da estação: "... na terra pátria, na pátria, lá nos encontraremos então!". Oh não, já basta!

25 de abril de 1916

Hoje é o meu aniversário; catorze anos!

Nunca consigo decidir afinal o que é certo e o que é errado nesta guerra. Comemoro nossas vitórias e fico desconsolada por causa dos mortos e feridos. Ontem escutei que, escondido no meio da floresta, há um hospital militar onde moram os soldados que tiveram o rosto destruído. Devem parecer tão assustadores que as pessoas comuns não podem olhar para eles. Coisas como essa me levam ao desespero.

10 de junho de 1916

Nossa gatinha está morta. Baleada por um vizinho desalmado. Sua própria filha me contou a caminho da escola. Willi e eu estamos inconsoláveis. Minka estava evidentemente brincando com os pombos do vizinho no telhado do barraco, ou seja, estava pulando no ar atrás deles quando levantavam voo. Então o homem pegou sua arma e a matou. Eu choro e choro. Willi fica ao piano tocando sua tristeza por Minka sob a forma de hinos de pesar e elogio. Quando ele tocou a canção de ninar que eu costumava murmurar para ela nos momentos de alegria, fechei a tampa do piano com força. Depois de algum tempo vasculhamos todos os lugares favoritos dela, sofá, tapetes, colchas, almofadas, em busca de pelos brancos que ela deixara por aí. Logo juntamos um bom punhado deles. Então abrimos uma sepultura simbólica sob minha antiga macieira.

Gretel ajudou com a sepultura e derramou montes de lágrimas. Usando a faca de cozinha da vovó, esculpimos uma tabuleta de madeira adequada, que deixamos na sepultura. Na tabuleta, em letras grossas e indeléveis, estava o seguinte:

Aqui jaz nossa doce Minka
Nascida 14.7.1915
Baleada 10.6.1916
Durma, querida Minka, durma!

Naquela noite tive febre — 38,4 graus. Naquela noite juramos nos vingar do homem que matara Minka.

1º de setembro de 1916

Já chega deste diário de guerra! Não posso mais suportar. A guerra não tem fim. Não posso continuar escrevendo até o cabelo ficar grisalho. No último dia 27 de agosto, a Romênia declarou guerra à Áustria-Hungria. Apenas um dia depois nós declaramos de nossa parte guerra contra a Romênia. Então em 29 de agosto nossa aliada Turquia fez o mesmo, declarando guerra à Romênia, e hoje chegou a declaração de guerra da Bulgária contra a Rússia.

Antigamente, quando éramos algo parecido com uma "grande família", havia uma bandeja de prata na nossa sala de visitas na qual os visitantes deixavam seus cartões. É esta a sensação que eu tenho em relação a essas intermináveis declarações de guerra — todos declarando guerra contra todos os outros. A única coisa faltando são as reverências e a troca de beijos nas mãos. "Permita-me — por favor — minha declaração de guerra!" — "Muito grato! Permita-me — eis a minha!"...

20 de novembro de 1916

Mamãe e vovó têm trocado muita correspondência, porque temem que Willi seja convocado no ano que vem. Alguns meninos da classe dele já se alistaram.

23 de dezembro de 1916

Compramos um pequeno pinheiro e o decoramos com nossos antigos enfeites de Natal. No topo colocamos nossa única vela. O terceiro Natal da guerra.

O almirantado alemão quer estender a assim chamada "guerra total de submarinos por todo o mundo", como se fosse uma cerca gigante contra os ataques dos Aliados. Não se fala mais em paz.

25 de dezembro de 1916

Mamãe acha que fiquei magra como um sarrafo. Mas quem não emagreceu nesta guerra? As pernas de Gil parecem as de uma cegonha. Fazemos fila para receber um pedaço de pão.

16 de março de 1917

A Rússia não tem mais uma família real. No dia 2 de março o czar Nicolau "entregou o trono", como diz no jornal. Um governo provisório, como dizem, foi formado.

Ainda nem tenho quinze anos. Como posso saber se a família real deveria ser fuzilada ou não? De acordo com Jesus, decididamente não se deve fuzilá-los. "Não matarás!" Decididamente!

19 de março de 1917

Temos apenas algumas batatas na despensa agora. Quando estas acabarem, o que será de nós?

17 de julho de 1917

Não entendo muito a respeito da revolução e da classe trabalhadora. Apenas tenho sempre pena dos soldados, os feridos e os que têm de morrer. Quantos milhões já se foram até hoje? Não sei, ninguém sabe. E os cavalos morrem aos montes, e os pobres cães como o Príncipe tremem quando um fazendeiro estala o chicote.

20 de agosto de 1917

Querido diário, devo contar-lhe algo que me abalou de verdade. Voltei hoje de uma caminhada quando estava escurecendo. Subi as escadas, abri a porta para o vestíbulo e me esgueirei na ponta dos pés até a cozinha para ver silenciosamente em que tipo de comida eu poderia botar as mãos. Lá eu vi uma velha senhora sentada sobre a caixa de carvão, chorando; ela estava sentada toda curvada sobre si mesma, a cabeça sobre os joelhos e as mãos cobrindo o rosto. Seu cabelo branco e fino estava reunido num coque descarnado e ela parecia tão desamparada, tão terrivelmente triste, como a mulher refugiada da Prússia Oriental, que costumava passar na Zeughausstrasse, e parecia perdida. De início não reconheci a mulher na caixa de carvão. De repente percebi que era vovó. Fiquei paralisada, em choque; então me esgueirei silenciosamente de volta até a porta da frente. Do lado de fora, agi como se estivesse subindo correndo as escadas, assoviando alto. Fiz deliberadamente muito barulho, chamando "Vovó, estou com fome!", e toquei a campainha da porta para dar-lhe tempo. Vovó agiu como se nada tivesse acontecido. Ela simplesmente disse:

"A porta não estava trancada, menina!". Fingi estar surpresa e disse: "Não tinha notado. Estou com tanta fome. Posso assar algumas batatas?".

"Oh", disse vovó, "as batatas acabaram. Tenho apenas uma casca de pão e algumas maçãs." Eu disse que estava ótimo, que estava louca por um pouco de pão e maçã.

Nunca me esquecerei de como vovó estava sentada sobre a caixa de carvão chorando. E tantas vezes me comportei mal em relação a ela, e quando Willi e eu estávamos sozinhos nos referíamos a ela como a "moça velha" ou "velhota", porque na escola tudo é tão atual. Oh, vovó! Eu a amo tanto!

Agora não posso evitar chorar.

2 de setembro de 1917

Devo confessar mais uma coisa. Gretel e eu recentemente roubamos por pura ganância a padaria da Frau Zahl. Lá havia algum tipo de caracóis de açúcar de aparência deliciosa; eles fizeram nossas bocas salivarem. Quando Frau Zahl entrou para o cômodo de dentro por um instante, eu peguei um caracol rápida como um raio e escondi-o na minha velha sacola de compras. Então Gretel fez o mesmo, rápida como o vento; então ficamos com dois. Frau Zahl nem notou nada, e mais tarde comemos os caracóis no gazebo. Com gosto! Ficávamos olhando uma para a outra e rindo enquanto comíamos. Não sentimos remorso algum. Enquanto lambia meus dedos, cada um melhor que o outro, disse a Gretel, apontando para mim mesma: "Veja — uma comedora de caracóis!". Gretel bateu palmas com força e disse: "Nós, crianças, precisamos cuidar da nossa nutrição". É claro que não sou mais criança, e roubo é roubo. Talvez eu me arrependa depois.

Domingo de Pentecostes, 1918

Com os corpos bem juntos, nós [Piete e a avó] olhamos

para a Bíblia. Lá estava escrito: "E tu, menino, serás chamado profeta do Altíssimo, porque irás ante a face do Senhor, a preparar os seus caminhos".

Meu coração quase parou. Vovó pediu-me que lesse a frase novamente. Então fechou a Bíblia e disse: "Lembre-se disso. Sempre encontrará este texto de novo, toda vez que abrir a Bíblia. É a vontade de Deus que você trilhe esse caminho. Não se esqueça".

Apoiei o rosto contra a mão de vovó e repeti com ela o texto até saber cada palavra de cor. Perguntei a vovó se também seria parte da minha tarefa contar às pessoas que elas não deviam nunca mais ir para a guerra.

"Isso também", disse vovó.

"Mas por que Deus permitiu que a guerra ocorresse, vovó?", perguntei.

Ela respondeu: "Jamais responsabilize Deus pela guerra. Ela é produto da humanidade. Sozinhos, cometemos todo o mal que existe no mundo". "Mas certamente não os desastres naturais!", disse eu. "Terremotos, tempestades, enchentes, granizo e assim por diante."

Vovó disse que estes eram os castigos de Deus sobre nós, e que nós preferíamos não notar e reclamávamos de tudo. Mas Moisés e os profetas sempre reconheceram os castigos de Deus e alertaram a humanidade.

"E adiantou alguma coisa?"

"Nem um pouco."

Terrível. Nunca aprendemos.

Terça-feira de Pentecostes, 1918

Fui visitar Gil no alojamento da força aérea. Um oficial não comissionado (muito amigável, provavelmente porque sou uma garota) perguntou-me quem eu queria ver. Mas antes mesmo que eu pudesse responder, ele disse: "Posso ver que é o piloto-aviador Kuhr". "Como sabe disso?", perguntei estupefata. "Por causa da semelhança", disse ele, sorrindo de orelha a orelha.

Então me deixaram passar. Tive de esperar na sala de guarda, um pouco fria, na qual havia um sargento sentado numa escrivaninha comprida, mexendo nos seus papéis; havia também outro oficial não comissionado, mais velho.

Esperei um bom tempo; então chegou meu irmão. Mas que aparência ele tinha! Era este o Gil? Este ser comprido e pálido de uniforme grande e calças de sanfona, botas pesadas e capacete de maluco? E o cabelo deliciosamente macio e escuro, cortado curto? Oh, Gil, meu irmão Willi! Olhei para ele, estupefata. Incomodou-me que ele não tenha sequer dirigido um olhar a mim, e em vez disso bateu os calcanhares das botas diante da mesa, as mãos apertadas contra as calças horrendas, as costas retas como uma régua, a cabeça erguida alta e rígida, olhando para o vazio. Oh céus, oh diário! Como um cadáver! Eu mesma já fiz o papel de tenente Von Yellenic assim e treinei meus meninos no jardim, até eles também entenderem as regras, exatamente como Willi agora.

Mas aquilo era uma peça de teatro. Isto é a realidade. Meu irmão, o soldado!

17 de agosto de 1918
[*Piete agora trabalha num lar para menores em Schneidemühl*]

Agora o pobre e pequeno miserável que era só pele e ossos, em quem o doutor havia injetado uma solução salina, também morreu. Ele havia se tornado o meu querido. Devotava cada momento livre a ele, que me olhava continuamente com os olhos extremamente sérios, como os de um velho sábio. Ele jamais sorria. Esse pobre menininho morreu em meus braços também; simplesmente deitou a cabeça, que parecia grande demais para o corpo esquelético, nos meus braços, e morreu sem emitir um som ou contorcer o corpo.

Eu o deitei da maneira mais gentil possível sob a coberta, depois de dispor ao seu redor tantas flores quanto pude encontrar no prado atrás da Igreja Católica da Sagrada Família.

Rodeado por aquelas flores, ele se assemelhava horrivelmente a um anão muito idoso, que já estivera morto há cem anos.

4 de novembro de 1918

Logo terminarei meu diário de guerra. Será o último diário de guerra que escreverei na vida, pois jamais pode haver outra guerra, jamais. Se ao menos os termos do armistício pudessem ser logo ratificados, pois os combates continuam eclodindo esporadicamente. No front sul os italianos chegaram a tomar Trieste e estão até avançando rumo a Innsbruck. Eles nem mesmo encontram mais resistência; diz-se que o exército austro-húngaro está completamente desorganizado. Os húngaros em especial não desejam mais combater, e em vez disso preferem voltar às suas mulheres e crianças e reconstruir seu país. Não querem mais saber do imperador Carlos...

Amanhã levaremos [uma guirlanda] ao cemitério dos prisioneiros, pois é o meu dia de folga. Gretel perguntou se não seria melhor levá-la ao nosso cemitério de "heróis". Mas eu disse: "Não — os outros não têm quem lhes leve uma grinalda".

29 de novembro de 1918

Vovó resmungou um pouco quando soube que pretendíamos ir até o cemitério dos prisioneiros e disse que acabaríamos molhando os pés na neve. Coloquei minhas pantufas cuidadosamente atrás do fogão quente e olhei dentro do forno, para me certificar de que estava tudo bem. Lá estava a lata azul de café; estávamos bem preparadas.

Não estava mais nevando, mas tudo estava branco, e o ar, enevoado e cinza, um típico penúltimo dia de novembro. Gretel caminhava com dificuldade ao meu lado; estava bonita, no entanto, com o seu antigo casaco fino. Olhei de soslaio para ela e declarei: "Suas bochechas estão azuis de frio". Friccionei minhas luvas de lã contra o rosto dela até que ficasse quente e rosado novamente.

O caminho até o cemitério dos prisioneiros nunca nos parecera tão longo; não tinha fim. Nossos sapatos logo se encheram de neve. Não podia mais sentir os dedos dos pés, tamanho o frio. Eu havia pendurado a grinalda sobre o ombro esquerdo; ela me alfinetava o rosto quando eu tropeçava. Mal conseguíamos avançar no caminho, pois afundávamos na neve até os joelhos. Embora tivéssemos saído antes das três horas, já estava começando a escurecer. O sol não havia aparecido durante todo o dia. Gretel disse que muitos dos seus alunos na escola do conselho estavam doentes, com gripe; igualmente, dois professores estavam afastados. A escola será fechada por medo de infecção. Gretel disse que eu não podia de maneira alguma pegar a gripe, porque ficaria tão magra que não seria capaz de resistir à doença. Eu ri e respondi que mesmo assim resistiria com a minha energia; além do que, eu não tinha tempo de ficar doente, pelo bem dos pobres pequeninos no lar de menores.

"E pelo meu bem, não se esqueça", disse Gretel, caindo de corpo todo na neve. Gargalhamos porque ao menos trinta corvos ficaram tão assustados pela queda de Gretel que fugiram, grasnando e reclamando, sobrevoando o campo nevado. "Será que já estamos chegando?", perguntou Gretel. "Estamos andando há tanto tempo. Sabe encontrar a trilha certa em meio à neve?"

Eu apontei para diante; lá estavam os primeiros sinais do arame farpado que rodeava os túmulos. As sepulturas baixas eram difíceis de reconhecer em meio à massa branca; apenas as cruzes negras de madeira eram distinguíveis. E as árvores pareciam de repente muito menores porque a parte inferior de seus troncos estava coberta pela neve; tudo estava diferente e esquisito. Quando chegamos à cerca, ficamos impressionadas. Tantas cruzes! Fazia tempo que não íamos até lá; e agora o cemitério dos prisioneiros havia se tornado subitamente tão grande — enorme!

"Veja", disse Gretel, "eles jazem ali tão imóveis!"

Do que terão morrido todos eles? Mas é verdade que casos de tifo e influenza estavam proliferando; muitos casos de disenteria também, e quem sabe alguns tenham morrido de saudade de casa.

"Ou de fome", sussurrou Gretel.

"Ou de fome!", concordei, entristecida.

"E agora?" Gretel olhou para o denso arame farpado...

Então trepei por sobre o portão, apesar do arame farpado. Enquanto fazia isso, esfolei as pernas, mas me ergui rapidamente até o parapeito de madeira e saltei no chão. "Não foi tão feio assim!", assegurei a Gretel, abrandando involuntariamente a voz, apesar de não haver ninguém por perto. "Dê-me a grinalda. E espere aqui!"

"Vou esperar", sussurrou ela.

Tantos mortos! Já estava bem escuro, mas eu ainda conseguia ler os nomes dos mortos, não apenas russos, como no início da guerra, mas também franceses e ingleses. Havia até nomes numa estranha caligrafia, talvez muçulmanos. Como vieram parar no nosso campo de Schneidemühl? Como eu poderia distinguir uma sepultura das outras? Eram todas iguais. Na morte, todos são iguais, por assim dizer.

Posfácio

Depois da guerra, Piete mudou seu nome para Jo Mihaly. Ela concretizou sua ambição de tornar-se dançarina, e já era famosa quando Hitler chegou ao poder em 1933. Inicialmente, Piete passou a juventude trabalhando no lar de crianças enfermas de Schneidemühl. Em 1920, exaurida pelo trabalho, foi se juntar à mãe em Berlim e usou todo o dinheiro ganho com o trabalho de datilógrafa na cidade para financiar aulas secretas de dança. Três anos se passaram antes de as suas habilidades no balé tornarem-se tão proeminentes que ela decidiu revelá-las a sua mãe e dedicar a vida à dança.

Em 1927, Piete casou-se com o destacado ator judeu Leonard Steckel. Eles moravam com a pequena filha Anja no famoso Quarteirão Vermelho, uma colônia em Berlim para boêmios de esquerda. Leo-

nard estava fora, ensaiando, quando os nazistas realizaram uma batida brutal na colônia, removendo muitos dos residentes para transportá-los a prisões e campos de concentração. Entretanto, não foi isso que convenceu a família a deixar a Alemanha, mas a inesperada visita de um oficial da SS, que convidou Piete a tornar-se o que então se chamava dançarina cultural para os nazistas. Muitos dos números de dança de Piete continham mensagens contra a guerra. Quando Piete perguntou se poderia manter os números que condenavam a perseguição aos judeus, o oficial sugeriu educadamente que ela deixasse o país. Leonard e Piete partiram na manhã seguinte, rumo à Suíça.

Durante a guerra, ela se envolveu em atividades de auxílio aos refugiados na Suíça. Além disso (ela fora obrigada a abandonar a dança por causa de uma doença cardíaca, que piorou durante a ocupação), descobriu novas formas de expressão criativa: escreveu muitos livros, histórias e artigos de jornal, até a sua morte, em 1989.

SEGUNDA GUERRA MUNDIAL

1939-45

Nina Kosterina

Rússia
1936-41 (15-20 anos de idade)

Pois bem, estou pronta... Quero ação, quero ir para o front...

Nascida em 1921, Nina era criança durante os difíceis e incertos anos após a revolução. Seu pai, um jornalista moscovita, ofereceu um relato da primeira infância de sua filha enquanto ela dormia num berço rudimentar improvisado a partir de um cocho, envolta pelo seu antigo casaco de guerrilheiro. Embora no início tivessem dificuldades financeiras, a vida familiar era íntima e alegre, com as férias de verão passadas no Volga, sentados ao redor da fogueira, ouvindo as recordações do sr. Kosterin sobre os heroicos dias da revolução.

No início do século XX, um grupo político de esquerda chamado Partido Bolchevique liderou a revolução que no final assegurou seu controle sobre a Rússia. Os principais líderes desse partido eram Vladimir Lênin, Leon Trotski e Josef Stálin. A revolução bolchevique pretendia derrubar a elite governante e mudar o equilíbrio de poder em favor da classe trabalhadora. Consequentemente, uma série de leis aboliu o direito à propriedade privada, permitindo a tomada de terras pelos camponeses; aos trabalhadores foi entregue o controle sobre as indústrias, ao passo que privilégios hereditários e de classe foram suspensos. Durante esse período, também foi estabelecido um exército dos trabalhadores. Finalmente, o partido dividiu-se em dois grupos: aqueles que eram favoráveis a Leon Trotski e sua postura ultracomunista; e aqueles que preferiam Josef Stálin, cujo objetivo principal era construir uma nova ordem econômica, diferente do bolchevismo original. Quando o líder bolchevique Lênin morreu em 1924, Stálin consolidou o poder. Trotski exilou-se no México e acabou assassinado em 1940.

Ao chegar a década de 1930, o controle político de Stálin parecia depender de uma forma de governo estritamente vigilante e altamente paranoica. Para controlar agitações e remover quem pudesse se opor à sua liderança, Stálin lançou o Grande Expurgo, que envolveu a prisão, exílio ou assassinato de milhões de indivíduos considerados ameaça ao Estado ideal que ele vislumbrara. Julgamentos ruidosos tiveram lugar em Moscou, através dos quais oficiais soviéticos de diversas patentes foram trazidos diante dos tribunais sob acusações fabricadas e frequentemente acabavam fuzilados. Entretanto, muitos dos que se opunham ao regime de Stálin jamais foram levados a julgamento, e simplesmente "desapareceram" sem publicidade. Como filha de um comunista, Nina estava inscrita na Liga da Juventude Comunista (Komsomol), na época em que a Rússia se encontrava sob o vulto da vindoura Segunda Guerra Mundial. Ela testemunhou o desaparecimento do pai. E o de outros membros da família, seja para esconderijos ou para prisões, retornando apenas quando todos os indivíduos, simpatizantes do Estado-nação ou não, eram necessários para combater os nazistas.

Quando a sombra da Alemanha nazista surgiu, Stálin subestimou Hitler, imaginando ser capaz de forjar um acordo que evitasse uma guerra imediata. De início isso pareceu ser possível, pois Stálin firmou diversos tratados com a Alemanha, entre eles o pacto de não agressão germano-soviético de 1939. Enquanto isso, Hitler suspeitou que a Rússia estivesse despreparada para a guerra e julgou melhor aproveitar essa fraqueza. O ditador alemão decidiu invadir a Rússia em dezembro de 1940, reunindo batalhões nas fronteiras soviéticas durante a primavera de 1941. Na aurora do dia 22 de junho de 1941, os soldados alemães cruzaram a fronteira e invadiram o território russo, e a guerra começou oficialmente. As semanas iniciais de combate foram desastrosas para as tropas russas, que perderam mais de 2 mil aviões nos primeiros dois dias.

A coragem de pessoas como Nina resultou numa poderosa contraofensiva no front moscovita, que empurrou de volta o exército alemão mais de trezentos quilômetros. A Alemanha contara com uma vitória rápida, e subestimou o impacto do inverno russo durante a

Batalha de Stalingrado. O estoicismo do povo russo durante os anos de guerra não tem paralelo na história, mas teve amargo e pesado custo. Quando finalmente Berlim foi tomada e garantida a vitória sobre a Alemanha, mais de 15 milhões de soldados e civis haviam perdido suas vidas, além de inúmeros outros gravemente feridos.

20 de junho de 1936

As provas acabaram. Sou uma estudante de oitavo ano! E de repente, do nada, veio-me a ideia — manterei um diário. Dito e feito. Mas como devo chamá-lo? Pensei nisso durante um longo tempo. Comecei a me perguntar: quem sou eu? Que sou eu? Não possuo talentos de nenhum tipo... e, pensando na minha falta de talentos, decidi chamar o diário de "Diário de uma menina normal". Completamente normal. Nem mesmo sonhos com alguma coisa especial eu tenho. Outras meninas sonham em tornar-se médicas, engenheiras. Para mim, o futuro está completamente encoberto, num nevoeiro.

Quero começar meu diário com uma data muito viva na memória. Foi o dia 8 de abril, meu aniversário de quinze anos. Dei uma festa, e meus convidados foram Alik, Boris, Volodia, Volia, Lusia, Tonia e Vitia. Antes da festa, eu estava terrivelmente nervosa, com medo que todos ficassem entediados. Mas a noite transcorreu maravilhosamente — nunca me diverti tanto numa festa de aniversário. Foi também a primeira vez que me "aventurei" a dançar com os meninos — com Alik e Vitia. Quando Alik pôs o braço em torno da minha cintura e eu pus a mão no seu ombro, um calafrio me percorreu o corpo — foi uma sensação tão feliz e empolgante. Já danço há muito tempo, adoro dançar, mas nunca tinha gostado tanto assim antes. Alik estava brincando e me ergueu no ar. Meu coração parou de bater, fiquei sem fôlego, e minhas bochechas ficaram febris...

Depois, brincamos de jogos de prendas, e Alik e eu nos beijamos. Da primeira vez, ele me beijou; da segunda, eu o beijei, quando estava se despedindo. Também brincamos de "flerte das flores". Volodia e Lusia transformaram o jogo num flerte entre eles. Não gostei do jogo e parei de brincar. Havia outros jogos também. Todos ficaram até tarde, até as onze horas.

Foi uma boa festa. Reforçou minha amizade com os meninos, mas esfriou minhas relações com as meninas. Oglobina estava especialmente brava e depois me chamou de "sapa". Houve muita discussão a respeito disso, e afinal ela foi transferida para outra classe.

As festividades do Primeiro de Maio foram animadas. Marchamos em comícios na praça Vermelha; vi todos os líderes. Cantamos, dançamos, gritamos... E à noite fomos ver a opereta *O vendedor de pássaros*. Eu adorei.

Preciso contar-lhe sobre a visita ao museu de belas-artes. Fui com a família toda. Mas dentro do museu fiz a visita sozinha: queria ficar livre para ver o que quisesse e para olhar, sozinha, de acordo com a minha vontade. Houve muitas coisas de que gostei, mas o melhor de tudo era um certo quadro francês: a costa marítima, os navios a distância, árvores lindas e de copas largas na praia, e uma multidão estendendo os braços na direção do mar em pânico e desespero. Havia também uma pintura inglesa — uma mulher de vestido cinza, trazendo nas mãos um chicote de cavalgada, de pé numa varanda.

Mas a conclusão que eu tirei dessa visita ao museu é que preciso voltar lá, e da próxima vez com um guia.

Agora preciso registrar para mim mesma os eventos importantes do período: Gorki morreu e um texto preliminar da nova Constituição foi publicado. A Constituição é algo que eu entendo muito pouco, embora sinta que esse é um evento de grande importância para o nosso país. Mas a morte de Gorki foi como uma perda pessoal para mim. Temos as suas obras completas. Li muitas delas, e algumas me comoveram tanto que nem conseguia dormir. E agora, Gorki se foi...

Houve também grande ansiedade em torno da minha inscrição no Komsomol. Tenho, de maneira geral, lido os jornais, mas mesmo assim procurei a ajuda de meu pai. Ele conversou comigo por duas horas, lembrando-me de muitas coisas e explicando tantas outras, especialmente a respeito da Constituição. Depois de conversar com ele, fui até o Comitê Distrital, e todos ficaram nervosos. Não gostei do escritório do Comitê Distrital: sujo, de paredes desbotadas e cheias de borrões, sem lugar para sentar. Achei que estava calma, mas outras pessoas disseram que eu saí do escritório branca como giz. Deram-me um cartão de membro, pequenino, branco.

Em casa, mostrei-o a papai. Ele me tomou nos braços, me jogou para cima e beijou-me. "Boa menina, Ninok!" Ele o disse de uma maneira que me encheu de alegria e orgulho.

Deixe-me listar os livros que li recentemente. Li *Meninas camponesas,* de Kolchin. Gostei muito. *O homem que ri,* de [Victor] Hugo, quase me fez ser reprovada na prova de física — fiquei tão absorvida pela leitura que me esqueci de estudar para o exame.

Durante os dias de prova fui duas vezes ao cinema Kamerni e vi o filme *O circo* três vezes. Orlova é maravilhosa!

Durante as provas papai fez uma promessa: se eu obtivesse boas notas, iríamos a Khvalinsk. Ontem foi a última prova — geografia. Passei. Concluí o sétimo ano escolar. Viva, vamos a Khvalinsk!

20 de outubro de 1936

Hoje vimos papai. Ele até derramou uma lágrima ou outra antes de partir na sua longa jornada, e os olhos de todos estavam marejados.

Ontem papai me comprou um violão. Fiquei tão feliz que lancei os braços em torno do pescoço dele e não parei de beijá-lo. Que pena ele ter de ir. Agora ficaremos dois anos sem a companhia das nossas frequentes saídas de surpresa para o interior, que papai bolava com tanta inteligência. Uma fogueira em alguma clareira, um pouco de *shashlik* assando na brasa. Para si, ele trazia vodca, para nós uma bebida refrescante. Comíamos os pedaços malpassados de carne — cheiravam a fumaça — e lavávamos a garganta com o refresco, e então cantávamos "Glorioso mar, sagrado Baikal...". Uma verdadeira multidão veio nos visitar durante os últimos dias — amigos e colegas do papai.

Agora estou sentada dedilhando o violão. Já fiz quatro aulas do livro de instruções.

Ontem tivemos uma reunião do Komsomol. Mulka informou sobre seu trabalho como organizador. Elegemos um comitê de três pessoas. Minha designação para trabalhar com o grupo Oktiabriata foi confirmada, apesar das minhas recusas veementes.

7 de novembro de 1936

Finalmente, férias! Agora vamos nos divertir!

Na noite passada eu estive num humor terrível, nem sei por quê. Chorei a noite toda e quis morrer. Adormeci em meio às lágrimas. Mas hoje tudo parecia cantar dentro de mim. Acordei cedo, sentindo-me ótima. Tomamos chá com os bolos da vovó. Depois fui à escola. Fiquei lá até as onze horas, depois fui ao Instituto das Leis. Os estudantes não estavam mais lá, mas conseguimos encontrá-los mais tarde numa espécie de quarteirão sem saída na rua Hertzen. Cantamos e dançamos durante uma hora e meia ao som de um acordeão.

Às duas fomos até a praça Vermelha. Vi Stálin. Havia certa confusão depois da praça. Fomos levados pela multidão que se apertava numa rua estreita e acabamos arrastados por ela. Lidka, naturalmente, começou a gritar, e nós gritamos com ela. Quando fomos arrastados para uma rua mais ampla, as coisas se acalmaram, mas os milicianos bloquearam o caminho e começaram a forçar todo mundo a fazer um grande desvio. De repente ouvimos gritos: "Eles romperam, eles romperam [o cordão de isolamento de milicianos]!"... Nos apressamos até lá. Os milicianos estavam apertados contra a parede, todos estavam correndo, e nós corremos com eles.

À noite, Sima veio me buscar. Stella e Lelia nos atazanaram e fomos obrigados a levá-las conosco. Primeiro fomos até a praça Arbat, onde estava a exposição das crianças. Em todas as vitrines havia maravilhosas maquetes do sanatório de crianças Artek, modelos dos personagens dos contos de fadas de Puchkin, e assim por diante. Multidões nas ruas. Depois de Arbat, mandamos Stella e Lelia para casa e fomos até a Manege, onde foram construídos um palco e uma plataforma de dança. Olhamos as bancadas das indústrias de comida, e então quisemos dançar, mas estava um aperto grande demais entre as pessoas. Fomos à praça do teatro. Gostei do retrato de Stálin, quase tão grande quanto o prédio da Mostorg. No caminho de volta paramos na praça Manege e dançamos como queríamos. Cheguei em casa às onze, com os pés doloridos.

Você deve ter ouvido dizer que Nikolai Ostrovski morreu recentemente. Fomos vê-lo no caixão. Ele morreu aos 32 anos. Já leu seu livro *Assim foi temperado o aço*? Se não leu, leia. É um livro maravilhoso.

Veruchka acabou de acordar e provavelmente vai começar a berrar. Ela é um bebê bonzinho, todos a amam. Ela ri tanto, como se entendesse as coisas.

Tenho muitas amigas na escola, mas minha melhor amiga é Lena Gershman. Dividimos a mesma carteira.

Estamos decorando nossa árvore. Fizemos muitos brinquedos, compramos 25 velas, contas, bolas brilhantes e assim por diante. Vamos também nas festas nas casas de Stella e Irma — são nossas primas.

Tenho um vestido novo, bonito, azul, com a gola e o cinto brancos. Vou usá-lo hoje. Também compraram para mim sandálias de salto alto e meias novas. Agora sou considerada uma mocinha. Nossa Lelia está com eczema, está se espalhando para o rosto dela. Está magra como sempre.

Adeus,
Nina

25 de janeiro de 1937

Abandonei meu diário — é a primeira vez que escrevo este ano.

Brevemente, sobre janeiro: os doze dias de férias foram muito agradáveis, embora eu não tenha viajado para o interior. Frequentemente vou ao rinque de patinação, e também ao teatro. Durante janeiro eu vi *Infortúnio da sagacidade*, *A maravilhosa liga metálica*, *Princesa Turandot* e *Floridsdorf*. O trabalho escolar vai mal. Que se dane, estou cansada da escola...

O segundo julgamento de trotskistas está em curso agora. Revelações assustadoras. Todos eles provavelmente serão fuzilados.

31 de janeiro de 1937

Nossa pobre gatinha morreu. Nem lhe deram chance de viver, alguém a envenenou. E não sabemos quem poderia ter feito uma coisa tão vil. Ela era sempre tão animada e brincalhona, mas nos últimos dias ela vomitou e não comeu nada. Ontem Lelia e Margarita foram ao veterinário. Ele deu um remédio, mas a gatinha morreu antes de o medicamento chegar.

Lembro-me do dia que a trouxemos para casa. Era tão pequena, tão desamparada! Tudo o que ela fazia era ficar deitada na almofada amarela. Uma gatinha tão linda! Agora a casa toda sente muito. E ainda assim, quando arrecadamos o dinheiro para o veterinário, tudo o que conseguimos foram oito copeques. O resto — para completar os três rublos — veio de mim e de Lelia. Contribuímos com todas as nossas economias.

7 de fevereiro de 1937

O terrível julgamento acabou. Claro, eles serão fuzilados. Como pode ter acontecido de os antigos revolucionários que lutaram por décadas por um governo popular terem se tornado inimigos do povo?

Na escola, as coisas estão melhorando. Jogamos vôlei e vamos esquiar. Alguns dias atrás aconteceu um incidente engraçado: subi na janela para fechar a trava. De repente Svetlov correu até onde eu estava, me segurou pela cintura e me pôs no chão. Todos ficaram surpresos, e eu fiquei tão envergonhada que saí correndo. Mais tarde, todos riram de mim e de Svetlov. Mas em geral Svetlov é nojento; está sempre tentando pôr os braços ao redor de alguém ou coisa que o valha. Recebi uma carta de Nastya e ainda não respondi. Ela me pediu para mandar-lhe um chapéu, mas, francamente, não tenho paciência para pensar em chapéus.

21 de fevereiro de 1937

Grigori Konstantinovitch Ordzhonikidze está morto. Lida, Svetlana, Lena Gershman e eu fomos até o Pavilhão das Colunas, na Casa dos Sindicatos.

Perda atrás de perda: Kirov, Kuibichev, Gorki, Ordzhonikidze — nossa velha guarda está morrendo...

Hoje Mulka, Vovka e eu fomos com os trabalhadores da TET até a praça Vermelha. Vimos todos os líderes no palco de exibição pública.

Dia 7 de fevereiro houve um baile à fantasia dedicado a Puchkin. Eu estava vestida como Macha, a filha do capitão, num vestido comprido e laranja com laços brancos ao redor do pescoço e nas mangas. E, é claro, usei uma máscara. Senti-me ótima a noite toda. A roupa era muito boa para dançar. Svetlana era a rainha de Shemakha, e Valia era uma garota circassiana. Minha fantasia foi eleita a melhor.

Hoje finalmente respondi a Nastya. Escrevi a ela sobre as festas de Ano-Novo, o rinque, o chapéu, os esquis, o instituto, Ordzhonikidze e assim por diante.

Recebi a carta dia 1º de fevereiro, e só respondi hoje. É assim que as coisas estão!

25 de março de 1937

Algo assustador e incompreensível aconteceu: eles prenderam tio Micha, irmão do papai, e sua esposa, Ania. Irma, nossa prima pequena, foi mandada para um lar de menores. Dizem que tio Micha está envolvido com alguma organização contrarrevolucionária. O que está acontecendo? Tio Micha, membro do Partido desde os primeiros dias da Revolução — e de repente um inimigo do povo!

27 de março de 1937

Não entendo o que está acontecendo com mamãe. Tudo o que ela faz é gritar e me dar broncas.

Hoje eu esfreguei o assoalho, comprei pão, fui ao hospital para ela, lavei toda a louça e cuidei de Verochka o dia todo. Então aconteceu de eu tocar nos brinquedos de Lelia, Lel'ka começou a guinchar (as lágrimas dela nunca demoram a aparecer) e mamãe caiu sobre mim como um falcão para defendê-la. E ainda me bateu. E gritou comigo — disse que sou levada, ficarei para titia, e assim por diante, mais e mais. Tudo bem, pro inferno com ela. Mamãe sempre toma o partido de Lel'ka.

29 de março de 1937

Chorei novamente hoje. É tudo culpa da mamãe. Ela briga comigo o dia todo. O que ela quer, afinal? A vida se tornou uma tortura diária... Queria poder ir até onde papai está, no Extremo Oriente.

16 de abril de 1937

Meu aniversário passou sem ser notado. Apenas Tonia me deu um presente — uma pequena bolsa vermelha. Todos se esqueceram de nós e de nossa mãe.

E agora outra coisa terrível. Está além da compreensão. O pai de Stella foi preso. Ele era chefe de departamento no Comissariado do Povo para a Indústria Pesada. Dizem que ele era um sabotador...

Ontem briguei com um dos meninos. Um dos moleques começou a jogar areia em Denisova, e ela teve medo e ficou quieta. Ela não tem um pingo de respeito próprio. As meninas estavam jogando vôlei, e o jogo acabou. Eu estava ali de pé, esperando. Então vi um dos meninos se agachando para pegar um pouco de areia e jogar em mim. Mas antes que ele tivesse chance de erguer a mão eu corri até ele e o puxei pelos colarinhos com tanta força que rasguei a camisa, e então acertei-o no rosto. E... parei! Este foi o meu erro. Deveria ter lhe dado uma surra bem dada depois de ter começado, mas parei. O moleque tirou vantagem da minha hesitação e me acertou o nariz e o olho. Fiquei vendo estrelas, e ele, é claro, fugiu...

Agora acho graça, mas ontem estava furiosa — principalmente comigo mesma. Já deveria saber me virar numa briga.

22 de agosto de 1937

Um azar terrível acometeu nossos senhorios.

Hoje nosso senhorio chegou do trabalho inesperadamente, ao meio-dia. A filha dele, Marusia, pensou que ele estivesse doente, de tão desanimado e pálido que estava. Mas dois outros homens entraram depois dele e começaram a revistar a casa. Eles reviraram os cômodos do senhorio e depois partiram para os nossos. Aquelas pessoas nos tratavam com uma cortesia gélida. Fiquei tão atordoada que não pude me mover. O armário onde o senhorio guardava a roupa de cama e de mesa ficava no nosso quarto. Depois de revistarem o armário, os dois agentes da NKVD queriam vasculhar as nossas coisas também, mas o senhorio disse a eles que estávamos apenas de visita durante o verão. Ele estava branco como giz e tão confuso que, quando os agentes apontaram para mim e perguntaram

"É sua filha?", ele disse "Sim!". Depois disso foram todos para a parte da casa que o senhorio habita e conversaram sobre algum assunto durante bastante tempo. Então ouvimos o senhorio dizer bem alto, com a voz entrecortada, como se estivesse segurando as lágrimas: "Bem, adeus...". E então todos irromperam a chorar, Marusia mais alto que os outros. Ela correu até o pai gritando "Papai, papai... Aonde o estão levando?". O senhorio não pôde mais se conter e começou a chorar. Marusia agarrou-se a ele tão desesperadamente que eu também comecei a chorar. Ele finalmente conseguiu se desvencilhar dela e saiu com o passo apertado. Os dois homens educados e frios saíram depois dele.

Foram-se. E todos, incluindo nós, choraram. Fui até o quarto do senhorio e tentei consolar Marusia. Quando ela se acalmou um pouco, levantou-se repentinamente:

"Vou atrás dele!"

Depois do almoço Marusia voltou junto com a mãe. Assim que a mãe dela entrou, começou a lamentar-se. Vovó tentou consolá-la, e a senhoria disse que o marido fora preso por suspeita de trotskismo.

Pensei a respeito disso por um bom tempo. Recordei-me das prisões dos pais de Irma e Stella. Algo estranho está acontecendo. Pensei e pensei, e cheguei à seguinte conclusão: se acontecer de o meu pai ser também um trotskista e inimigo deste país, não terei pena dele!

Apesar do que escrevi, confesso que há uma incerteza me devorando.

13 de setembro de 1937

"Querido papai!

Como estão as coisas aí? Lelia e eu temos muita saudade de você. Estou indo bem na escola e participando de todas as atividades. Trabalho com os Pioneiros na classe de Lelia. Ela também é boa na escola. O eczema dela resiste, apesar de todos os tratamentos. Fui eleita para o comitê do Komsomol. Recentemente tivemos de julgar o caso de uma das garotas. Seus pais haviam sido presos. De início eu discordei da moção para expulsá-la, mas depois os outros me convenceram e votei a favor da expulsão. Ainda assim, não estou certa de que ela devia ter sido expulsa. A menina chorou, não queria deixar o Komsomol, mas ao mesmo tempo disse que amava a mãe e o pai e não ia repudiá-los. Depois da reunião, senti-me péssima, e quando cheguei em casa chorei por um longo tempo. Como pode ser culpa dela que os pais tenham sido presos por algum motivo?

Volte logo, papai, se puder. Aqui em casa é solitário e melancólico sem você.

Muitos, muitos beijos,
Sua filha que o ama,
Nina"

30 de novembro de 1937

O dia de anteontem foi muito enevoado. A neblina durou todo o dia e noite e ainda o dia todo de ontem até o anoitecer. Lena e eu corremos pelas ruas, observando a vida da cidade na neblina. Toda a cidade, tão familiar desde a infância, todas as ruas e praças e becos estavam transformados como num conto de fadas. As linhas retas e angulares ficaram borradas, os prédios pareciam mais altos e largos. Até os sons estavam emudecidos e amortecidos. Nós andamos, escutamos e olhamos. Foi muito interessante: até a calçada do outro lado da rua era invisível! Os carros moviam-se vagarosamente com os faróis acesos e buzinavam continuamente. Bondes e ônibus avançavam cuidadosamente centímetro por centímetro, tocando as sinetas. E ainda assim houve muitos acidentes. A dois ou três passos de distância os pedestres pareciam sombras e se desfaziam dentro da neblina.

Ontem, Lena, Gricha Grinblat e eu fomos à casa de Tatiana Alexandrovna para fazer um trabalho. Estamos preparando uma apresentação para o vigésimo aniversário da Revolução. Os membros do círculo de história estão participando ativamente nas festividades. Trabalhei entusiasmada — escrevendo, cortando, colando. Tatiana Alexandrovna ficou muito satisfeita com o meu trabalho. Mas também encontrei tempo de flertar com Gricha. Tatiana Alexandrovna disse que estou apaixonada por ele. Claro que isso é bobagem. Depois que terminamos, Tatiana Alexandrovna serviu-nos chá e eu agi como anfitriã à mesa. Ela é uma pessoa incrível, e eu me pergunto por que ela não é membro do Partido.

15 de dezembro de 1937

Recebi uma carta do papai:

"Querida Nina!

Perdoe-me por não escrever-lhe. Não estou no espírito de escrever cartas, e vou contar-lhe por quê. Fui expulso do Partido e, consequentemente, dispensado do meu posto. Não vou entrar em detalhes: na sua idade, há muita coisa ainda difícil de compreender. Mas você precisa se lembrar de uma coisa: precisará de muita calma e perseverança agora. Ainda não sei como as coisas serão para mim. Mas, mesmo no pior dos casos, tenha a certeza de que o seu pai jamais foi um canalha nem um traidor e nunca manchou o nome com algo sujo ou vil. E portanto — seja firme! É claro, estes são tempos difíceis, mas não podemos e não devemos perder a coragem. Sobreviveremos a isto e superaremos todas as provações. Acredite quando eu digo que o seu pai ainda tem "bastante pólvora no barril" e não pretende curvar-se diante da adversidade.

Dê minhas lembranças a Lelia e Veruchka. Beijos para mamãe e vovó e todo o resto.

Seu pai"

20 de dezembro de 1937

Hoje aconteceu um banzé feio e terrível em casa.

Uma amiga do papai, Esfir Pavlovna, acabou de voltar do Extremo Oriente e nos telefonou. Mamãe estava fora e eu conversei com ela...

15 de abril de 1938

Ora! Acabo de ouvir uma declaração de amor! E de quem? Céus, até o diário ficará surpreso e cairá na gargalhada! Gricha! Não quero e não posso escrever sobre isso agora. Não sei como cheguei em casa depois de ele ter me contado. Não posso comer, choro e rio. Lelia olha para mim alarmada. Não sei o que fazer, e tento entupi-la de doces. Ela fica surpresa e se recusa a comê-los. Digo a ela que ganhei um "excelente" na escola. Ela não acredita em mim...

17 de abril de 1938

Me acalmei um pouco e agora posso escrever o que aconteceu.

Quando Lena me contou que tinha uma grande mágoa, decidi descobrir o que Gricha sentia por Lena. Ele estava indo para casa, e eu perguntei se ele tinha alguma tristeza. Ele disse que não. Então perguntei se ele estava sofrendo por causa de alguma coisa. E ele disse: "Não se fala desses assuntos". Eu persisti e perguntei o que ele sentia por Lena. Ele disse francamente que parara de reparar nela e esfriara as relações entre os dois. "Por quê?", insisti, já que o considerava apenas um amigo e nada além disso. Então ele disse: "Gosto de você, Ninka, gosto muito de você". Tentei transformar aquilo numa brincadeira e disse que ele ainda era um menino, que Lena era uma ótima garota, e bonita também, e que não era capaz de imaginar como ele poderia ter se apaixonado por mim depois de Lena.

"Acha que Lena é bonita?", perguntou ele. Disse que sim,

e fui absolutamente sincera. Lena é realmente uma garota bonita. "E eu não gostaria que você fosse ela!", disse Gricha.

Caminhamos por um bom tempo depois disso, e eu disse a ele ao partirmos cada um para o seu lado: "Pode sentir o que quiser a meu respeito, mas eu ainda o considero apenas um amigo". Ele segurou minha mão na sua e pediu-me que o perdoasse por expor o seu segredo. "Foi você que insistiu." "Bobagem", disse eu, "não fique chateado por causa disso. Como estão frias as suas mãos... Adeus, Gricha."

Mas quando entrei pelo portão minhas pernas viraram água e eu me apoiei contra a parede...

Ontem nossa reunião foi um pouco tensa. Ele estava envergonhado e chateado, e havia em seus olhos um olhar culpado. Hoje estava mais calmo.

Lena está em péssimo estado. Ela não faz as tarefas e fica sentada na carteira, inerte e apática. Sinto muita pena dela, mas não sei como ajudá-la. Não estou apaixonada por Gricha, é apenas um sentimento bom, de camaradagem... Mas quem sabe... se isto continuar assim, posso até me apaixonar.

20 de abril de 1938

Tive um sonho estranho na noite passada.

Gricha e eu estávamos sentados à mesa em algum quarto, tão próximos que nossas cabeças se tocavam. Lena também estava no quarto, fazendo algo atrás de nós. Ela perguntou: "O que estão conversando?". Voltamos nossos rostos um para o outro e sorrimos, sem responder a Lena. Uma madeixa do meu cabelo caiu sobre a testa e eu queria ajeitá-la, mas nossas cabeças estavam tão próximas que minha mão roçava o cabelo de Gricha e eu corria os dedos por ele. Era muito agradável tocar seus cabelos. Então Lena disse: "Bem, vou embora". E fomos levá-la até em casa. Ela parecia estar prestes a dar à luz o segundo filho. Perguntei-me: "Onde estará o primeiro?". Mas ela não respondeu. Alguém gritou, mas Gricha disse "Não é nada com o que se alarmar", e eu me acalmei...

Cada besteira que uma pessoa sonha!

Agora mesmo o rádio estava tocando o romance de Tchaikovski, "Não sei se te amo, mas parece-me que sim". Tornei-me incrivelmente romântica nos últimos tempos, passei a amar a Lua... Ontem à noite procurei por ela, mas não a encontrei.

22 de abril de 1938

Na noite passada, eu e Gricha concordamos pelo telefone em nos encontrarmos mais cedo hoje para ir ao museu. Enquanto andávamos, encontramos Nina e Olga. Elas começaram a ficar de risadinhas e cochichos a nosso respeito, dizendo que éramos inseparáveis, sempre juntos. Apertamos o passo para nos afastar delas. Fiquei tão envergonhada que não pude dizer nada por um bom tempo. Então chegamos ao museu, encontramos um grupo de colegas, Lena entre eles. Pareceu-me que ela me lançou um olhar perscrutador. Bem, acho que já é hora de ela adivinhar a verdade. Depois da nossa visita ao museu, Lena foi para casa imediatamente, embora eu implorasse a ela que me acompanhasse até em casa.

Perdi muito peso nestes últimos dias, e todos em casa ficam me perguntando por que fiquei tão magra, se estou apaixonada.

Por coincidência, Gricha confessou recentemente que voltou a manter um diário. Imagino se um dia ele me deixará lê-lo.

2 de maio de 1938

Dia 30 de abril Gricha e eu fomos ver a iluminação de gala. Andamos até o centro da cidade, ao longo da margem, mas não havia nada de novo. Nossa conversa estava mais interessante do que as luzes. Falamos de muitas coisas. Mais tarde, quando já estávamos a caminho de casa, disse a ele que seria transferida para outra escola no ano que vem. "Por quê?" "Bem, talvez eu não vá, dependendo das circunstâncias." Ele interpretou isso como se significasse que eu estava cansada dele e disse em voz baixa:

Estou derretendo a vidraça com a testa.
Haverá amor ou não?
E será ele grande ou pequenino?

"Parece que o último é mais provável, acho", concluiu.

Meus lábios tremeram e os olhos se encheram de lágrimas. Doeu-me pensar que ele considerava nosso amor "pequenino". Fiquei triste ao pensar que tudo isso logo acabaria. Ele notou minhas lágrimas e ficou desapontado, tentando descobrir o que havia de errado comigo. Expliquei a ele por que queria ser transferida para outra escola. "Seria doloroso para mim ficar nesta escola se tudo entre nós se acabar." Ele pensou que eu estava saindo com ele por pura "falta de coisa melhor para fazer", que estava apenas me divertindo com ele. Fiquei chocada, e disse-lhe em palavras veladas que o amava. Ele se iluminou de alegria e pediu perdão por suas palavras. Nos despedimos reconciliados e prometemos evitar mal-entendidos no futuro.

7 de maio de 1938

Dei meu diário a Lena. Ela o leu e disse: "Já esperava isso dele, mas não de você".

Demos uma longa caminhada ao anoitecer. Estava chovendo, mas tínhamos um guarda-chuva e caminhamos sem pensar no clima ou no tempo. Primeiro Lena disse: "Depois disso, não o amo mais". Mas depois repetiu de novo e de novo que o amava ao ponto da loucura. Durante um bom tempo procurei consolá-la e convencê-la de que a situação podia ser remediada. Ela se queixou da própria falta de personalidade e disse que invejava a minha (conseguiu encontrar algo para ter inveja!). Lena confessou que, quando estava com Gricha, ficava subitamente sem fala, incapaz de dizer uma palavra. Disse também que tinha ciúmes e que seria difícil para todos nós estar na mesma escola.

Hoje nós três ficamos depois das aulas para conseguir certos materiais. Lena estava de péssimo humor. Gricha perguntou a ela o porquê daquela cara de enterro. "Não é nada." Ela não nos acompanhou na caminhada até em casa.

Devo admitir que, quando estamos os três juntos, encontro duas dificuldades: primeiro, sinto-me culpada, e segundo... tenho ciúmes! Que personalidade. Não estou mais certa de que Gricha seja indiferente a Lena.

Mas por que deveria me importar? Afinal de contas, não o amo. O problema todo é este — não consigo mais entender a mim mesma. Agora me parece que o amo de fato. Ele foi tão extraordinário hoje. Tomou uma fita vermelha que uso como marcador de livros e não queria me devolver. Também fez cara feia e devolveu. Mas como estava bonito naquele momento!

Ontem Lena me assegurou que eu acabaria me apaixonando por ele, que ele era uma pessoa maravilhosa e éramos os dois bem entrosados. Ela quase chorou, chamou-se de idiota e responsabilizou apenas a si própria pelo esfriamento da relação entre eles. Ela sempre se mantinha quieta quando estava com ele, que se aborrecera, e a chama se apagou...

10 de maio de 1938

Ontem Gricha e eu saímos para caminhar, e subitamente ele começou a insistir: "Diga-me o que sente". Eu disse: "Eu não me entendo mais. Não sei se te amo ou não". Ele disse que queria ficar só e nos despedimos. Ao deixá-lo, ele me pediu que não pensasse a respeito daquilo e que deixasse o tempo se encarregar de tudo.

Sinto-me podre. Tudo o que quero é terminar as provas e ir para longe, o mais longe possível.

11 de maio de 1938

Melancolia. Quero chorar.

É uma coisa estranha. Quando o vejo, parece-me que não o amo. E quando ele está longe, fico louca de saudades dele...

Mamãe ralha. Tio Micha chegou ontem de Baku. Tomou alguns tragos com vovó, e hoje ele foi a algum lugar e desapareceu. Vovó foi até os milicianos relatar o desaparecimento de uma pessoa. Voltou ainda mais brava e agora só fica lá sentada, bebendo.

22 de maio de 1938

Ontem Gricha telefonou e me convidou para uma caminhada. Recusei, dizendo que ia estudar. Mas duas horas mais tarde eu mesma liguei para ele. Esperei por ele na praça e observei as crianças. Adoro as crianças...

Depois ficamos vagando pelas ruas sem objetivo ou direção. Começou a chover. Nos escondemos sob um toldo e lá permanecemos um bom tempo sem dizer nada. E em silêncio dissemos mais um ao outro do que poderíamos ter dito com palavras. Ele tomou minha mão e apertou-a com força.

E em casa, inesperadamente, ocorreu algo terrível e além da compreensão. Meu tio perdido Micha. Descobrimos que ele viera a Moscou pedir proteção para o irmão, preso em Baku. Ele foi à NKVD em busca de justiça e proteção, e lá foi preso. Agora está completamente confuso e assustado. Estava nos contando sobre os chocantes acontecimentos em Baku e ficava o tempo todo olhando por sobre os ombros e falando em meio a suspiros. Eles o mantiveram todos esses dias na NKVD, e quando o deixaram partir avisaram-no para manter silêncio a respeito do irmão. À noite, a família comemorou — ao menos, ele estava em liberdade. Cantamos "Nas estepes selvagens para além do Baikal". Vovó começou a chorar. Fui até o outro cômodo, sentindo-me muito triste. Agora estão cantando "Glorioso mar, sagrado Baikal" outra vez. Papai canta esta música especialmente bem... Logo, logo eu o verei finalmente...

7 de setembro de 1938

Que sinistra escuridão envolveu-me a vida toda. A prisão de papai é um golpe tão grande que quase me dobra a espinha. Até aqui sempre mantive a cabeça erguida e com honra, mas agora... Agora Akhmetov pode me dizer: "Somos camaradas na desgraça!". E pensar como eu o desprezei e desprezei seu pai, um trotskista. O pesadelo desse pensamento me oprime dia e noite: será também meu pai um inimigo? Não, não pode ser, não posso acreditar! É tudo um terrível engano!

Mamãe está calma e firme. Ela tenta nos passar segurança; está sempre indo a algum lugar, escrevendo a alguém, e está certa de que o mal-entendido logo se esclarecerá.

10 de setembro de 1938

Desolação e silêncio melancólico em casa. Ninguém está fazendo nada. Vovó chora o tempo todo — nosso pai era o genro favorito dela. Afinal, ele era amigo de nosso avô, o marido dela, que morreu na guerra civil. Depois da morte do vovô, papai nunca rompeu os laços com a família. Casou-se com mamãe pouco depois, enquanto ainda lutava. Para completar, não temos notícia do tio Iliucha. A essa altura, ele já deveria ter chegado aqui, vindo de Transbaikal, mas desapareceu. Decidimos acreditar que ele provavelmente foi preso também.

Mamãe está procurando trabalho. Com papai aqui, nunca soubemos o que era necessidade. Agora está tudo se despedaçando...

Não tenho com quem dividir minhas angústias. Me parece que Lena está preocupada demais com seus próprios problemas, mas ela não quer confiá-los a mim. Tornou-se mais reservada e afasta-se de mim para dentro do seu próprio mundo, como uma ostra na concha.

E eu estou encalhada numa profunda e voraz depressão. Tudo me parece repulsivo ou sem significado. Ontem, Lena, Zhora e eu vimos *Nas margens do Neva* no teatro Mali. Era uma peça muito boa e os atores estavam bem, mas eu a assisti com gelada indiferença.

Acho que provavelmente brigarei com Gricha em breve. É culpa de ambos. Ele está mais próximo de Lena, e fica me chamando de "Ninka". E eu me irrito com cada palavra que me incomoda. A fissura entre nós está se alargando e se aprofundando.

É assim que sou: à noite choro e me amaldiçoo por minha grosseria e pavio curto, e na manhã seguinte fico ainda mais áspera e rude. Uma personalidade selvagem.

Papai costumava dizer, meio brincando, que nós temos o intempestivo sangue eslavo com um traço de tártaro. "Sim, somos citas... de olhos puxados e gananciosos..."

E agora todos os jovens Kosterin — meu pai e o tio Micha — são supostamente inimigos do povo. Como posso eu, sua filha de sangue e carne, acreditar nisso?

13 de setembro de 1938

Lena falou-me de si. Gricha disse-lhe: "Arranquei o antigo amor de meu coração pela raiz e amo você — mas não é um grande amor". Lena aceitou e escreveu-lhe uma carta, dizendo que o ama. Involuntariamente caí na gargalhada e disse a Lena que isso era bobagem — um homem não poderia deixar tão facilmente de amar a uma garota e apaixonar-se por outra. Quem é que diz a uma garota que a ama "um pouco"? Gricha é um idiota, e Lena não entende que ele está simplesmente "jogando um jogo".

26 de setembro de 1938

Que tola eu sou, como me desprezo por telefonar para Gricha — duas vezes seguidas. É claro que ele estava em casa, mas disseram que tinha saído. Provavelmente está pensando: "Que peste!".

E hoje ele subitamente me entregou um bilhete oferecendo sua amizade, pois vê que eu "não tenho amigos o bastante". De início quase me derramei em lágrimas, então subiu-me a raiva e escrevi-lhe uma resposta curta e grossa.

E mais um acontecimento desagradável: Lena vai deixar a nossa escola. O pai dela transferiu-a para outro colégio. Fiquei terrivelmente desapontada...

Em geral, estou num estado de espírito horrível. Há algo de muito errado comigo ultimamente. Estamos estudando o clorofórmio nas aulas de química, e tive de repente um pensamento irresponsável: seria bom acabar com tudo de uma vez. Logo me interrompi, forçando-me a pensar em outra coisa.

2 de outubro de 1938

Outono. Sereno enevoado e lama. Onde está papai agora? Como estará?

Alguém está tocando uma música melancólica e lúgubre no violino. Penso nestes dias desolados da minha vida. Ainda não vivi, mas fico pensando: há algum sentido em prosseguir?

Minhas amizades estão se desfazendo.

Meu bilhete para Gricha também colocou um ponto final em nossa separação. Ele está se afastando de mim. Sinto que ainda poderia corrigir tudo, se quisesse. Mas não posso. Parece que faço tudo para me magoar. Me aproximo dele com a intenção de dizer uma coisa e digo o oposto. O que é isso? Por quê?

Lena está na escola nova há dois dias. Ela gosta de lá. Sinto muita falta dela. Todos esses dias tenho sentido de maneira especialmente aguda que não tenho mais ninguém, que ela é minha única amiga... E ela está tão longe!

7 de outubro de 1938

Há um peso em meu peito, como uma rocha. Estou num tal estado de espírito que não tenho muito controle sobre mim e posso fazer algo de mau. Fui visitar Tatiana Alexandrovna. Ela me disse coisas que me convenceram ainda mais de que sou uma criatura vil e detestável.

Ontem liguei para Gricha e pedi-lhe que fosse à sala de leitura. Ele foi. Depois me acompanhou até em casa. E hoje me telefonou e fomos andar de bicicleta. Ele é muito calmo. Não percebi nele a minha agitação... ou quaisquer sentimentos.

Houve momentos ontem em que um silêncio pesado e vazio abateu-se sobre nós. Entre amigos o silêncio muitas vezes expressa mais do que as palavras. Conosco, tudo o que há é o vazio. Mas por que isso me incomoda tanto? Afinal, fui eu que o repeli. Ou será que sou mesmo um monstro que tenta fazer um homem se apaixonar apenas para repeli-lo com grosseria? Tatiana Alexandrovna está certa de suspeitar que tenho algumas características muito ruins. Mas tudo isso não é intencional, não quero fazer o que estou fazendo. Por que, então, as coisas acabam saindo dessa maneira? Às vezes isso até me assusta...

Disse a Gricha que precisava de amizade, e por isso rejeitei seu amor. Antes de sentar com meu diário, disse a mim mesma: "Eu o amo". Mas tive medo de escrevê-lo, pois isso me levaria imediatamente a escrever "Eu não o amo". O que ele é: um brinquedo, uma bola de borracha? Posso estar perdendo algo grandioso e significante, mas preciso me afastar disso.

Para que estou vivendo? O que me espera? É assustador pensar que tanto sofrimento me veio em apenas alguns poucos meses e que isso me dilacera tanto. E o tempo se arrasta como uma longa noite de insônia — uma noite abafada e tempestuosa sem descanso...

Por acaso, me deparei com este poema, escrito na primavera passada:

Hoje o vento do outono está uivando,
Cegando meus olhos com a chuva.
Hoje pela última vez nos despedimos,
Com palavras finais, que nunca mais serão ouvidas...

Leio estas palavras, e as lágrimas caem sobre a página...

1º de novembro de 1938

Tive uma estranha premonição de ainda mais desastres para a nossa família. Frequentemente sonho com papai. Sonhei a noite passada. Pareceu-me que ele havia voltado para casa — um estranho melancólico e... usando gravata. Ele nunca se vestiu assim. Acordei e me senti tão amargamente angustiada que poderia ter uivado como um lobo...

25 de março de 1939

Hora das férias, e estou preguiçosa de dar nojo.

Acabo de voltar da casa de Lena. Gricha também estava lá. Tenho passado muito tempo com Gricha ultimamente, e nosso relacionamento está excelente. Ele me contou que tentou enganar a si e a mim. Ele me ama. Meus sentimentos por ele também são mais fortes do que a amizade. Mas tudo é completamente diferente agora. Muito mais calmo, mais profundo e mais sério. Não demonstro, entretanto, e não pretendo demonstrar. Deixemos que seja amizade.

Sinto pena de Lena. Estou feliz, e ela, solitária.

Viva! Um telegrama. Ilia está livre e pede-nos que mandemos algum dinheiro para a passagem.

Há muita comemoração em casa, mas eu penso no papai...

27 de março de 1939

Como a vida é boa, apesar de tudo! Logo farei dezoito anos! Isso é muito, não?

Tenho dezoito anos, sou amada e amo!

Maravilha!

2 de agosto de 1939

Lena veio ver-me ontem. Quando estava acompanhando-a até em casa, topamos com Gricha. E, é claro, fomos vagar pelas ruas. E agimos com a estupidez habitual quando estamos os três juntos. Estava brincando, provocando Gricha. Ora querendo tomá-lo pelo braço, ora brigando com ele. Lena ficou furiosa porque Gricha não lhe deu atenção. Ela o ama e espera dele algo mais do que uma simples relação de amizade. E ele, o inútil, não percebe nada — nem a dor, nem o amor dela. Lena é em geral gentil e contida, mas ontem não podia controlar-se e me alfinetava.

7 de dezembro de 1939

É tarde da noite. Quase onze horas. O tempo — parece saído de "Os doze", de Blok: vento e neve, neve e vento... Ao atravessar a ponte próxima ao parque Gorki, pode-se ver a distância nevada se estendendo ao longo do rio Moskva. Bem ao longe há uma escura faixa de floresta, acima a leve estrutura da ponte, poderosa e ao mesmo tempo rendilhada, e acima de tudo o pesado céu de Moscou. Ele tem uma beleza única, só sua, especialmente ao anoitecer, quando o pôr do sol lança suas luzes roxas e escarlates por detrás do verde do parque Newkuchni.

Sim, Grisha, tudo o que você disse é verdade...

Nos separarmos e irmos em direções diferentes, perder o que há de melhor na vida — amizade, amor —, você sabe que não serei capaz de fazê-lo.

Já lhe disse que a vida sem você me parece vazia. Não monótona — não, por vezes até mais animada, mas vazia, desprovida de um significado mais profundo e satisfatório. Você traz à minha vida algo melhor do que as coisas que geralmente motivam a vida das pessoas. Você traz bons sentimentos, traz a verdadeira essência da vida...

20 de janeiro de 1940

Amo Moscou. Na noite passada tive insônia. Virei na cama de um lado para o outro por um longo tempo, tentando dormir. Então me levantei silenciosamente e saí. Ruas quietas e desertas, uma nevasca revigorante... Andei sem objetivo e sem escolher a direção. Atravessei o centro da cidade. A praça Vermelha, o Kremlin e a bandeira escarlate sobre ele — vi tudo com novos olhos e um novo sentimento. Não posso nem definir o que senti naquele momento. Não tenho palavras. É pena eu não conhecer música. Apenas uma sinfonia solene conseguiria expressar as emoções, estados de espírito e imagens vagas que se apossaram de mim naquela hora silenciosa antes da aurora.

Deixando o centro, submergi na quietude das ruas e becos de Zamoskvorechie à luz da aurora.

Moscou! A própria palavra me agita e enche-me a alma de orgulho, dos ritmos de canções antigas e lendas épicas. Milhares de anos se passaram sobre você, Moscou! Em meio aos flagelos do fogo, da peste, da fome, das garras gananciosas dos invasores e do caos intestino e sangrento, você se ergueu de novo e de novo, cada vez mais bela, mais pujante e mais querida ao coração russo. Nuvens tempestuosas estão se reunindo no horizonte. Mas serão capazes de assustar Moscou? Moscou pode ser arrasada pelas chamas, mas, como a lendária Fênix, renascerá das cinzas ainda mais vigorosa e mais bela do que antes.

24 de fevereiro de 1940

Se vier a guerra, estou pronta para ela. Uma coisa ruim: não posso aprender a atirar bem por causa da miopia, e não gostaria de ser obrigada a usar um par de óculos.

8 de março de 1940

Um abismo frio e vazio está aumentando entre antigos amigos. Pensei em Nastia em Khvalinsk. Algo distante e infantil, mas belo... Longos anos de separação mataram uma bela amizade infantil. Mas Gricha e Lena? Especialmente Gricha? O amor não deu em nada e a amizade também está se tornando azeda e bolorenta.

22 de setembro de 1940

Acabo de reler as anotações do verão passado e senti-me triste.

Tudo o que eu havia sonhado se foi: emoções fortes e profundas, sinceridade no amor. Algo se acendeu e se apagou, como o fogo-fátuo.

Ultimamente tenho pensado cada vez mais em Gricha. E me arrependo de ter perdido a pureza da amizade e do amor. E Lena? Eu a amava muito, e ainda amo... Como seria bom nos encontrarmos como antes, e conversar e conversar... Mas todas as trilhas ficaram recobertas pela grama...

30 de novembro de 1940

Recebemos a primeira carta de papai, e que carta terrível: um tribunal especial da NKVD considerou-o um "elemento socialmente perigoso" e o sentenciou a cinco anos de prisão. Ele passou mais de dois anos preso durante a investigação. Vinte e seis meses! E ainda assim é incrível como a carta está cheia de força e frescor. Passar tanto tempo na cadeia (quem sabe sob as mesmas condições que tio Iliusha!), ser condenado a cinco anos e ainda descrever com tanto entusiasmo o lugar para onde o enviaram para a "reeducação". Um desfiladeiro selvagem, um riacho na floresta, frio, cristalino, transparente e ligeiro. Papai foi designado líder de equipe de trabalho no projeto de construção de estradas. Sua equipe consiste em três antigos tenentes da guarda da fronteira e dois trabalhadores. Todos eles são "elementos perigosos" ou "trotskistas ativos" etc. Papai fez uma linda descrição da taiga e dos seus camaradas de desgraça. E nos mandou uma música composta na prisão por um cantor de operetas de Moscou.

Gostei tanto da carta quanto da música, mas mamãe ficou irada. "Afinal ele é culpado ou não? Por que não apela da sentença? Escreve sobre todo tipo de bobagens e nem uma palavra sobre assuntos importantes..." Ela está planejando escrever para alguém.

23 de junho de 1941

Lembra-se, Nina Alexeievna, de como você sonhara secretamente em experimentar grandes e arrebatadores eventos, de como sonhara com tempestades e perigos? Aí está — guerra! Uma fera negra e predatória investiu subitamente por trás de nuvens escuras contra nossa pátria.

Pois bem, estou pronta... Quero ação, quero ir para o front...

[data desconhecida] julho de 1941

Não sabemos o que fazer. Telegramas histéricos não param de chegar de Moscou: "Continuem o trabalho...", "Evacuar posições...". E se tivermos de "evacuar", para onde devemos ir?

O que está acontecendo no front é impossível de imaginar — os fascistas nos cortam como faca na manteiga... E por toda parte — perguntas perplexas e olhos confusos e chocados: somos tão fracos assim?

1º de setembro de 1941

O futuro é sombrio e ameaçador... Mas eu irei de encontro a esse futuro, está decidido...

O céu, de um pálido azul, está coberto de nuvens feito plumas, o sol está quente e ao meu redor há floresta por toda parte. Jamais esquecerei as florestas de Tambov. Amada floresta! Foi nossa amiga, terna e acolhedora, protegeu nosso amor de olhares inquiridores, por vezes venenosos, nos abrigou com os galhos densos e sussurrou-nos contos de fadas...

E os prados, cobertos todo início de verão por um carpete de flores multicoloridas — jamais as esquecerei tampouco. Trancei as flores do campo em grinaldas, coroando com elas as pessoas que eu amo...

As ceifadeiras desnudaram a terra. Flores e gramas caíram sob as foices afiadas e vibrantes, e montes de feno agora erguem-se em meio aos campos desolados e cinzentos. De início, os montes eram fofos e perfumados. Agora, lavados pelas chuvas, escureceram e encolheram. Na minha clareira favorita há também um monte de feno — solitário e melancólico.

28 de outubro de 1941

Vim para Moscou dia 24 de outubro e fiquei muito abalada pelas minhas primeiras impressões. Começou com o nosso apartamento — não encontrei ninguém da família lá. Uma casa vazia. Caminhei, completamente perdida, de cômodo em cômodo. Tudo estava no lugar — as estantes, os livros e até mesmo as pequenas bugigangas: as fotografias em molduras feitas com pedrinhas dos Urais, os relógios, o rádio (soa com a mesma clareza e com o mesmo radialista de seis meses atrás!). Mas ninguém da família — nem mamãe com minha irmã pequena Verochka, nem Lelia, nem vovó, nem minhas tias... Vazio. Silencioso. Uma carta da mamãe sobre minha escrivaninha: diz que seu departamento está sendo evacuado para os Urais. E me aconselha a ir para lá também.

Os cômodos vazios me deprimiram. Tentei me distrair e combater a solidão com meus adorados livros. Infelizmente, o silêncio sepulcral foi insuportável. Passei o dedo sobre a cômoda — deixei uma linha marcada no pó. Escrevi: "Nina — Lena — Gricha!". E senti-me aterrorizada — a pele arrepiou-se toda — por causa do silêncio, de escrever no pó. Apaguei rapidamente as palavras e saí para a rua...

Por que mandar embora os jovens quando não há força suficiente para cavar trincheiras ao redor de Moscou? Com grande dificuldade eles conseguem mobilizar as pessoas de casa em casa para as frentes de trabalho, e ainda assim centenas de estudantes, jovens e saudáveis, estão sendo evacuados. O que significa isso?

Por fora, Moscou é a mesma, embora as janelas cobertas de muitas casas mexam com os nervos. Em alguns prédios, as portas e janelas parecem ter sido forçadas para fora. Uma bomba atingiu o prédio da Universidade Estatal de Moscou; as janelas pesadas e volumosas foram detonadas; a calçada está coberta por pilhas de vidro quebrado e tijolos partidos; todas as casas nas proximidades e do outro lado da rua parecem sorrir com as janelas quebradas e estilhaçadas.

E na Kaluzhskaia, barricadas estão sendo erguidas em intervalos. Sua parte dianteira reluz com trilhos pesados, inclinando-se para a frente. "Porcos-espinhos" antitanques estão dispostos em colunas, e, atrás deles, paredes de sacos de areia com aberturas para as armas. Nossa linda ponte da Crimeia está minada e aos pedestres não é mais permitido cruzá-la.

Como dói meu coração por tudo em Moscou: o teatro Bolshoi, danificado, a antiga Câmara dos Livros. Ando pelas ruas e penso, aterrorizada: mais uma tonelada de explosivos e este magnífico prédio desaparecerá. Quem sabe seja esta a última vez que vejo a Biblioteca Lênin, onde passei tantas horas na silenciosa e agradável sala de leitura, onde pensei e senti muitas coisas...

2 de novembro de 1941

Sim, foi um verão maravilhoso, cheio de tenras carícias, amor, contos de fadas na floresta e promessas "até o túmulo"...

Ele não estava quando dei meu passo "louco". Deixei uma carta: "Não fique triste, perdoe-me e adeus". Joguei a mochila sobre os ombros e avancei rumo à estação pela trilha da floresta. Devo ir aonde minha pátria chama. E agora tudo ficou atrás de mim — os cheiros da floresta, o sussurro dos pinheiros, as bétulas alegres e dançantes e as grinaldas de flores...

Hoje descobri que Gricha já está no front — foi como voluntário. Como queria estar com ele ombro a ombro. Lembro-me do seu poema:

Fim de outono. Murchas, ressequidas
As folhas de lilases e rosas.
As pessoas se tornaram mais sóbrias e severas.
Fim de outono. Nevasca.

Sim, os *Messerschmitts* estão rugindo sobre Moscou, minha querida Moscou de nascimento, explodindo os sonhos da minha juventude com bombas de demolição, queimando tudo que me acalentou e educou desde a infância...

Então é isto, meu querido Seriozha. Não espere uma resposta da minha parte. Estes são outros dias, e outras canções...

E Lena também não está em Moscou — ela foi para outro lugar...

5 de novembro de 1941

Andei bastante por Moscou hoje e vi muita coisa. Fiquei especialmente tocada por um prédio. Da rua, parece intacto. Mas é um engano. Apenas a fachada está de pé, e atrás dela não há nada! Atrás das janelas quebradas não se vê nada além do deslumbrante céu azul. Como um pedaço malfeito de um cenário de teatro...

Os dias são cheios de uma expectativa ansiosa. Hitler está conduzindo suas tropas, preparando-se para cravar as garras em Moscou.

Preciso me decidir, e rápido. Não posso continuar uma observadora.

As ruas estão cheias do metralhar das armas antiaéreas. Hoje fez um lindo dia gelado, e os hitleristas não se atreveram a perturbar Moscou. Mas agora, à noite... eis a sirene! O locutor repete de novo e de novo, com uma entonação especial, "Cidadãos, isto é um alarme de ataque aéreo!". Do apartamento ao lado, batem na minha parede — "Alarme de ataque aéreo, alarme de ataque aéreo!". Mas os habitantes de Moscou que continuaram na cidade acostumaram-se com os ataques e poucos deles ainda procuram os abrigos. Eu não fui para lá nem ao menos uma vez.

A julgar pelas histórias das testemunhas, muitas pessoas foram mortas nos ataques aéreos. Alguns dias atrás acertaram uma fila inteira de pessoas na rua Gorki: esperavam por uvas-passas e ganharam uma bomba.

7 de novembro de 1941

E então, este é o dia em que Hitler prometera passar as tropas em revista na praça Vermelha. Mas as coisas saíram um pouco diferentes. Ontem Stálin falou. Ficamos todos imóveis ao lado dos rádios, ouvindo o discurso do nosso líder. E, do lado de fora das janelas, bombas explodiam — era tão extraordinário, tão estranho. A voz de Stálin parecia calma, confiante, sem hesitar nem por um momento. No pavilhão onde ele falava, todos gritaram vivas e saudações a ele. Tudo era igual a antes, a não ser pela artilharia retumbante, que representava o caráter incomum dos nossos tempos.

9 de novembro de 1941

Hoje houve um bombardeio especialmente pesado. O alarme soou duas vezes. O tiroteio não tem fim.

"Tac-tac-tac" — o metralhar de um canhão antiaéreo.

"Uuh... uuh...", a artilharia pesada está ribombando.

E de tempos em tempos, pouco frequentes embora destruidoras, violentas explosões: explodiram uma casa em algum lugar, pessoas morreram. Moscou! Moscou! Quantos anos desde a Horda Dourada de Batyi até Hitler? Mas não importa, Moscou é uma fênix...

13 de novembro de 1941

Durante as noites, a partir das sete horas, as casas ficam parecendo imensos montes de pedra, escuros e sem vida. Elas nos preenchem com um frio mortal e solidão. Carros movem-se como criaturas cegas, buzinando em sopros curtos e abafados, com medo de perturbar a escuridão morta dos desfiladeiros nesta cidade condenada a sombrias provações.

Quando o alarme soou na noite passada, eu estava na Karetni. Alguém correu para dentro do bonde e gritou: "Alarme de ataque aéreo! Saiam daí!". A luz do bonde se apagou e nós saímos amontoados para a rua, correndo e tropeçando cegamente. Dúzias de holofotes percorriam o céu de Moscou, estudando-o, cruzando e descruzando, reunindo-se em feixes.

As estrelas da guerra se acenderam individualmente e em grupos, apagando-se rapidamente. Projéteis luminosos teciam longos fios verdes pelo céu. E toda a cena ameaçadora era acompanhada pelo estrondo dos canhões antiaéreos, o tagarelar das metralhadoras e o ribombar ensurdecedor e trovejante das bombas de demolição. As ruas ficaram totalmente desertas, e eu caminhei com passos rápidos, apertando a bolsa contra o peito. E, apesar do barulho estilhaçante da guerra, o bater dos meus saltos contra o chão era, por alguma razão, especialmente distinto.

14 de novembro de 1941

Ah, não, eu não sou de pedra, nem mesmo dura como a rocha. E é por isso que este momento é tão difícil para mim. Não há ninguém por perto e estou passando meus últimos dias aqui. Acha que não sou tentada por todo tipo de pequenos pensamentos fugazes, que não estou relutante em deixar meus cômodos confortáveis e enfrentar o desconhecido? Ah, não é assim, não é nada disso... Sinto-me tão só, preciso tanto de meus amigos nestes dias...

Ando pelos cômodos vazios e ao meu redor imagens do passado emergem e se desvanecem. Aqui está a minha infância, minha juventude, aqui é o lugar onde amadureci. Enternecida e triste, passo os olhos por meus livros, minhas cartas, meus bilhetes, releio as páginas de meus diários. E anotações fragmentadas, copiadas em pedaços de papel.

Adeus a todos vocês — livros, diários, queridas bugigangas que fizeram parte da minha vida desde a infância: os tinteiros feitos de pedras dos Urais, o banco e a mesa no velho estilo russo, os quadros de Khudoga, antigas fotografias da infância de papai e mamãe, e a minha, e a de Lelia, e o Volga, e Moscou...

Me despeço do meu diário. Há quantos anos ele é o meu companheiro silencioso, o confidente de minhas tristezas, a testemunha dos meus fracassos e do meu crescimento, continuando comigo nos meus dias de maior provação. Fui verdadeira e sincera com ele... Talvez chegue um dia, depois da tempestade, em que eu voltarei às suas páginas amarelas e desbotadas. Ou quem sabe... Não, eu quero viver! Parece-me um paradoxo, mas é a verdade: é por isso que vou para o front — porque viver é uma alegria tão grande, porque quero tanto viver, trabalhar, criar... viver, viver!

Meu Testamento

Se acaso eu não voltar, que todos os meus papéis particulares sejam entregues a Lena.

Tenho um único pensamento: talvez meus atos salvem meu pai?

Lena!

A você e a Gricha, meus únicos amigos, deixo todos os meus pertences — meu diário e as cartas de meus amigos.

Lena, querida Lena, por que você se foi, quero tanto vê-la.

Nina.

28 de dezembro de 1941

"Cara Anna Mikhailovna

Por favor, conte-me onde está Nina estes dias. Recebi uma carta dela, quando ainda se encontrava em Moscou, mas então ela se calou. Estou terrivelmente preocupada. Sabe como é Nina. Nós, os amigos dela, sempre tivemos medo das suas irritações súbitas e dos seus rompantes. Tenho medo de que, com aquela cabeça quente, ela possa ter alguma ideia selvagem. Impeça-a de fazer algo impensado e me passe o seu endereço. Logo tentarei ir a Moscou e tentarei encontrá-la. Dê-lhe uma triste notícia: Gricha, nosso amigo em comum, com quem estudamos muitos anos, foi morto no front.

Meus melhores sentimentos,

A amiga de sua filha,

Lena."

20 de janeiro de 1942

"Comissariado de Defesa do Povo da URSS do Quartel-General do Exército Vermelho

20 de janeiro

A Kosterina, Anna Mikhailovna

Notificação nº 54

Sua filha Nina Alexeievna Kosterina, natural de Moscou, morreu em dezembro de 1941 na luta pela nossa Pátria Socialista. Fiel ao seu juramento militar, ela demonstrou heroísmo e coragem no cumprimento do dever.

Coronel Kuprianov

Chefe de Pessoal do Exército"

Posfácio

Nina morreu no front russo com apenas vinte anos. Gricha foi também uma das primeiras baixas da guerra, o que Nina não soube enquanto caminhava pelas ruas de seus antigos passeios. O grupo próximo de familiares e amigos tornara-se tão fraturado pelos eventos que a carta de Lena à mãe de Nina, Anna Mikhailovna, datada de 28 de dezembro de 1941, na qual ela expressa o desejo de impedi-la "de fazer algo impensado", chegou muitas semanas depois de Nina ter feito seu juramento militar e sacrificado a vida no front.

Inge Pollak

Áustria/Inglaterra
1939-42 (12-15 anos de idade)

Não acho que possa suportar a saudade de casa por muito mais tempo. Quando morrer, quero que escrevam na minha lápide: "Aqui jaz uma criança que morreu desgraçadamente, com saudades de casa".

Inge nasceu em 1927 numa família judia de Viena, Áustria. Após o Anchluss *de 1938 (a incorporação da Áustria à Grande Alemanha pelo regime nazista), as condições para os judeus austríacos ficaram cada vez mais difíceis. Inge e a irmã, Lieselotte, deixaram a família e imigraram como parte do* Kindertransport *para a Cornualha, Inglaterra, onde um procurador e sua esposa lhes haviam garantido um lar e o pagamento dos estudos até completarem dezoito anos.*

O Kindertransport *(transporte de crianças) foi planejado para salvar os jovens judeus das políticas de extermínio que ameaçavam a população judia da Europa. A perseguição dos nazistas aos judeus começou com toda força na noite de 9 de novembro de 1938, conhecida como* Kristallnacht *(Noite dos Cristais) por causa das gangues que investiram contra as vidraças e janelas do comércio judaico e das sinagogas, além de atacar e intimidar fisicamente os judeus.*

Um plano de ação foi imediatamente debatido no intuito de permitir ao menos aos filhos das famílias judias da Europa que encontrassem segurança algures, até que a situação melhorasse. Inicialmente, o Comitê Britânico para Judeus Refugiados alertou os membros simpatizantes do Parlamento quanto ao tema, que resultou num debate na Câmara dos Comuns. O resultado do debate foi a oferta, por parte da Inglaterra, da oportunidade de entrar no país um número indeterminado de crianças entre cinco e dezessete anos. Essa oportunidade teria de ser garantida por meio do pagamento de um título de cinquenta libras esterlinas. Uma vez confirmada a aquisição do título, as crianças viajavam em trens lacrados. Estes trens operaram até dois dias antes de a guerra eclodir. Quando o início da Segunda Guerra Mundial pôs fim ao Kindertransport, *cerca de 10 mil crianças haviam deixado seus lares por meio do programa. A Alemanha jamais conseguiu sucesso na tentativa de invasão da Inglaterra, mas a vida não era desprovida de riscos para os jovens refugiados, pois muitas cidades foram fortemente bombardeadas.*

As crianças que chegavam à Inglaterra eram, sempre que possível, adotadas por famílias dispostas a recebê-las; caso contrário, eram instaladas em orfanatos e lares especiais. Muitas das crianças mais velhas procuravam e encontravam trabalho. Para a maioria das crianças do Kindertransport, *o sonho de voltar a se reunir com os familiares nunca pôde ser realizado, já que pais, avós e parentes mais velhos foram internados e assassinados nos campos de concentração. Não obstante, muitas delas se alistaram no exército britânico ao completar dezoito anos e lutaram para libertar seus países e suas famílias dos nazistas.*

30 de junho de 1939

Eu sou Inge Pollak, tenho doze anos, e você é o meu querido diário, a quem contarei tudo, e é claro que você manterá segredo. Espero que não fique muito chocado se eu reclamar bastante.

Estou na Inglaterra! Em Falmouth, Cornualha, para ser precisa, na casa do sr. e da sra. Robins. A casa é grande e bonita e a viagem foi bastante agradável, mas algo veio comigo, algo que eu não queria trazer e que aqui também me faz companhia constantemente. É a saudade de casa. Conhece este sentimento? Não, é claro que não.

Temos uma tutora particular (como nos livros). Ela nos ensina o inglês, entre outras coisas. Ela disse à sra. Robins que eu não me esforço o bastante. Eu bem que tento, mas é tudo tão estranho aqui.

Sinto que fui arrancada do meu próprio ninho acolhedor, e isso dói terrivelmente. Mas ninguém pode saber disso, apenas você e eu. E sabe qual é a causa de tudo isso? Hitler! Ele acabou com minha juventude, mas tenho certeza que algo de bom há de sair de toda a confusão e Hitler um dia terá o que merece.

Sou torturada pela saudade de casa. Se ao menos eu pudesse estar de volta a Viena, sair para caminhar nas manhãs de domingo com meus pais. Queria que a Áustria fosse uma monarquia e Hitler não existisse. Sonhos! Sonhos esperançosos e infantis. Tudo foi destruído. Mas preciso continuar dizendo a mim mesma que tudo ficará bem no final.

Agora preciso explicar-lhe o significado da palavra "melancolia". É quando a pessoa não tem vontade de fazer mais nada e acha que nada poderá fazê-la feliz novamente. É querer chorar o tempo todo. É não ter nada para aguardar e sofrer de saudade de casa e com as memórias do passado. Mas então o sentimento passa — ouço música ou como alguma coisa gostosa — e, abracadabra, estou animada de novo. Ou talvez eu o ouça me confortando e dizendo que tudo ficará bem no final.

2 de julho de 1939

Estou esperando pela sineta do café da manhã e lhe contarei algumas coisas enquanto isso. A "Senhorita" ainda acha que sou preguiçosa. Ainda tenho saudade de casa, mas digo a mim mesma que tudo o que acontece aqui é apenas um sonho passageiro, e então sinto-me melhor. Não gosto da sra. Robins, mas o sr. Robins é legal. Ontem fizemos um piquenique na praia de Maensporth com duas outras crianças refugiadas, Lisl Gutfreund e Georg Müller. Foi ótimo ouvir o alemão novamente. Eis o sino.

3 de julho de 1939

Estou num país estrangeiro, e não mais em casa. Se alguém me corrige, imediatamente penso no pior; querem me irritar, odeiam-me. Então digo a mim mesma: "Estas pessoas são desconhecidas. O que elas têm a ver com você? Este não é o seu país. Não nasceu aqui, e consequentemente aqui não é o seu lugar". Mas então me sinto culpada de ingratidão. Afinal, os Robins fizeram uma boa ação, recebendo duas crianças estranhas. Quando se está triste, vê-se tudo do pior ângulo.

Como eu invejo as crianças inglesas! Elas podem morar em suas casas com seus pais. Estou certa de que muitos na Áustria me invejam, mas não deveriam. A saudade de casa é terrível. Ontem na cama me lembrei de como costumava rezar e rezar e torcer e torcer, na cama em meu quarto, em Viena, para que saísse o visto inglês. Meu desejo foi concedido. Agora estou aqui na cama rezando e torcendo para estar de volta a Viena. Quando estou entediada e sem nada para fazer, pensamentos horríveis me passam pela cabeça. E pensar que posso ficar aqui por meses, anos! Sinto que morrerei de tristeza. Mas então eu o procuro, querido diário, e conto-lhe tudo. Se mamãe suspeitasse de alguma coisa, quão desapontada e infeliz ela ficaria. Ela não pode saber, jamais! Dói-me escrever-lhe cartas mentirosas, mas não se pode pensar apenas em si, não é mesmo? Ninguém sabe como estou infeliz aqui, a não ser você.

Papai escreveu de Paris para dizer que, se houver algo errado, podemos escrever para ele ou para o tio Hans. Será que eu faria uma coisa dessas? Seria capaz? Melhor não.

Como anseio por libertar-me da saudade de casa!

4 de julho de 1939

O sr. R. é muito mais simpático do que a sra. R. (não porque seja homem — sinceramente, não é isso). Ele é tão charmoso. Além disso, não tenho muito o que contar. Esta tarde recebemos um convite para tomar chá com amigos dos Robins e eu estou muito nervosa. Você fica surpreso em ver que tenho tantos estados de espírito e às vezes estou assim e às vezes, assado? Nem eu sou capaz de explicar.

5 de julho de 1939

Na noite passada Lieselotte e eu tivemos uma séria discussão. Ela não acredita em Deus. Ela é exatamente o meu oposto em cada característica. Ela conta tudo a sua melhor amiga, Muschi Redlich, mas eu nunca poderia contar tudo a outra *pessoa*. É por isso que tenho você. Ficamos muito preocupadas porque a carta da mamãe chegou três dias atrasada. Pensei que ela poderia ter sido levada a Dachau, mas aí a carta dela chegou e eu chorei de alívio.

6 de julho de 1939

Outra vez aconteceu algo desagradável. Esta manhã, durante o nosso intervalo de dez minutos entre as aulas, subimos para o quarto, Lieselotte e eu, e quem estava ali parada no nosso quarto? A sra. Robins. Ela grita conosco, dizendo que não havíamos arrumado o quarto direito esta manhã, me ordena num tom detestável que vá buscar a vassoura, acompanhado de um incessante "Depressa, depressa", e manda Lieselotte pegar o esfregão. Deu vontade de estrangulá-la. Lieselotte teve de esfregar o carpete, eu, o chão, e depois ela nos acusou de ter arranhado a mobília (mentira), e ainda me disse que tenho de abrir a porta para ela e sempre deixá-la ir na frente. Agradeço à sra. Robins, por tentar substituir minha mãe. Devo ter gratidão por isso? É de dar risada. Só que não posso rir. Ao invés disso, choro. A sra. Robins fica cada vez pior. Pobre mamãe, você não sabe como sua filha querida está infeliz, e sinto muito por você porque sei que se preocupa e pode suspeitar de alguma coisa. Mas eu não lhe direi, não serei egoísta. Um dia tudo virá à luz.

Sinto como se estivesse acorrentada e não pudesse me libertar.

7 de julho de 1939

Hoje o sr. R. disse que me mandará embora se eu não aprender logo a falar inglês. Lieselotte e eu não podemos falar alemão uma com a outra. Eles ficam nos ouvindo atrás da porta.

Tornei-me indiferente a tudo aqui e fico apenas pensando no futuro e ansiando para que minha mãe se junte a meu pai em Paris, a fim de que possamos ficar todos juntos novamente. Tem de ser logo. Não sou mais otimista, é claro, mas não quero ser pessimista, e então tornei-me fatalista.

Por que o sr. R. pede a Lieselotte que tire a mesa, quando há duas criadas na casa? Será tudo realmente tão horrível, ou será apenas a impressão que tenho, consumida que sou pelo desejo de rever minha família e meu lar? Lieselotte disse que eu não devo ficar pensando na nossa casa.

8 de julho de 1939

O sr. Robins escreveu uma carta a minha mãe dizendo que tenho de tentar aprender logo o inglês. Fiquei tão feliz por ele não ter dito nada pior a meu respeito!

Ontem a sra. Robins estava de muito mau humor. Ela sempre me pergunta onde está o meu lenço e fica corrigindo o meu inglês na frente dos outros. Mas ela é só uma habitante detestável de um lugar detestável, jamais haverá lugar para ela no meu coração, e por isso mantenho a calma e procuro não me importar. Apenas a esperança me sustenta, esperança de que logo possa me juntar a minha família. O fato de eu ser invejada pelos milhares de judeus que tanto anseiam por deixar a Áustria e a Alemanha é mesmo irônico. É muito triste que os judeus sejam agora perseguidos e expulsos de suas pátrias amadas. Os ingleses ficam eufóricos por causa de sua pátria. Gente de sorte! Eles podem se exaltar. Nós, não. Somos rejeitados pela pátria. Só agora sei o que isso realmente significa. Quando voltarmos a Viena numa época melhor, serei uma boa austríaca e demonstrarei meu verdadeiro amor pelo país.

11 de julho de 1939

Tenho tantos pensamentos e sentimentos estranhos que nunca tinha tido antes. Por exemplo, tenho pensado na língua materna de cada um, e em como soa bela quando já não é ouvida há algum tempo. Tão evocativa. O inglês me machuca as orelhas. Quando estou passeando de carro com os Robins e penso nessas coisas, as lágrimas me vêm aos olhos. Não acho que possa suportar a saudade de casa por muito mais tempo. Quando morrer, quero que escrevam na minha lápide: "Aqui jaz uma criança que morreu desgraçadamente, com saudade de casa". E você, querido diário, será enterrado comigo. Nada me dá prazer. Perdi o senso de humor. Não tenho interesse nos estudos nem em divertimentos. Só quero ir para casa. Quais eram minhas preocupações quando morava em casa? No que eu pensava? Escola, amigas, bonecas, filmes, comida, meninos. Era tudo o que eu conhecia. Agora perdi minha juventude. E é tudo culpa de quem? HITLER.

A sra. Robins me levou ao médico por causa do meu nariz constipado. O doutor receitou alguma coisa. Quem sabe os Robins se importem conosco, afinal, e apenas não conseguem demonstrá-lo?

12 de julho de 1939

Penso com frequência: por que deixei Viena, quando tantos outros pobres judeus ainda estão lá? Se eles podem suportar as condições, eu também poderia. Afinal, aqui também não tenho liberdade. Por outro lado, talvez eu os esteja ajudando de alguma forma; quanto mais judeus partirem, melhor para os que restam.

O que posso esperar do futuro? Nada. Sabe do que eu tenho vontade hoje? Tenho vontade de me deitar no chão em algum canto escuro, onde ninguém possa me encontrar, e ficar lá até esta época horrível acabar.

Também não aguento mais o sr. Robins.

15 de julho de 1939

Tenho um novo e terrível medo: de que posso ficar aqui por anos e anos, que posso ter de concluir a escola aqui e de que não verei meus pais por um longo tempo. Por favor, Deus, não deixe isso acontecer! Eu não poderia suportar. Não tenho mais vontades nem desejos, a não ser estar novamente com meus pais.

Durante o almoço de ontem havia uma linda música tocando no rádio e subitamente eu comecei a chorar. Ninguém percebeu. Seja como for, se perceberam, não disseram nada.

Há uma chance de que papai possa vir de Paris visitar-nos. Mal posso acreditar. Vou contar-lhe um segredo — um segredo mortal que ninguém no mundo sabe —, gosto mais da mamãe do que do papai. Agora é preciso que esqueça este segredo.

Os Robins não param de falar do meu nariz constipado. Devo me esforçar para respirar pelo nariz e não pela boca. "Inge, sua boca está aberta!", diz a sra. R. o tempo todo. Tenho de tomar alguns remédios. Começo a acreditar que meu corpo esteja tão doente quanto minha alma, mas sei que o médico, o remédio, as terapias respiratórias, as boas intenções dos Robins — tudo isto é inútil. E por que nada é capaz de me ajudar? PORQUE ESTOU INFELIZ!

Será possível detestar alguém e ainda assim estar um pouco apaixonada pela pessoa? Bem, tenho outra confissão a fazer — é assim que as coisas são entre mim e o sr. Robins!

16 de julho de 1939

Os Robins disseram que não posso fazer o exame de admissão no colegial até o próximo verão. Próximo verão! Mais um ano! O que eles pensam? Que terei meus bisnetos aqui? Oh, por que foram me tirar de minha casa, sr. e sra. Robins, por que não me deixaram onde estava? Esperem só, mais um ano e vocês terão nas mãos uma criança enferma, não esta, jovem e saudável, que tem apenas o nariz constipado.

O sr. Robins sabe ser encantador. Sim, posso ver como você está chocado e surpreso. Não consigo evitar. Mas — imagine só — a sra. R. descobriu que eu tenho VOCÊ! Não faço ideia de como isso aconteceu. Ainda bem que ela não sabe ler alemão. Acho que tanto o sr. quanto a sra. R. preferem Lieselotte a mim. Ela é uma garota muito menos malcriada do que eu.

17 de julho de 1939

Na noite passada sonhei que o meu maior desejo estava se realizando — estava com meus pais e minha avó outra vez. Mas, é claro, o sonho era bom demais para ser verdade. O que será que pensam as felizes crianças inglesas? Com o que se preocupam? Há coisa melhor para uma criança do que morar no próprio país, com a sua família? Também eu tive essa felicidade uma vez, mas não soube lhe dar o devido valor. Preciso me lembrar disso no futuro, Annemarie Breuer também tem saudade de casa, e ela está na Inglaterra com os pais! Acho que minha ansiedade por estar em casa está me subindo à cabeça, estou perdendo o juízo.

Não lhe contei que o sr. Robins ficou irritado conosco porque fizemos barulho durante a noite, primeiro porque naquela época eu ainda não o amava e por isso não me importava tanto, e segundo porque Lieselotte ainda não tinha me dito a coisa horrível que ele falou para ela. Ouça com atenção. Foi isto que o sr. Robins disse: "Até os cães sabem que há apenas um mestre nesta casa a quem devem obedecer, e eu espero não ter de ensinar isso a vocês da forma como ensinei a eles". Conforme Lieselotte pronunciava essas palavras, elas pareciam perfurar-me o coração. É verdade que, mais tarde, ele se arrependeu de tê-las dito, como ele próprio contou a Lieselotte, mas eu não posso perdoá-lo por elas. O rombo que essas palavras afiadas e cruéis fizeram no meu coração não poderá cicatrizar enquanto eu estiver aqui, e muitas coisas agradáveis vão passar por ele sem afetá-lo. Só uma alegria poderá curá-lo, que será a reunião com a minha família. Se mamãe soubesse disso!

Ontem conversamos com os Robins sobre Hitler e a Alemanha. O sr. R. perguntou a Lieselotte: "Vocês não tinham mais o que comer?".

Lieselotte: "Ah, não chegava a tanto. Só nos faltavam manteiga, carne, frutas e o leite era ruim. Mas havia o bastante para viver".

Sr. R.: "Então por que vieram à Inglaterra?".

Isso poderia ser interpretado como uma reprovação, mas ele o disse sem essa intenção, e é claro que se referia aos judeus como um todo.

Lieselotte: "Mas não podíamos continuar vivendo lá — o senhor não ouviu falar do dia 10 de novembro? (Depois eu conto sobre o 10 de novembro.) Não podíamos ir aos parques, nem aos teatros e cinemas, nem usar o transporte público. Na rua, qualquer um podia fazer o que quisesse conosco, os homens eram encarcerados, éramos expulsos de nossos lares...".

Sr. R.: "Ah, entendo".

Ele achou aquilo impossível de compreender, mas pareceu triste e aparentou ter compaixão por nós. Não posso culpá-lo, devo admitir, também não compreenderia ou acreditaria, se não tivesse sentido na pele.

Outra vez o sr. R.: "Esperava que vocês estivessem muito nervosas. Minha esposa e eu ficamos surpresos em descobrir o contrário".

Devo dizer que por vezes falta ao sr. R. um pouco de tato. Lieselotte ficou furiosa depois, e agora o odeia, mas adora a sra. Robins — exatamente o contrário de mim! Ela disse que perdeu a fé na natureza humana e que os ingleses são inimigos de Hitler apenas porque temem por si próprios, e não por causa dos judeus. Se isso for verdade, é muito triste. Naquela noite não conseguimos dormir.

19 de julho de 1939

Oh, minha nossa! Cada dia traz consigo uma terrível novidade. Mal consigo acompanhar os acontecimentos em meus relatos.

Hoje, durante o café da manhã, o sr. R. disse que eles vão viajar por três semanas — e nós vamos ficar aqui! Não nesta casa com as criadas, mas na casa de outra pessoa, com uma mulher que ensina inglês e recebe crianças durante as férias. Era a última coisa que eu e Lieselotte esperávamos. Estamos muito chateadas. Meu coração pode ser de pedra agora, mas esses tormentos são capazes de cavar buracos até mesmo nesta textura impenetrável.

Domingo passado fomos ao Lagarto de carro com os Robins, e o sr. R. comprou-me um pequeno pato de vidro. Durmo com ele toda noite, e é claro que vivo a beijá-lo. Ele não irá me desapontar como as pessoas fazem.

Como é possível que pessoas tão diferentes como o sr. e a sra. Robins amem uma à outra? Ela quase nunca é simpática comigo, insiste em corrigir o meu inglês (embora eu tenha melhorado muito) e nunca me dá crédito pelo meu progresso. Ontem ela meteu na cabeça que eu estou com gripe, mas não estou. E ainda há todas as regras às quais devemos obedecer.

22 de julho de 1939

Quem quer trocar de lugar comigo? Eu adoraria ser outra pessoa. Já fui tão feliz, rindo e brincando na casa dos meus pais. Agora estou ACORRENTADA. E estas correntes machucam. Nos meus momentos de maior desespero eu preferiria ser uma prisioneira. Ao menos os prisioneiros sabem quando serão libertados.

Alguns dias atrás fomos caminhar com o sr. Robins. Talvez eu não tenha mencionado isto antes, mas a postura dele é muito ruim. Imagine a minha surpresa quando subitamente ele me disse: “Inge, ande com a cabeça erguida, não abaixada, para que possa entrar um pouco de ar fresco nos pulmões. Ombros para trás, mantenha-se ereta”. O que acha disso? Já disse antes que uma prisioneira está mais bem arranjada do que eu. Ao menos pode caminhar como quiser. Logo os Robins irão sentar no meu túmulo e me dizer para que lado virar! E, se acompanharem meu caixão, pensarão o seguinte: “Então é isto que recebemos por nossa bondade em salvá-la de Hitler”. Não tenho mais tempo de escrever agora, mas amanhã irei contar-lhe sobre Tommy Müller.

23 de julho de 1939

Bem, ontem fomos convidadas à casa do guardião de Tommy Müller para tomar chá. Duas outras crianças refugiadas estavam lá. Brincamos de vários jogos e falamos alemão à vontade, e nos sentimos bastante em casa. Tommy disse que também não gosta dos pais adotivos. Pobre Tommy. Como senti por ele. Quando vi a sra. Robins de novo pela primeira vez depois daquela tarde tão agradável, levei um verdadeiro susto.

No dia 1º de agosto, Ruth, minha melhor amiga, virá para a Inglaterra num transporte de crianças!

24 de julho de 1939

Hoje devo me despedir de você, porque vamos para a casa da sra. Davis por três semanas. Acho uma vergonha adotar duas crianças e depois largá-las na casa de outra pessoa, principalmente sem dizer nada aos pais. Mas o tempo vai passar, e você e eu estaremos juntos outra vez. Não terei tempo de escrever enquanto estiver lá, mas estou levando a chave comigo para que ninguém possa interferir com você, e seguirei rezando para aliviar meus sentimentos.

14 de agosto de 1939

Estou de volta. Me diverti muito na casa da sra. Davis. Ela não era nem de longe tão austera quanto os Robins e a atmosfera do lugar era otimista e despreocupada. Enquanto estive lá, prometi a Deus que não seria mais tão malcriada com os Robins e espero manter essa promessa.

O sr. R. disse que iria visitar-nos entre sexta-feira e domingo, mas não foi. Na segunda-feira ele foi e nos levou de volta a "Penhale". Meu amor passageiro por ele desapareceu, embora às vezes, quando olho para ele, o sentimento volte por um momento, como uma enchente. Quando ele não está aqui para as refeições eu mal digo uma palavra, mas quando ele está converso o tempo todo (em inglês, é claro). De maneira geral, eles estão muito mais simpáticos conosco desde que voltamos.

Às vezes, quando olho pela janela em direção ao horizonte e não vejo nada além dos prados e do mar e de algumas casas, e nenhum lugar ao qual eu pertença, perco a coragem e grito por dentro: "Vocês não vêm me buscar e levar para casa? Sua filha anseia para que retornem, ela está triste e solitária aqui, esqueceram-se dela?". Não há resposta. É tudo em vão.

17 de agosto de 1939

Hoje, preciso contar-lhe outro segredo que ninguém pode saber além de você (para mim é impensável contar segredos a uma pessoa, nem mesmo a Ruth, como Lieselotte faz com a amiga dela, Muschi). Estou muito envergonhada por causa de algo que fiz. Ouça. Quando estávamos sozinhas em casa hoje com o cozinheiro, vi aberta uma carta de mamãe ao sr. Robins sobre a mesa. O que fiz? Li-a! Foi melhor assim, na verdade. Jamais poderei amar o sr. Robins novamente, jamais, jamais! Li o seguinte: "Estimado senhor, fico muito contente em saber que minhas crianças são felizes com vocês. Elas escrevem cartas tão radiantes. Fico contente que goste tanto de Lieselotte, e espero que logo este seja também o caso de Inge. Ela é uma criança carinhosa, brilhante e animada, e geralmente bastante popular".

Então agora eu sei. Como pode o sr. Robins escrever para a minha mãe dizendo que não gosta de mim, ou ao menos não tanto quanto de Lieselotte? Isso deve tê-la magoado muito. E por que isso? Será que sou um exemplar tão mau da humanidade? Jamais soube disso, e ninguém me disse. Será que sou tão má, sr. e sra. Robins, que não são capazes de me amar? É claro que vocês não poderiam compreender como se sente uma criança refugiada, longe de casa, num país estranho...

Parece que não consigo fazer nada direito. Mas hoje a sra. Robins disse que comecei a falar inglês muito bem, por incrível que pareça. Espero que ela escreva a mamãe contando isso, e que isso faça eles gostarem mais de mim.

Meu coração pesa tanto que parece que há uma pedra gigante amarrada a ele, pesando uma tonelada. Todas as minhas tristezas estão contidas nessa pedra: será que verei meus pais novamente, será que vou passar no exame de admissão no colegial, será que aprenderei a falar inglês direito, será que algum dia os Robins irão gostar de mim? Às vezes esses medos e preocupações me fazem sentir como se um milhão de vermes estivessem me devorando o estômago.

19 de agosto de 1939

O sr. R. sabe ser simpático. Por exemplo, ontem, a sra. R. disse algo a respeito do período neolítico. Eu nunca havia escutado essa palavra antes e perguntei inocente: "A senhora disse 'paralítico'?". Todos gargalharam. A única pessoa que educadamente se recusou a juntar-se a eles foi — o sr. Robins. Ele apenas sorriu docemente e disse: "É muita falta de educação rir quando alguém comete um erro". E explicou para mim o que significava período neolítico.

Parentes deles estiveram aqui por uma semana. A senhora nos deu 6d [6 pennies] a cada uma, e Lieselotte perguntou à sra. R. se poderíamos aceitar. Ela disse: "É claro, vocês são sobrinhas adotivas dela". Isso significa que somos as filhas adotivas dos Robins. Muito simpático da sua parte, sr. e sra. Robins, mas por favor nunca digam isso outra vez, jamais. Podem pensá-lo, mas não o digam, porque isso me dói quase tanto quanto se dissessem "Odiamos estas crianças". NÓS NÃO SOMOS SUAS FILHAS. Pertencemos aos nossos pais, e eles jamais irão entregar-nos a vocês, nunca.

20 de agosto de 1939

Sou muito mal-educada. Sou mimada. Sou preguiçosa. Estas são as únicas observações que tenho a fazer hoje. Agora estamos indo para a praia, e, seja como for, o calor é tanto que meus pensamentos parecem ter derretido.

21 de agosto de 1939

O presente é uma esfera luminosa. Atrás dele — o passado; à sua frente — o futuro. Tudo isso paira na escuridão total, enrolando e desenrolando, ora gentilmente, ora com vigor. Por baixo há um abismo, por cima, vapor. A escuridão é completa. A esfera cai e se espatifa, e tudo está perdido, ou a esfera plana rumo ao futuro, o que significa esperança. O que acontecerá com ela? Nós, mortais, somos incapazes de influenciar os acontecimentos e aguardamos passivamente nosso destino. Ao menos é assim que eu vejo as coisas.

Os Robins só pensam em cães, jardins, clima, divertimentos. Imagine só — uma menina de doze anos de idade tem mais preocupações do que um homem e uma mulher adultos! Quando eu estava em casa, mamãe sempre me beijava e oferecia conforto quando havia alguma coisa me preocupando (o que poderia estar me preocupando então?), mas agora não há ninguém. Talvez me faça bem esse enrijecimento. Quem sabe a segunda parte da minha vida seja mais fácil de suportar, se é que eu chegarei a vivê-la. Se uma pessoa passa o tempo todo infeliz, noite e dia, dia após dia, é possível que não viva por muito tempo.

22 de agosto de 1939

MINHA JORNADA RUMO À INGLATERRA (CONTADA COM ATRASO)

Vou descrever agora para você, com atraso, minha jornada desde Viena até a Inglaterra no transporte de crianças no qual Lieselotte e eu viemos, no dia 20 de junho.

Na noite de nossa partida não pude comer nada além de um pedaço de maçã. Estava terrivelmente agitada. Tudo me parecia como que saído de um sonho — despedir-me da vovó, passar pelo nosso apartamento (supostamente) pela última vez, ir de táxi até a estação de trem, passando pela última vez pelo maravilhoso Rinque, a Stephansplatz, o teatro da Ópera, com mamãe e tia Anna. Na estação recebemos cada uma um cartão de papelão com um número escrito, pendurado com barbante nos nossos pescoços. Enquanto estava nos braços de mamãe, despedindo-me dela por Deus sabe quanto tempo, eu ainda não havia compreendido o que estava acontecendo. Disseram-nos para entrar numa fila com centenas de outras crianças e lá ficamos por um bom tempo. Então de repente estávamos no trem e acenamos para mamãe e tia Anna, despedindo-nos, até que o trem nos levou para além do alcance da vista. Olhei para as outras crianças ao nosso redor, e estavam todas falando e gritando e correndo para lá e para cá. Naturalmente, não conseguimos dormir muito naquela noite. Cantamos canções de Viena e algumas das crianças choraram. O trem saiu às onze horas da noite, e àquela altura já passava da meia-noite. Algumas das crianças desembrulharam a comida que todas havíamos trazido para a viagem inteira e começaram a comê-la. Lieselotte fez questão de se desvincular de mim e fez amizade com crianças mais velhas. Meninos e meninas estavam em vagões separados. Havia uma senhora tomando conta de nós que de tempos em tempos tentava impor alguma autoridade e mandava-nos dormir. Quando cruzamos a fronteira com a Holanda rumo à liberdade, todos celebraram muito. Alguns holandeses deram a cada criança uma barra de chocolate Nestlé através da janela do trem. Durante a travessia de barco até Harwich, Lieselotte se ofereceu para tomar conta de uma menina de seis anos e dividiu a cabine com ela, em vez de dividi-la comigo, o que me deixou triste e irritada. Eu fiquei com outra menina, desconhecida. Durante a noite tive enjoo e precisei subir até o banheiro, mas acabei indo parar num tipo de armário de roupa de cama e vomitei lá mesmo. Chegamos na estação de trem da rua Liverpool, em Londres, dia 22 de junho, quinta-feira. Os Müller vieram nos encontrar e passamos aquela noite com eles. No café da manhã comi torradas pela primeira vez e achei que aquilo não passava de pão queimado. Lieselotte deve ter pensado a mesma coisa, pois pegou o único pedaço que não parecia queimado. Os Breuer nos ligaram para combinar de nos encontrarmos mais tarde. Ainda me sentia atordoada por causa da viagem de navio e pensei que devia estar sonhando tudo aquilo. Durante a tarde levaram-nos ao Hyde Park e pela primeira vez eu ouvi as pessoas falando inglês por toda parte ao meu redor, até mesmo as crianças, o que me pareceu muito estranho. No dia seguinte, fomos colocadas num trem para Exeter, onde o sr. e a sra. Robins deveriam nos encontrar. Eles estavam atrasados e eu entrei em pânico. Não sabia dizer uma palavra em inglês, e quando um taxista perguntou-nos se precisávamos de um táxi enquanto esperávamos pelos Robins, pensei que ele queria nos raptar! Lieselotte não pensou essas coisas, pois sabia um pouco de inglês. Os Robins chegaram cerca de quinze minutos atrasados.

"Vocês são 'Lieselotti' e 'Inge' Pollak?", eles nos perguntaram. Entramos no seu grande carro branco e fomos até Falmouth, coisa que levou muitas horas. Ainda estava sonhando. Finalmente chegamos a "Penhale". As duas criadas estavam na janela. Elas provavelmente estavam lá havia um bom tempo, curiosas para saber o que os Robins traziam para casa. Os cães vieram correndo, latindo. E esse foi o começo da minha nova vida. Mal sabia eu o que me esperava pela frente.

23 de agosto de 1939

A sra. R. tem um hábito desagradável. Se por acaso eu não entendo alguma coisa e peço a ela que repita, ela responde, grosseira: "Por que você não escuta? Acabei de dizê-lo". Ou: "Isso foi-lhe explicado ontem, você não está prestando atenção".

Mas tudo isso não é nada se comparado à minha nova e imensa preocupação — ou seja, a GUERRA! Todos estão falando sobre a guerra. Hitler, aquele sujo, firmou um pacto de não agressão com a Rússia e exige a entrega de Danzig. E ele se diz um "anjo da paz"! Por que ele quer mais terras? Por que as pessoas brigam? Deus, por favor, não permita que haja guerra. Vou para a cama com preocupações antigas e acordo com novas inquietações.

O sr. e a sra. R. perguntaram-me se não gosto deles, pois não me junto a eles na sala de estar após o almoço.

Ainda não contei para você muito sobre a situação política da Áustria. Era proibido aos judeus frequentar certas lojas, os cinemas, teatros, a ópera, os parques; eram levados aos milhares até Dachau, de onde apenas um em cada cem voltava com vida. O restante tinha suas cinzas enviadas à família, habitualmente acompanhadas de uma carta dizendo algo como: "Sentimos informar que seu marido (ou pai ou filho) escorregou numa casca de banana e faleceu". Eram tratados com total desprezo, e os nazistas se dirigiam a eles usando o "du". Faziam-nos olhar para a luz cegante durante seis horas; eram obrigados a trabalhos pesados sem consideração pela idade e frequentemente baleados enquanto andavam na rua. Eu morria de medo dos meninos da Juventude Hitlerista porque costumavam me provocar. Tínhamos medo até de ir aos lugares que nos *eram* permitidos. A qualquer momento, alguém poderia exclamar "Está fedendo a judeu por aqui", e poderiam matar-nos, fosse onde fosse, quando fosse. Um cachorro cristão, se é que existe tal coisa, era mais valorizado do que uma pessoa judia. As suásticas pendiam de todas as janelas. Toda conversa entre judeus era relacionada à imigração. "Já conseguiu o seu visto?" "Para onde vão?" "Será que conseguiremos sair antes que comece a guerra?" "Minha esposa é empregada doméstica na Inglaterra." "Ontem estive na Kultursgemeinde,* amanhã vou ao departamento de passaportes." E assim por diante. Crianças judias bem pequenas brincam de imigração.

O pior de todos os dias foi o 10 de novembro. Um judeu em Paris matou um oficial alemão, por raiva de Hitler. Este vingou o feito castigando todos os judeus com maior ímpeto. Na manhã daquele dia, mamãe, Lieselotte e eu fomos ao alfaiate. Vimos as multidões nas ruas e soubemos imediatamente que alguma coisa estava acontecendo. Fomos rapidamente para casa. À tarde fiquei de cama, muito gripada e com febre. Naquela altura milhares de judeus estavam sendo arrancados de seus lares ou cercados nas ruas e levados embora. Algumas vezes, mulheres também. Por volta das cinco horas nossa campainha soou. Ouvimos vozes masculinas. Mamãe disse "Lá vêm eles. Vieram, afinal", e foi abrir a porta. Eu quis pular da cama, mas fiquei congelada na mesma posição, paralisada pelo medo, incapaz de mover-me. Poucos minutos mais tarde mamãe voltou. "Eles só queriam saber de negócios", disse ela. "Contei-lhes que papai está na França e foram embora." Todos relaxaram, mas ninguém pôde dormir naquela noite. Vovó disse-me mais tarde: "Foi o charme da sua mãe. Mesmo aqueles brutos não foram capazes de resistir a ele. Caso contrário, teriam-na levado". Muitos de nossos amigos foram postos na prisão.

Agora são dez da noite e estou morta de cansaço. Vou dormir, para sonhar que estou novamente em Viena, com meus

(*) Organização judaica. (N. T.)

pais, em tempos melhores. Mas antes rezarei por uma carta da mamãe amanhã. Boa noite, querido diário.

25 de agosto de 1939

A sra. R. nos deu outra bronca por não arrumar o quarto direito. "Nós lhes demos um lugar para morar", gritou ela, "mas vocês precisam mantê-lo arrumado." Caso contrário, vocês irão expulsar-nos, pelo visto! Acho que é Alice, a criada menos simpática, que conta histórias sobre nós. Às vezes saímos para caminhar juntas, mas não confio nela. Mary é muito mais simpática.

Posso sentir um justo orgulho de todas as experiências que tive com apenas doze anos de idade, acho, e todas as outras crianças judias também. Tenho certeza que nós amadurecemos e nos tornamos mais sensíveis e inteligentes. Infelizmente, também mais tristes. Às vezes, quando converso e rio durante as refeições, paro subitamente e pergunto a mim mesma: "Que razão você tem para rir? A situação em que se encontra é terrível demais para rir dessa maneira. Então PARE COM ISSO!".

Imagine só, Lieselotte ficou com saudade de casa! Não me admira. Ela sente falta do amor paternal e do nosso lar. Ela diz que já cansou de morar na casa de estranhos, passear nos seus carros e aceitar sua caridade. Conforme os velhos e bons tempos perdem-se mais e mais no passado, também a sua memória fica mais vívida.

Ontem, numa loja, a atendente perguntou-me como estava o meu inglês. Antes que eu pudesse responder, a sra. Robins disse: "Ela é um pouco preguiçosa". Aquilo me magoou de verdade, pois foi muito injusto. Todo mundo sabe como estou falando bem o inglês agora. Ela é muito injusta. Eu a odeio.

Continuo apaixonada pelo sr. Robins — mas não o tempo todo.

28 de agosto de 1939

SRA. ROBINS (DESCRIÇÃO DE SUA PERSONALIDADE)

Temo que haja mais de ruim do que de bom a dizer sobre ela. Seu mau humor é terrível, ela é injusta, rígida e costuma brigar comigo por causa de coisas das quais não sou culpada. Ela não tem sentimento algum pelas crianças refugiadas — provavelmente não tem sentimentos em relação a nada. Ela tem o mau hábito de criticar todos que vê na rua, e jamais diz algo agradável sobre eles. Às vezes ela é bem engraçada e conta piadas, mas é tudo que eu posso dizer em seu favor. Minha sentença final continua a mesma: eu a odeio.

SR. ROBINS (DESCRIÇÃO DE SUA PERSONALIDADE)

O sr. Robins é exatamente o oposto da sua mulher — e ainda assim eles se amam! Às vezes ele não é simpático, mas nunca tão mal-humorado quanto ela. É óbvio que eles não têm filhos. Ele parece se importar mais conosco, até de uma maneira exagerada, por vezes. Também é rígido, mas é mais divertido. Como sabe, frequentemente estou apaixonada por ele. Como meus sentimentos em relação a ele não são constantes, não posso julgá-lo adequadamente.

2 de setembro de 1939

Alemanha e Polônia estão em guerra. Não deve demorar para que Inglaterra e França participem do combate. Você deve estar pensando como posso escrever essas coisas tão calmamente. Bem, *não estou* calma. Estou num estado terrível. Mas pela primeira vez a imaginação me falha. Como será a guerra? Se houver mesmo uma guerra, será que verei meus pais novamente algum dia?

Hitler, eu o odeio ainda mais do que odeio a sra. Robins!

3 de setembro de 1939

É manhã de domingo. Lieselotte disse-me que a sra. Robins contou-lhe um segredo que apenas ela, o sr. e a sra. R. sabem. Ela disse que dentro de alguns meses descobrirei o que é. Jura que não tem nada a ver comigo, e teve de prometer à sra. R. que não me contaria o que é. Acho que foi uma coisa horrível da parte da sra. Robins meter-se entre mim e minha irmã. Mas Deus já a castigou um pouco, porque o seu cão favorito morreu há alguns dias.

Mais tarde. Deus nos ajude! Meus olhos estão cheios de lágrimas e meu coração está martelando dentro do peito. É a GUERRA! Finalmente ela chegou, o espectro dos horrores que por tanto tempo temi que viessem. Mamãe, papai, será que poderei vê-los novamente, e quando? Até uma hora atrás, eu ainda tinha esperanças. Agora toda a esperança parece ter sumido. Preferia morrer por todas as pessoas inocentes que terão seu sangue derramado e que têm tanto mais pelo que viver do que eu. Sei que milhares de crianças estão sofrendo o mesmo destino que eu, mas isso não me ajuda.

4 de setembro de 1939

Ontem eu estava triste demais para continuar escrevendo. Foi isto que aconteceu: Lieselotte estava no andar de baixo escutando o noticiário pelo rádio, de manhã. Eu estava em nosso quarto, no andar de cima. Então eu também desci as escadas e dei com Lieselotte correndo na direção do nosso quarto.

"Entende o que aconteceu?", perguntou-me o sr. Robins quando entrei na sala de estar.

"Não", disse eu.

"A guerra foi declarada", disse ele. Eu corri para fora da sala. No quarto, Lieselotte estava deitada na cama, chorando histérica.

"É a guerra, não?", grito eu. Sem resposta. "Não é?", repeti. Comecei a chorar também. Finalmente nós duas paramos. Então conversamos por um tempo bem longo e olhamos para a foto dos nossos pais com o mesmo pensamento na cabeça: será que os veremos novamente? Então vou até o calendário e olho a data. Domingo, 3 de setembro. O primeiro dia da guerra. Às onze horas ela foi declarada, às 11h45 tomei conhecimento dela. Marquei a data com um círculo negro e pergunto a mim mesma: quando poderei marcar no calendário o último dia da guerra?

6 de setembro de 1939

Primeiros dias de guerra. Por aqui ainda não há sinal dela, a não ser pelo fato de não recebermos mais cartas de casa. Não sei o que aconteceu com meus pais em Viena e Paris. Se fico muito tempo ociosa, os pensamentos mais turbulentos começam a me oprimir e fico com dores de cabeça e de barriga. Fico remoendo os mesmos pensamentos, mas muita filosofia faz mal às pessoas.

8 de setembro de 1939

A velha (sabe de quem estou falando) está brigada comigo outra vez. O sr. R. também anda muito irritado e desagradável. Costumo levar-lhe o cinzeiro à noite, mas na noite passada não o fiz. Ele mereceu.

Os Robins são pais adotivos tão carinhosos e atenciosos e preocupam-se tanto conosco que nos levaram ao oculista ontem (da próxima vez irão examinar nossos traseiros). Lieselotte precisa de óculos e eu preciso ir a um especialista, pois pode haver algo de errado com os meus músculos oculares. O sr. R. disse que a culpa é minha porque não movimento esses músculos suficientemente e viro a cabeça para olhar ao redor, em vez dos olhos. E pensar que um homem de 47 anos de idade é capaz de falar uma besteira dessas. Tenho certeza de que você está rindo e quase posso ouvi-lo dizer: "Bem, acho que nem mesmo Inge seria capaz de dizer algo tão estúpido". Estou certa? Acho que eles fazem essas coisas só para me torturar.

14 de setembro de 1939

Lieselotte começou hoje no colegial. Ela passou no exame de admissão durante o verão. A próxima sou eu, mas tenho certeza que não serei aprovada.

Querido diário, quase cheguei ao seu fim — só restam duas páginas. Precisamos nos despedir. Sinto muito ter começado e acabado num clima tão infeliz.

17 de setembro de 1939

Ao que parece, não sei pronunciar a palavra "torrada" corretamente, e por isso o sr. Robins decidiu obrigar-me a pedir por elas todas as manhãs, em vez de passá-las para mim. Eu me recusei a fazê-lo, e assim fiquei três dias sem torradas. Melhor passar fome do que ceder, disse a mim mesma. No domingo, quer dizer, hoje, estava preparada para mais um dia sem torradas e curiosa para ver o que aconteceria. E sabe o que foi? Ele me passou as torradas! Então tivemos uma longa conversa e ele foi bastante simpático comigo outra vez. O engraçado é que, a cada vez que ele fica especialmente antipático comigo, o meu amor por ele retorna revigorado.

Vou começar a estudar na casa da sra. Davis no dia 25. Ela vai me preparar para o exame de admissão no colegial e por isso não terei muito tempo para escrever. Lieselotte decidiu falar apenas inglês de agora em diante. A guerra continua, mas não há sinal dela por aqui. Às vezes ouvimos aviões sobrevoando, mas é tudo.

Agora que cheguei à última página, precisamos nos despedir. Não sei quando poderei voltar a escrever, mas um dia eu continuo. Amei-o muito, diário, e sinto ter tido tantas coisas tristes a relatar. Dou-lhe um beijo de adeus. Adeus, meu querido diário. Vou trancá-lo e guardá-lo onde ninguém o possa achar.

9 de outubro de 1940

Acabo de escapar da morte por muito pouco. Eis o que aconteceu: Connie e eu estávamos caminhando como de costume após a lição de casa. Estávamos com um pouco de fome e resolvemos gastar alguns trocados com batatinhas. Passávamos pela capela metodista, que fica à beira de uma espécie de pântano, quando ouvimos um *sssssss*, o assovio característico de uma bomba. Não houve alarme de ataque aéreo. Não ouvimos explosões. Mas, subitamente, à nossa volta havia destroços e as pessoas gritavam e mergulhavam procurando com atraso algum abrigo. Uma mulher e a sua filha pequena debaixo de um guarda-chuva vieram correndo em nossa direção e pareciam histéricas. Não sabíamos onde a bomba havia caído, até que alguém gritou: "A capela!". E então vimos que estava em ruínas — e nós não estávamos a dez passos de distância. Como a bomba não nos atingiu? Num minuto estávamos bem diante da capela, no outro, a certa distância, e nessa fração de segundo a bomba caiu. Agradeço a Deus por salvar minha vida. Mas o filho do nosso vigia do alarme de ataque aéreo, de cabelos claros, que estava dentro da capela, foi morto.

Ficamos agitadas demais para esconder o ocorrido da sra. Davis e da sra. Kitty, apesar de nunca contarmos a elas quando vamos à cidade ao anoitecer, pois não me permitem ir para lá por causa dos marinheiros e soldados. A mãe de Connie não se importa — ela tem a mente um pouco mais aberta. Então a sra. Davis disse: "O que vocês estavam fazendo na cidade àquela hora?".

"Quase morri, senhora Davis!", choraminguei.

"Não devia estar na cidade. Está vendo o que acontece quando desobedece", disse ela.

Ainda acho que Deus quis me salvar, e não castigar.

3 de abril de 1941

Hoje começou o feriado da Páscoa — viva! Depois do chá, Moira e eu fomos caminhar com Denzil e ele quis dar-nos 1d (1 penny) a cada uma, mas recusamos. Em vez disso, ele dividiu sua barra de chocolate conosco. David está em casa para passar o feriado. Ele veio aqui tomar chá com a mãe, uma mulher pequenina que balbucia e fala escocês, em vez do verdadeiro inglês.

Filiei-me à biblioteca pública.

Amanhã papai virá visitar-nos outra vez.

Outro dia, quando estava chovendo, Connie, Moira e eu fomos ao museu. Achamos as exposições um pouco monótonas. De repente tive uma ideia: havia uma velha cadeira por lá, para que as pessoas se sentassem caso ficassem cansadas. "Vamos fazer as pessoas pensarem que esta cadeira também faz parte da exposição", disse eu a Connie e Moira.

"Como?", perguntou Moira.

"Falta-lhe uma indicação", disse Connie. Tirei do bolso um pedaço de papel e lápis, que sempre trago comigo, e escrevi em letras maiúsculas e garrafais:

ESTA CADEIRA FOI USADA PELO
JUIZ JEFFREYS NOS MALDITOS JULGAMENTOS.

Pusemos o pedaço de papel sobre a cadeira e deixamos o museu. Estávamos rindo tanto que as pessoas ficaram reparando na gente enquanto saíamos de lá.

Na próxima vez que visitamos o museu, o pedaço de papel e a cadeira tinham sumido.

2 de março de 1942

Se alguma vez na vida senti pesar, agora não consigo entender por quê. Sentia tanto por tanta coisa pequena que importa tão pouco na vida. Hoje recebi uma notícia muito triste.

Passei por três anos miseráveis, estive mais infeliz do que a maioria dos meninos e meninas ingleses jamais estiveram. Não digo que nestes três anos não soube o que é felicidade. De maneira geral, só conheci pessoas gentis, com exceção do sr. e da sra. Robins. Passei muitas horas alegres em festas ou caminhando com amigas e me divertindo com garotos. Não me queixo de infelicidade contínua, mas isso não muda o fato de que a minha situação nestes três anos foi de tristeza e abandono e todos os pequenos prazeres não passaram de meras diversões. Mas hoje, quando as terríveis notícias chegaram, senti que toda a alegria se foi da minha vida para sempre e que jamais poderei recuperar meu senso de humor. Quando vim da escola, na hora do jantar, encontrei uma carta de meu tio que está na Suíça, informando-nos de que minha mãe, minha querida mãe, foi mandada para a Polônia.

Nós já o temíamos, e muito. Eu vivia aterrorizada por esse pensamento. E agora aconteceu. Enquanto lia aquelas palavras, meu rosto ficou muito quente e meu coração pareceu paralisar. Milhões de pensamentos terríveis cruzaram minha mente, sobre os quais não tenho papel suficiente para escrever. Joguei-me na cama e então parecia que eu me transformara em pedra — mas as primeiras palavras de compaixão da gentil sra. Davis me fizeram debulhar em lágrimas. Eu queria evitar o choro porque minha mãe não gosta que eu fique triste, mas foi inevitável. Há tanto aqui para me fazer feliz, e o que resta a ela agora? Sempre amei a vida, e as coisas tão pequenas sempre ajudaram a torná-la mais alegre, e ela também ama a vida, mas o que pode fazê-la feliz agora? Quando eu tinha uns seis anos de idade, nossa governanta disse-me: "São as boas pessoas que sempre sofrem e são infelizes, mas a felicidade as espera no Paraíso. As pessoas más são felizes na Terra, mas irão para o inferno". Não serve de conforto, mas será que ela estava certa? Se for assim, aquele terrível Hitler, esses nazistas cruéis um dia terão o que merecem. Eles não são humanos — e o que são então?

Não suporto ver as pessoas ao meu redor agindo como se nada tivesse acontecido. Minha mente se ocupa de um único pensamento: minha mãe na Polônia. Não fui à escola esta tarde, e a sra. Kitty me levou a Flushings de balsa. Ela me comprou um sorvete e contou algumas piadas, mas nada me agradou e não consegui rir. Posso apenas consolar minha irmã. Oh, se ao menos houvesse algo que eu pudesse fazer por minha pobre mãe e também por minha avó. Se ao menos eu pudesse avisar-lhes que estamos bem e felizes! Se ao menos isso estivesse ao meu alcance! Se... se... se nada disso tivesse acontecido.

Somos todos seres humanos, e ainda assim o único objetivo de alguns seres humanos é sujeitar os outros à desgraça. POR QUÊ?

Agora preciso parar. Tudo chega ao fim, e assim também é com a infelicidade. Um dia quem sabe eu leia estas páginas e diga: "Sou feliz demais para recordar como me sentia naquela época".

Posfácio

A mãe e a avó de Inge foram levadas para Minsk, onde morreram, em novembro de 1941. Inge e a irmã sobreviveram à guerra e permaneceram na Inglaterra, onde casaram e constituíram família. Seu pai fugiu para a Inglaterra no último barco antes de Paris cair diante dos alemães, e também fez sua vida lá. Depois de se matricular no colégio de Falmouth, Inge deixou a cidade e foi para Oxford, onde morava um parente distante, e trabalhou em bibliotecas, na livraria Blackwell e na livraria de raridades Rosenthal. Saiu de lá após casar-se com um cientista pesquisador da Universidade de Oxford, e dez anos mais tarde, mudaram-se com o filho para Sheffield, quando o marido de Inge obteve um emprego de professor na Universidade de Sheffield. Ela então se formou professora e ensinou idiomas modernos a crianças e adultos até aposentar-se. Hoje ela se diverte com os dois netos e escreve seu diário. Inge mudou a grafia do nome para Inga, para evitar erros de pronúncia. Quando seu diário foi publicado pela primeira vez na íntegra, com o título de Meu querido diário, *ela assumiu o pseudônimo de Ingrid Jacoby.*

William Wilson

Nova Zelândia
1941 (21 anos de idade)

Hans Stauder

Alemanha
1941 (21 anos de idade)

Através dos escombros, tudo o que se vê são armas abandonadas, veículos em chamas e cadáveres...

William Geoffrey Wilson nasceu em Wellington, Nova Zelândia, em 1919. Ele foi motorista e lojista antes de se alistar para combater na Segunda Guerra Mundial, em 1940. Hans Stauder nasceu na Alemanha, em 1919. Ele se tornou soldado em 1939 e foi destacado para lutar com o Afrika Korps.

A Nova Zelândia entrou na Segunda Guerra Mundial no outono de 1939, quando declarou guerra à Alemanha junto com a Inglaterra. Em junho de 1940, a Itália entrou na guerra aliada à Alemanha nazista e provocou uma batalha pelo controle do canal de Suez e do mar Mediterrâneo, que constituíam importantes rotas comerciais. O Egito, que era controlado pelos ingleses, foi o primeiro alvo da campanha italiana, mas a derrota levou ao envio de tropas alemãs sob o comando de Erwin Rommel (estas incluíam o Afrika Korps, do qual Hans Stauder fazia parte). Durante os anos de 1941-3, uma série de campanhas foi travada na Líbia e no Egito, principalmente entre tropas neozelandezas, australianas e inglesas contra alemães e italianos.

Essas batalhas no deserto moviam-se para a frente e para trás entre as fronteiras da Líbia e do Egito. A natureza plana do campo de batalha na areia significava que os combates envolviam principalmente o uso de tanques e aviões de caça. Como resultado, as vitórias passavam de um lado ao outro, dependendo de qual exército era mais bem-sucedido em manobrar primeiro e reunir mais rápido seus tanques e aviões. Foi a famosa segunda batalha de El Alamein que permitiu às forças aliadas impedir o avanço das tropas alemãs e infligir-lhes a derrota.

A Nova Zelândia sofreu perdas catastróficas na guerra no norte da África, numa proporção maior do que Austrália e Inglaterra.

WILLIAM WILSON, FORÇAS NEOZELANDESAS
DO ORIENTE MÉDIO, 1941

8 de março de 1941

Fim da última dispensa — dezesseis horas e meia no trem. Muito solitário para uma pessoa. Céus, foi um inferno deixar a estação de Wgtn. [Wellington]. Scotty não parava de falar; tudo o que eu queria era ficar sozinho e pensar. Queria que papai e Joan não tivessem vindo à cidade.

9 de março de 1941

De volta ao acampamento, que vida. Devo ir embora no final da semana. Fico escondido sob as árvores com Scotty, que não quer ver a namorada. Ainda solitário.

15 de março de 1941

Acabo de pegar um disco, "Are you lonesome tonight?". Que grande música. Fui pra cama perto das nove horas, estava cansado demais para ir a qualquer lugar.

29 de março de 1941

Marchamos através de Auckland hoje, uma grande multidão veio ver-nos, mas estavam todos pouco animados. Nos molhamos, marchamos em sextetos, fizemos boa figura. Dispensa à tarde. Fomos de carro a Onehunga, perdemos o caminho de casa na volta, não sabíamos onde estávamos! Pegamos um bonde para voltar.

5 de abril de 1941

Matei o tempo no acampamento o dia todo, a maioria dos rapazes pulou a cerca. Liguei para casa. Fui ao cinema à noite. O acampamento está muito calmo.

7 de abril de 1941

Embarcamos no *Nova Amsterdam* às nove da manhã. Aposentos horríveis mas excelentes cobertores. Vi mamãe e Joan no cais. Senti saudade de Freda. Fiquei desconsolado por sermos os primeiros do comboio. Os navios de guerra que nos acompanham são o *Aquiles* e o *Hobart Australia*.

10-11 de abril, 1941

Mil e duzentos australianos [subiram] a bordo hoje; muita jogatina, algo para se manter distância, e é o que eu pretendo fazer. Chegamos a Sydney — grande dia, nada de dispensa. Alguns dos rapazes tentaram dar uma escapulida mas não tiveram sorte. Os navios *Queen Bess* e *Mary* se juntaram ao comboio. Acho que amanhã partimos para Fremantle. As proas estavam lindas quando entramos no porto; há muitos penhascos grandes lá fora. O porto se espalha como o de Auckland.

Vi a ponte. O governo da Austrália não nos deu permissão para desembarcar.

Deixamos Sydney esta manhã; parece uma ótima cidade. Um dia voltarei para conhecê-la melhor. O porto é muito grande; saímos pela manhã e fomos seguidos por grupos de lanchas festivas. Acaba de se juntar a nós o *Queen Mary*, e agora há também o *Elizabeth, Ile de France, Mauritania* e o *Naura Amsterdam*. Faz um belo dia. Vou ao desfile da igreja para escapar do treinamento com simulação. Agora estou sentado ao sol.

20 de abril de 1941

Vou ao RAP por causa da garganta. Há boatos de que o Japão entrou contra nós. A rádio alemã disse que nosso comboio foi afundado. Fui ao RAP, tive de esperar duas horas antes de ser atendido. Um sujeito do nosso batalhão que está doente ouviu do oficial médico que deveria ficar na cama até mandarem uma maca para levá-lo ao hospital. Ainda não vieram buscá-lo; o OM esteve com ele já faz 24 horas. Depois preciso voltar à enfermaria para fazer um gargarejo.

21 de abril de 1941

O tempo está ficando mais quente. Minha garganta continua ruim. Todos no navio parecem achar que iremos a Cingapura primeiro. Disseram-nos o que fazer em caso de combates navais. Temos que levar os salva-vidas conosco o tempo todo a partir de amanhã. Hoje ganhamos uma maçã e uma banana cada um, oferecidas pelo Fundo Patriótico. Acham que chegaremos a Cingapura na quinta de manhã.

23 de abril de 1941

Na quinta-feira desembarcaremos do navio em Cingapura. Acho que não teremos dispensa. O mar é como um viveiro espumante de peixes. Vi um cardume de botos. Há marcadores de bambu indicando o canal correto. Os outros quatro navios compunham uma bela pintura enquanto cruzavam o horizonte ontem. Preciso procurar pelo Jack [amigo] quando chegar no quartel. Quarenta cigarros. Veio uma lata de tabaco dos Fundos. Tomei seis banhos e nadei hoje. Céus, faz calor. Os oficiais prepararam um coquetel à noite.

24 de abril de 1941

Cingapura.

Outro grande dia; há um monte de peixes-voadores. Ontem à noite pôde-se ver uma ilha. Devemos chegar a Cingapura hoje. Vinte cigarros hoje. Dá pra ver a terra firme de um dos lados do navio. Chegamos a Cingapura; parece um lugar estranho, há muito verde por toda parte. As casas são abertas e têm arcos amplos; os rapazes jogam trocados para os locais. Parece que há alguns soldados indianos aqui. Não sabemos se haverá dispensa.

1º de maio de 1941

Em Colombo. O *Mauritania* e o *Ile de France* estão conosco no porto. Mormaço terrível, sufocante. Os barcos estão ancorados na barra do rio. Sem dispensa hoje, malditos lazarentos. Os outros navios ganharam dispensa. Os marinheiros estavam lá dentro havia cinco dias. Os nativos se aproximam do navio e vendem abacaxis etc. Comprei seis deles por uma rúpia. Têm sabor ruim; dizem que em terra é possível comprar vinte abacaxis pelo preço que paguei.

9 de maio de 1941

Um dia de mais vento. De sentinela, viajamos rumo ao sudoeste. Queria tanto estar em casa; estou de saco cheio. Não posso culpar alguém por não querer tomar parte no combate. O [navio] *Canberra* está muito à frente. Há canhões Vickers sobre todo o deque superior. Um tripulante disse que essa é a turma mais queixosa que já subiu a bordo. Os oficiais ganham frango, salada de frutas, sorvete; por que não podem reduzir um pouco o seu banquete e dar-nos algo decente para comer?

13 de maio de 1941

Fim da viagem marítima às 22 horas hoje.

Chegamos num porto, acho que é Suez. Há dúzias de navios de todas as formas e tamanhos no porto. A cidade fica a estibordo, e do lado do porto há colinas como aquelas na entrada de Sydney; mas não se enxerga o verde em parte alguma. Em casa devem ser quatro horas da tarde; imagino se estarão pensando em mim agora. Disseram-nos que não desceremos do navio e teremos de passar outro dia nessa banheira.

15 de maio de 1941

Primeiro dia no Egito.

Garawi.

Arrancaram-nos da cama às 3h50; hoje desembarcamos. Aguardamos a hora de descer com equipamento completo no deque. Seremos levados em transportes leves, depois pegamos o trem, uma viagem de cinco horas, dizem. No quartel — céus, que tempo. Chegamos durante uma tempestade de areia. Permanecemos dentro das barracas. Ficaremos aqui de quarentena por uma semana. Encontrei Jack; chegou ontem. Viagem de trem infernal. Levou-nos direto ao Cairo. Não é tão má assim. Os nativos são terríveis.

29 de maio de 1941

Maadi.

Recebemos treinamento com máscaras de gás hoje. Arrastaram-nos esta tarde para erguer ainda mais barracas; parece que mais tropas virão juntar-se a nós em breve. Dizem que perderemos Creta. Ótimas notícias, estou com sarampo, vou a Maadi esta noite. Passeio de ambulância dos infernos; eles fazem de tudo para desagradar. Achei que ia para um hospital bacana, com enfermeiras, mas estou numa barraca e nada de enfermeiras.

Junho de 1941, escrito no hospital da base de Maadi

> [*A anotação seguinte foi escrita por William Wilson enquanto ele se recuperava do sarampo no hospital da base de Maadi, numa página em branco logo no início do diário, com data de 5 de junho de 1941. Sugere que ele estava deprimido por não ter recebido cartas de casa.*]

Me pergunto se algum dia voltarei para casa. Às vezes sou indiferente quanto ao que possa acontecer comigo, depois peço a Deus que me devolva ao lar e à vida simples de antes. Seria tão bom estar agora olhando pela janela da frente na direção das colinas enquanto o Sol se põe ao anoitecer. Tenho a sensação de que nada me acontecerá, mas, caso aconteça, será apenas o destino; se este for o meu fim, então nada poderá impedi-lo, mas acho que não há de acontecer nada. Tentarei pensar como fazia a mamãe. Deve haver algo de bom nisso. Parece que hoje em dia não sinto mais tanta saudade de casa. É claro que gostaria de estar de volta, céus, como será bom o dia em que navegarmos de volta ao porto de Wellington.

> [*O artilheiro William Wilson foi morto em ação em Sidi Azeiz, em 27 de novembro de 1941. Hans Stauder encontrou o diário perdi-*

do nas areias do deserto e continuou a escrever após a última anotação do artilheiro Wilson. Ele não entendia nada de inglês.]

HANS STAUDER, AFRIKA KORPS, 1941

Novembro de 1941

Raiar do dia — estamos com os tanques. Nove horas de combate ao inimigo — alcanço o pessoal dos suprimentos e provisões — distribuição de comida. Capturamos cinco *Tommies* que ficaram presos no seu veículo. O inimigo nos cerca.

Às doze horas tiroteio por toda parte, no céu aeroplanos ingleses, artilharia inimiga nos atacando, correria — pânico!

Terminamos de comer as rações (obtidas no saque anterior) — Um *Hurricane* foi abatido — chove — desenhamos juntos e fazemos o formato de um porco-espinho. Sem ordens — nenhum contato feito — incêndios ao nosso redor — tempo chuvoso.

12h30. Rumo ao leste na escuridão total. Fomos muito longe ao sul, e precisamos voltar para o norte. Bom descanso entre 9-14 horas. Seguimos para o sul seguindo o 7º Batalhão. Pouco antes do anoitecer, grande combate contra tanques inimigos. Briga feroz. Recuamos, e depois contra-atacamos os *Tommies* (agora estamos vencendo), durante a noite os inimigos (*Tommies*) renderam-se. Ainda mais ataques horríveis com tanques.

Dia de muitos combates! Tiroteio à esquerda e à direita — dois caminhões do 9º Batalhão explodiram, já estou acostumado. Na ambulância inglesa encontramos cerveja, uísque, biscoitos e também um pouco de carne em conserva. Às doze horas rumamos para o oeste. Fogo de artilharia acerta-nos o flanco — posições inglesas bem ao nosso redor — combates pesados à nossa volta. Trago apenas os muito feridos da linha de frente de volta ao acampamento.

Através dos escombros, tudo o que se vê são armas abandonadas, veículos em chamas e cadáveres. Marchamos para Sidi Azeiz aproximadamente às 15 horas. Dez *Hurricanes* atacam. Mantêm-me ocupado, muitos gravemente feridos.

Ao raiar do dia, fogo inimigo vindo da esquerda, o batalhão assume posições. Dirijo em posição de ataque (com o tenente Kramer), encontro às 13 horas na posição de combate da divisão.

(*Situação*: tomamos o acampamento inglês) — A divisão sai às 15 horas e é imediatamente bombardeada pelos tanques. Às 17 horas dirijo até uma elevação, onde descubro o acampamento inglês, e começamos a disparar; tanques libertam simultaneamente 850 prisioneiros alemães.

Muita confusão e entusiasmo dentro da nossa divisão. Dormi na cozinha.

Às 13 horas, ataque surpresa, mas o inimigo é forte demais. Batalhão precisa cavar as posições de ataque, a uma distância de mil metros das linhas inimigas, fogo poderoso e muitas baixas.

1º de dezembro de 1941

Acampamento inglês em chamas — mudamos a posição de comando para mais adiante, passamos por veículos incendiados, agora rumo a Sidi Rezegh. Muitos mortos. Disparam contra nós e também atacamos divisões inimigas. Voltamos ao anoitecer, ainda atacando.

4 de dezembro de 1941

Começamos às 5 horas da madrugada, divisão ruma a Sidi Azeiz através do deserto até Trigh Capuzzo. Às 13 horas chegamos a Sidi Azeiz. Disparos de pequenos batalhões, não acontece muita coisa, viramos para o sul. Às 17 horas a divisão faz a marcha de volta.

Na escuridão, pilotagem alucinada, não vejo nada, pequena pausa, continuamos sozinhos, eu mostro o caminho. Perto da meia-noite fizemos contato com nosso grupo. Graças a Deus havia um pouco de luar!

7 de dezembro de 1941

Maiores providências defensivas.

Durante a manhã, alcançamos a 2ª Infantaria e cavamos as colinas para defender a posição.

Às 10 horas, repelimos um ataque de tanques. Agora somos comandados pela infantaria de tiro. A artilharia inimiga nos mantém na mira, o tempo todo, tanques ingleses circulam ao nosso redor. A partir das 15 horas estamos de prontidão para um ataque, mas apenas algumas pessoas do grupo são designadas. Corro pelo campo de batalha por duas horas, procurando pela bateria de canhões. Às 18 horas retorno à base, ganho cerveja. Outra vez movimentação noturna — às vezes com a velocidade de uma lesma, às vezes como carros de corrida!

9 de dezembro de 1941

Através dos desfiladeiros da Cirenaica, para cima e para baixo, paisagem maluca! Quebramos o diferencial por causa de uma pedra, pilotamos sem óleo, o relevo fica cada vez pior, passamos por gargantas estreitas e desfiladeiros. Nada de aviões inimigos! Frequentemente esperamos longos períodos, pois os veículos precisam ser rebocados um a um. Perto das 5h20 da manhã chegamos ao nosso destino do dia. Oriento o batalhão e comando. Recebi cartas — na cozinha, à luz de velas, leio-as.

22 de dezembro de 1941

Lá pelas 4h30 da madrugada, escutamos bombardeios pesados a distância. Seis horas, noite, abandonamos o descanso. Cavamos buracos para nos protegermos, veículos se espalham, povoados árabes ao nosso redor, chove — merda de clima! Tomo banho e faço a barba (pela primeira vez em cinco semanas).

25 de dezembro de 1941

Natal.

Acordei às 7 horas, me apresentei às 8, discurso de Natal proferido pelo major. RAF nos ares. Dormi um pouco sob um céu livre. Às 12 horas fomos adiante e lá ficamos até as 4 horas (andamos em colunas para nos encontrarmos na via Balbia, por lá entramos no deserto — após 28 quilômetros paramos e assumimos posição de ataque). Nos caminhões celebramos um pouco o Natal. Cada soldado recebe três garrafas de cerveja. Recebemos comunicação telefônica em nosso carro. Dormimos às 22 horas.

28 de dezembro de 1941

8h30. Avançamos até o regimento de tiro. Depois de nossos aviões *Stuka* atacarem os ingleses, vamos para o leste, até a altura determinada, e posicionamos o batalhão para abrir fogo. Contra-ataques poderosos e imediatos dos *Tommies.* Cavo um buraco com grande pressa. Explosões inglesas cada vez mais perto — grandes combates com tanques no vale.

Ingleses recuam e nós seguimos — os canhões dos tanques estão atirando bem — estou com o comandante e o carro de comunicações do regimento, na vanguarda, passo muitos tanques em armadilhas de areia, também fico preso.

Às 6 horas a brigada retorna — hoje não tivemos baixas — ao menos 50 tanques destruídos.

29 de dezembro de 1941

Depois da batalha de ontem, hoje o dia está aparentemente calmo.

Ao raiar do dia espalhamos os veículos, estamos num terreno plano — recebemos hidratante e protetor solar, *Stukas* vêm dar as boas-vindas — pouco depois, onze bombardeiros ingleses. Eles despejaram suas bombas na distância. Recebemos cartas e pacotes. Instalo uma bandeira com a suástica no capô do carro pela primeira vez depois de muito tempo. Às 3 horas, prosseguimos, parando a cada cem metros, cada vez que os carros ficam presos nas extensões de areia.

(*Situação*: o inimigo recuou após a derrota de ontem, além dos veículos eles perderam 58 tanques.)

31 de dezembro de 1941

7 horas chega a cozinha — dirijo o carro mais alguma distância — bebi café — um pouco de paz e quietude vai muito bem — escrevi uma carta, comi, comi, comi...

Às 11 horas 6 bombardeiros e 20 *Spitfires* lançam bombas individuais, dois *Spitfires* abatidos.

13-14 horas nos binóculos e periscópios. Constantemente *Spitfires* sobrevoando.

Às 16 horas bombardeio outra vez — detonações poderosas.

Às 17 horas batalha aérea.

Às 18 horas — cozinha (jantar) para oficiais "cordeiro assado".

Preciso deixar o veículo, os "senhores" jantam.

Às 12 horas por toda parte ao nosso redor sinalizadores e disparos — COMEÇOU UM NOVO ANO.

Posfácio

O diário foi encontrado nas areias ao sul de Tobruk. A última anotação de William Wilson foi em 11 de outubro. Hans Stauder começa sua primeira anotação dia 19 de novembro, oito dias antes da morte de Wilson. Muitas décadas após a guerra, Hans tentou descobrir quem seria o dono do diário ou os seus descendentes, para que pudesse devolvê-lo: "Depois de muitos anos falei novamente com alguns conhecidos que também haviam combatido na África a respeito do diário que havia encontrado". Em 1994, Hans descobriu que o seu companheiro de diário havia sido morto em ação.

Finalmente, em 1999, ele mandou o diário de volta à Nova Zelândia. Numa carta cuja data corresponde a esse período, ele escreveu: "É do meu interesse que o diário volte para onde tudo começou, na Nova Zelândia. Fico triste em saber que não há parentes vivos e que o autor do livro (diário no norte da África, Líbia) tenha morrido naquela colina em 'Sidi Resghi'. Ainda lembro vivamente as batalhas do dia 4 de novembro, quinze milhas a sudeste de Tobruk".

Sheila Allan

Cingapura
1941-5 (17-21 anos de idade)

Acho que me tornei uma pessoa mais velha, muito mais velha e assustada durante aquele curto período...

Sheila Allan nasceu na Malásia em 1925. Ela cresceu em Cingapura, filha de pai australiano e mãe malaia. Em fevereiro de 1942, quando Sheila tinha dezessete anos, o regime nacionalista japonês conquistou Cingapura.

O envolvimento do Japão na Segunda Guerra Mundial veio em resposta às suas disputas anteriores com a China durante a década de 1930 e suas ambições regionais de conquistar países como a Coreia e Cingapura. A partir de 1937, os líderes militares japoneses empregaram seu exército numa guerra de conquista da China, que custou a vida de milhões de indivíduos, a maioria deles civis chineses.

A guerra com a China colocou o Japão em conflito com as potências ocidentais estabelecidas na Ásia. Ao longo do ano de 1941, a tensão entre Japão e Inglaterra só aumentou. O Japão tinha ambição de expandir seu império e obter acesso a matérias-primas como petróleo, borracha e estanho, ao que a Inglaterra se opunha com veemência. Após alguns meses nervosos, o Japão lançou um ataque surpresa contra as colônias europeias na Ásia e no Pacífico. Em dezembro de 1941, o Japão atacou ainda mais longe, investindo contra a base naval americana de Pearl Harbor, no Havaí.

Os japoneses obtiveram grandes vitórias e tomaram a base britânica de Cingapura em fevereiro de 1942, capturando dezenas de milhares de soldados ingleses, hindus e australianos. Após a queda de

Cingapura, Sheila e os seus pais, junto com outros 2 mil cidadãos da Comunidade Britânica, foram levados à abominável prisão de Changi, na península de mesmo nome, na região leste de Cingapura. De início, os prisioneiros de Changi tinham liberdade para vagar pela área, mas no começo de março cercas foram erguidas ao redor dos campos individuais e a circulação entre eles tornou-se limitada. Perto do final de agosto, oficiais japoneses encarregados dos prisioneiros de guerra chegaram ao campo, e a segurança tornou-se muito mais rígida. Os prisioneiros eram obrigados a assinar uma declaração na qual concordavam em não fazer nenhuma tentativa de fuga. O cotidiano do campo era organizado pelos próprios prisioneiros, que preparavam concertos e outras formas de entretenimento para passar o tempo.

Fora do campo, o Japão se encaminhava para a derrota. Os Aliados reagiram à conquista japonesa da Ásia contra-atacando suas possessões na Birmânia, Nova Guiné e ilhas do Pacífico. Em agosto de 1945, os Aliados preparavam-se para invadir o próprio território japonês; no entanto, a participação da Rússia no conflito e os ataques atômicos perpetrados pelos americanos contra as cidades japonesas de Hiroshima e Nagasaki, que resultaram em horrores sem precedentes, acabaram forçando o Japão a render-se. Changi foi libertada pelas tropas aliadas em 5 de setembro do mesmo ano. A guerra no Pacífico custou as vidas de cerca de 11 milhões de chineses e quase 2 milhões de japoneses.

8 de dezembro de 1941

A vida ociosa que levo
É como um agradável sono
No qual descanso e medito
Sobre os sonhos que me rodeiam,
E ainda entre todos os sonhos
Que passam brevemente um após o outro,
Cada qual na sua ilusão parece
Mais nobre que o anterior;
E toda noite eu digo,
Sabendo ter os pés no paraíso,

Que jamais conheci em toda vida
Um dia como este.

Robert Bridges

Que infelicidade! Como são verdadeiros os dois últimos versos, pois o dia de hoje marcou o início da "Guerra da Malásia"!

Guerra? Impossível! Não pode ser! Todo o meu ser gritou contra ela, por esmigalhar a paz de minhas férias nas montanhas; por invadir minha vida calma e tranquila, por me fazer sentir ao mesmo tempo agitação e medo. Na verdade, ressentia-me dela por ter causado uma virada emocional tão estranha para mim.

Aqui nestas montanhas [planalto de Cameron] estive feliz, longe das multidões e do alvoroço da vida na cidade. Aqui, usufruí do ar e da água puros e calmos; aqui, onde se pode ficar livre para debruçar-se sobre os próprios pensamentos sem interferência exterior. E o que acontece? A guerra! Pronto — toda a atmosfera fica carregada com esta palavra de seis letras!

Saindo de casa, percorri o caminho até o pequeno córrego borbulhante que dança sobre as pedras, rindo e saltando sobre os segredos que apenas ele conhece. Todo o meu ser embriagou-se com a doce fragrância matinal. Aqui, num mundo de orvalho cujas gotas cristalinas eram contas pesando sobre as folhas suspensas da grama, eu me ajoelhei de corpo e alma. Aqui, podiam-se esquecer facilmente as irritações e decepções triviais da vida.

Mas seria possível esquecer-se da guerra? Seria mesmo?

De volta, reuni um buquê de flores do campo. Aqueles botões delicados e exóticos que duravam apenas até o sol tornar-se forte demais para eles. Mas esta manhã, pobres deles, viram pouco do sol antes de serem esmagados e arrancados pelas minhas mãos quando em meus ouvidos ecoou aquela palavra fatídica, "guerra"!

Encontrei papai, sentindo-me forte e plena de espírito depois de minha excursão matinal, apenas para confrontar sua expressão sombria ao anunciar a notícia de que Cingapura havia sido bombardeada aquela manhã pelos japoneses e que isso significava que agora estávamos em guerra contra o Japão.

Atordoada, murmurei a palavra para mim mesma e olhei para minha madrasta, cujo rosto revelava vestígios de lágrimas recentes. Papai saiu andando em silêncio. Vichim, minha madrasta, desabou numa cadeira e começou a soluçar — por quê? Não sei dizer.

Sei apenas que me vi percorrendo novamente o caminho de volta até meu pequeno riacho, onde fiquei ouvindo o correr das águas. Imagino se não estava tentando me dizer algo antes.

Então lembrei-me dos botões, ainda apertados nas minhas mãos. Olhei para eles — haviam perdido o frescor e pareciam sem vida e quebrados. Mortos! A palavra saltou diante de meus olhos. Deixei-os cair de meus dedos dentro da água e observei enquanto o fluxo os levava para longe, cada vez mais longe. Até sumirem!

Morte! Guerra! Só então comecei a perceber o seu verdadeiro significado. Aquelas flores — algumas delas não passavam de botões fechados — morreram antes do seu tempo. Eu as matara; não de maneira premeditada, mas aquilo parecia simbólico em relação ao que é a guerra de fato. Diante de mim, imaginei mortes e sofrimentos — tudo isso preso na teia da guerra. E o que é a guerra? — uma luta pela liberdade ou pelo poder? A batalha pelo direito de viver em paz. A guerra veio mostrar-nos a sua face horrenda e estilhaçar a nossa paz, pela qual nós precisamos lutar para manter.

Novamente voltei para casa. Os pensamentos revolviam-se na minha cabeça — como poderia melhor servir ao meu país?

Houve um tempo em que eu invejava as meninas do serviço militar e desejava ser uma delas. E agora eis a minha chance de cumprir o meu dever. Subitamente, senti-me corajosa e animada diante da perspectiva de ter de lutar.

Infelizmente em nada resultará a minha esperança de ser útil ao país. Quando contei a papai sobre minha decisão de me alistar, ele prontamente disse que eu ainda era muito jovem...

Papai é autoritário e rígido, e tudo o que ele diz é regra. Então me curvei ao seu desejo, sentindo-me amargamente desapontada...

Esta noite, antes de entrar em casa, observei o Sol se pondo lentamente atrás das montanhas. Vi seus raios quase perpendiculares alcançando o vale. A luz do anoitecer é gentil e delicada enquanto escrevo tudo isto e prometo a mim mesma manter um registro de tudo que vai acontecer.

Olho na direção do riacho, feito de escamas douradas e prateadas que deslizam e reluzem quando o sol incide sobre a água. Suspiro e com Wordsworth escrevo seus versos:

Ouvi mil notas mescladas,
Enquanto num bosque repousava,
Naquele doce estado de espírito em que
Os pensamentos agradáveis atraem os tristes.
À sua bela obra uniu a Natureza
A alma humana que em mim encarnava;
E grande pesar tomou meu coração
Ao pensar no que o homem fizera ao próprio homem...

Boa noite, querido diário.

14 de dezembro de 1941

Uau! Que dia! Finalmente voltamos para casa [em Kampar] e como estou cansada! Deixamos Renglet esta manhã. As lágrimas me vieram aos olhos enquanto silenciosamente me despedia do nosso lar de férias. Pergunto-me quanto tempo levará até que eu consiga voltar para lá... Ao nos aproximarmos de Kampar, escutei um ruído muito peculiar — um lamento sobrenatural pareceu ecoar pelo ar, de novo e de novo. Foi a primeira vez que ouvi aquilo que papai chamou de "Alerta". Que barulho estranho, e já tive certeza de que não vou gostar nem um pouco desses "Alertas"! Tivemos de parar e procurar abrigo em meio a alguns arbustos ao longo da estrada, mas apenas durante poucos minutos. O ar foi novamente perturbado por outro som — o de "tudo limpo". Acho que prefiro este último som ao primeiro!

Em Kampar paramos na loja Luan San para comprar um pouco de comida enlatada. Lá havia também dois caminhões, e pela primeira vez vi soldados que pareciam cansados, a barba por fazer, os uniformes cobertos de lama e sangue. Seu aspecto era soturno. Encarei-os com o olhar maravilhado da adolescente que os idolatra como heróis! Papai falou com eles e contaram-lhe as últimas notícias da guerra — não eram boas notícias — os japoneses vinham descendo a partir do norte e os civis estavam abandonando suas casas na medida em que os japoneses avançavam...

Os soldados estavam famintos e, como não sabiam falar o idioma local, faziam sinais indicando que queriam comida e água... De longe eu os observava com admiração. Era muito tímida para ir até lá ajudá-los. Para mim eles eram homens de outro planeta. Com exceção do meu pai, não sei muito sobre os homens e o seu jeito de ser, então acho que não saberia o que dizer caso um deles tivesse falado comigo...

Mamãe está assustada e preocupada. Quanto a mim — não sei exatamente como me sinto. Tudo parece tão irreal.

Tudo está tão quieto aqui que não dá para acreditar que há uma guerra acontecendo.

19 de janeiro de 1942

"Arrancada das garras da morte", literalmente! Foi exatamente o que aconteceu ontem... Papai estava conosco — ele havia decidido não sair aquela manhã. E lá estávamos nós, papai, mamãe e eu, sentados na sala sem fazer nada — apenas esperando, esperando e esperando... Quando aconteciam os bombardeios aéreos, dos quais havia o bastante todos os dias, descíamos para o segundo piso, sob a escada, em busca de abrigo. Da sala podemos ouvir o sinal emitido pela sentinela no telhado do quartel-general antes mesmo que o alarme oficial comece a soar. A primeira e a segunda ondas de ataques passaram por nós. As bombas explodiam a certa distância. Lá estávamos, agachados sob a escada, os corações batendo rápido e os pensamentos acelerando enlouquecidos — será que vamos sobreviver a mais essa e assim por diante.

O sinal de "tudo limpo" fez-se ouvir na cabine da sentinela. Saímos de nosso abrigo e subimos as escadas de volta à sala. É claro, a sirene oficial de "tudo limpo" ainda não havia soado.

Enquanto subíamos, ouvi o ronco do motor de aviões (já aprendi a distinguir o ruído dos bombardeiros) aproximando-se cada vez mais. Não houve sinal de alerta, mas é possível que ele tenha soado e nós não conseguimos ouvi-lo. Algo me instou a voltar para o abrigo. Gritei para mamãe e papai que voltassem para baixo. Papai disse que ouvira o sinal de "tudo limpo" e não havia soado novo alarme. Fiquei histérica e berrei que voltassem imediatamente. Eles hesitaram, então pensaram melhor conforme os aviões se aproximavam e a artilharia antiaérea começava a disparar.

Chegamos ao abrigo exatamente a tempo de escapar da primeira explosão. Jogamo-nos deitados no chão e logo vieram as bombas, *vuiz-giss-ss-ss, crr-crr-rump, bum,* uma após a outra. Escutei o assovio de cada uma delas conforme caíam do céu e esperava pelo resto — uma explosão — que se seguia. O chão sob nossos pés tremia. Uma labareda laranja, provocada pela bomba que explodiu, irrompeu pela janela como um raio. Gritos humanos de dor e medo conseguiam atravessar o forte estrondo da explosão das bombas. A fumaça, acompanhada de um odor acre, investiu contra nós pelas janelas abertas e quebradas. Havia poeira por toda parte. Mamãe estava com a cabeça metida entre os braços, soluçando. Papai estava com os braços ao redor dela. Naquela fração de segundo, fechei os olhos e pensei "Acabou-se!". O perigo havia passado — não se ouvia mais o barulho de aviões ou da artilharia. O sinal de "tudo limpo" ecoou nas nossas mentes aturdidas, enquanto estávamos ali deitados no chão, abalados e pálidos. O bombardeio acabara e havíamos sobrevivido!

Nos levantamos, um pouco tontos, batendo a poeira do corpo e verificando cada membro para nos certificarmos de não ter quebrado nada. De fato, estávamos todos bem e sãos de corpo. Já emocional e mentalmente, não tenho certeza. Acho que me tornei uma pessoa mais velha, muito mais velha e assustada durante aquele curto período que passei com a cara metida no chão!

Abrimos caminho por entre os destroços de argamassa, lascas de madeira, mobília quebrada e cadáveres — pobres almas, não chegaram ao abrigo a tempo. Poeira, fumaça, odores desagradáveis pareciam preencher a atmosfera enquanto engasgávamos, procurando por uma lufada de ar puro que simplesmente não existia!

Foi demais para mamãe. Ela estava a ponto de entrar em choque quando a carregamos para cima...

A estrada da praia estava fechada para nós, e então decidimos ir pela estrada da ponte norte. Passamos por mortos e moribundos. Muitos estavam gravemente feridos. Ugh! Foi horrível vê-los caídos e cobertos de sangue ainda quente, e em alguns o sangue parecia fluir ininterruptamente, banhando-os numa poça vermelha. Na verdade, o carmesim era a cor que dominava a cena. Onde quer que puséssemos os olhos, tudo o que se via eram cadáveres, gente moribunda — homens, mulheres e crianças, e tantos deles com ferimentos horripilantes. Como poderia descrever tal cena? Jamais li a respeito de coisas como essa, que dirá tê-las visto. Não consigo encontrar as palavras certas para transmitir esta visão lamentável da vida humana se esvaindo; do desperdício de vidas; das crianças pequenas chorando de dor, medo ou tristeza; da agonia que eles sentiram e da qual ainda sofrem. Que tragédia.

Então, isto é a guerra! É isto que a guerra faz! Meu Deus! Que desperdício de vidas! Que devastação! Uma destruidora de jovens e velhos! Quem pode glorificar a guerra? Por que temos de lutar e ferir um ao outro? Tantos pensamentos cruzam minha mente conforme olho ao meu redor. É tudo tão sem sentido. Não sou mais uma criança animada, mas uma jovem assustada e insegura de dezessete anos cuja vida anterior era serena, inocente e alegre. Agora fui despida de minha proteção sensível — sinto-me nua — não tenho onde esconder meu rosto e lágrimas, meu conhecimento do mal que irrompeu no mundo em que nasci. Quero fugir de tudo isto — não quero nem saber que isto está acontecendo, mas para onde eu iria? Oh, Senhor, ajude-me a entender.

Meu estômago revirou-se quando passei por uma velha senhora. Estava morrendo, o sangue escorria-lhe da cabeça e da boca. Uma das pernas estava dobrada sob o corpo; as entranhas estavam expostas à luz do sol e as moscas já se banqueteavam nelas. Faltava-lhe um dos braços. Que imagem para se lembrar! Seus olhos me encaravam. Tentei fechá-los, mas as pálpebras insistiam em retrair-se. Senti um calafrio — o cheiro de pele queimada estava me afetando. Devo ter ficado com aspecto muito enjoado, pois me pressionaram contra os lábios uma xícara de café. Engoli o líquido quente e senti a sensação de queimadura descer-me pela garganta. Ajudou-me a recuperar o controle. Senti-me melhor e agradeci ao jovem chinês de capacete de metal — ele pertencia ao SAM [Serviço de Auxílio Médico]. Eles estavam aqui e ali, por toda parte, ajudando as pessoas, vivas e mortas.

15 de fevereiro de 1942

Esta tarde recebemos a boa notícia de que conseguimos repelir os japoneses. Todos no abrigo festejaram muito. Depois um sargento irlandês disse em voz baixa: “Por favor, não se animem muito — o perigo ainda não passou. É melhor manter a calma e a temperança, aceitando igualmente as boas e as más notícias. É claro que devemos comemorar, mas nada de muito extravagante. Devemos estar preparados para o pior, caso aconteça”.

10H30 RENDIÇÃO! A QUEDA DE CINGAPURA

Oferecemos nossa rendição aos japoneses. Tudo aconteceu às 8h30 da noite.

Passamos o dia no abrigo. Quando anoiteceu, chegaram cerca de meia dúzia de soldados feridos — os ferimentos não eram graves, mas suficientes para tirá-los de combate por algum tempo. Ninguém falava muito enquanto ouvíamos os projéteis singrando sobre nossas cabeças. As horríveis explosões ensurdeciam os ouvidos e tornavam impossível uma conversa normal. O pouco que falávamos era sobre os rapazes, deitados ali conosco. Perguntamos a eles sobre suas vidas anteriores à guerra. Eles pareciam ávidos por contar de seus lares, suas famílias, namoradas, e o que pretendiam fazer quando aquele "inferno" acabasse...

Às quinze para as dez ouvimos um oficial ordenando a seus homens que formassem uma fila. Pouco tempo depois, um deles voltou com a notícia esmagadora: "Desistimos!". O "chefe" entrou, parecendo atordoado. Seu rosto parecia prestes a irromper em lágrimas. Ele continuava repetindo para si mesmo: "Não posso compreender — não é verdade. Acabam de nos dizer que conseguimos repeli-los. Não posso...". As lágrimas escorreram-lhe pela face. Ele sentou-se e, sem pudor, meteu o rosto entre as mãos e chorou como se o coração fosse se partir. Tentamos confortá-lo, mas foi inútil — que palavras poderíamos dizer? Nós também tínhamos vontade de chorar até esvaziar os corações. Não há palavras para descrever como me senti; como cada um de nós se sente! Chocados, incrédulos, horrorizados, irados talvez. E há também o medo quanto ao que irá acontecer. Todos começaram a falar de uma só vez — tentando convencer uns aos outros de que este pesadelo não era real.

O tiroteio cessou. O ar da noite não foi mais partido pelas explosões de bombas e obuses. Na verdade, o silêncio é bastante assustador. Pela primeira vez em semanas, não se ouvia o ronco dos aviões; nem as sirenes; nem canhões. Descobri que o silêncio da artilharia era ainda mais ameaçador e inquietante, no mínimo...

Lentamente subimos as escadas até nosso apartamento com alguns dos rapazes... Um deles vasculhou o piano. "Quem sabe tocar?", perguntou ele. Eu respondi: "O sr. M.". Eles o empurraram para o banco do piano e começaram a cantar "Rule, Britannia". O sr. M. logo pegou a melodia no piano. Todos começaram a cantar. Parecia estranho que estivéssemos ali — rendidos aos japoneses — cantando música após música, até ficarmos todos roucos.

16 de fevereiro de 1942

Esta manhã acordamos nos sentindo bem descansados, após uma noite livre dos bombardeios e projéteis. Pergunto-me se nossos rapazes conseguiram dormir ou se ficaram acordados, pensando! Os japoneses continuam marchando sobre o território, a pé e montados em tanques. Da janela do nosso terraço os vimos gritando, cantando e festejando o próprio triunfo. Qual será nosso destino agora? Senti medo, pois já ouvi a respeito da brutalidade japonesa e sobre as atrocidades que cometeram em Xangai e em outros lugares. As pessoas foram mortas sem motivo além de estarem no lugar errado, na hora errada. E a população feminina — será que estaremos a salvo deles? Quem sabe!

17 de fevereiro de 1942

Vi nossos soldados a caminho do campo de concentração de Changi. Acenei para eles. Eles gritaram para nós: "Mantenham o queixo erguido" — "Não vai demorar", ouvimos outra pessoa dizer. Vi nosso amigo soldado entre eles. Acenamos para ele. Eles pareciam tão corajosos, marchando e cantando. Estava com lágrimas nos olhos — olhei para papai — ele estava de cabeça erguida, mas as lágrimas escorriam-lhe dos olhos.

Fui até ele. Recebi seus braços ao meu redor — apertando-me tanto que mal podia respirar. Nenhuma palavra foi dita.

Agora que os soldados saíram do caminho, os civis serão os próximos a serem arrebanhados — parece que somos cabeças de gado! A polícia militar está por toda parte — deram ordem para que nos curvemos até a altura da barriga sempre que os virmos!

Hoje começou o confinamento da maioria dos europeus — europeus cuja definição inclui "cônjuges de europeus" — "filhos de tal união" — ou os que se declaram "súditos ingleses"!

26 de fevereiro de 1942

Papai e o sr. A. saíram ontem. Voltaram à tarde com a notícia de que haviam obtido passaportes junto ao enviado japonês, que disse a eles para conservarem os passaportes durante o confinamento em Changi. Disse que levássemos o bastante para dez dias e também roupas para esse período.

Deus do céu! Temo por todos nós. Está tudo pronto para a viagem — agora aguardamos!

8 de março de 1942

PRISÃO DE CHANGI

Bem, estamos indo afinal — tudo nas malas. Grande agitação, alvoroço — todos correndo para lá e para cá com pressa de chegar a lugar nenhum! Crianças chorando, mulheres gritando, ordens dadas — ninguém repara muito nelas — ninguém parece saber de fato o que está acontecendo — apenas uma louca confusão tentando se organizar! Deram-nos três latas de sardinhas e dois pedaços de pão. Vamos andando para a prisão de Changi — apenas aos muito doentes, muito velhos e muito jovens permite-se ir de caminhão...

Saímos do acampamento de Katong no verdadeiro "espírito britânico" — cantando pela estrada quente e poeirenta — qualquer que fosse o sentimento de cada um, este foi disfarçado pela nossa animação, e, apesar do que nos esperava ao final da nossa peregrinação, mantivemos a cabeça erguida e o espírito elevado. Ah! É preciso muito para intimidar o "espírito britânico"!

Até que enfim chegamos — cansados, mortos de calor e cobertos pela poeira da estrada, famintos e com muita, muita sede, arrastamos os pés lentamente passando pelos portões de ferro — fiquei feliz em ver o final da estrada. Vi papai e alguns dos homens no pátio da prisão.

Os portões de ferro bateram com um estrondo metálico depois que os atravessamos em marcha. Do lado de dentro, há colunas e mais colunas e escadas de ferro até as celas — imagine uma cela de 3 x 4 metros com uma laje de concreto no centro — é a nossa cama, e quem será o sortudo que irá dormir nela? Tiramos a sorte para ver quem dormiria na laje. Mamãe teve a honra de ser a mais sortuda — eu fiquei com um lado da laje e a sra. Kitts ficou com o outro espaço. Fazendo as vezes de banheiro, há um lavatório chinês, ou "agachador", num dos cantos. As paredes são altas e sobre a laje há uma pequena janela com grades — deve ser mais de dez metros acima da laje. Imagine uma pessoa claustrofóbica numa situação dessas, ficaria delirante!

10 de março de 1942

Primeira assembleia-geral feita na carpintaria. Não sabia da existência de tantas mulheres interessadas em administrar e organizar nosso campo...

Tarefas para todas e mudanças de turno a cada quinze dias. Aos homens é permitido fazer visitas (sob guarda), principalmente para que ajudem com o trabalho mais pesado. Homens e mulheres ficam separados por um pátio. O cardápio é horrível! Arroz e água — chama-se "bubu" — não tem gosto de nada e parece água suja de lavar pratos. Com sorte, mingau duas vezes por semana. Pão ou bolo a cada dois dias, quem sabe. As rações consistem em cinco sardinhas, um quarto de lata de carne bovina e meia dúzia de latas de sopa para alimentar cerca de cem pessoas — bela dieta!!! Qualquer porção adicional de açúcar ou sal — devo economizar cuidadosamente para as emergências!

19 de março de 1942

Aniversário da sra. Foss — fizemos uma pequena festa para ela no nosso piso. Agora cada andar tem sua própria médica — a nossa é a dra. Jeannette Robinson. A OMF [oficial médica feminina] é a dra. Helen Worth.

Há agora mais de trezentas mulheres e crianças no nosso campo. Os homens têm cozinhado nossas refeições já faz uma semana, mas finalmente a cozinha foi construída e podemos abastecer o campo com nossa própria comida. Ajudo com o chá matinal e também na primeira limpeza de esgoto do bloco A. Os homens ainda podem vir ajudar-nos com os trabalhos mais pesados, mas não é permitido conversar com eles — a sentinela japonesa sempre os acompanha.

Uma das coisas que precisamos aprender é curvar-nos diante dos japoneses sempre que os vemos. O céu nos proteja se esquecermos — uma pancada na cabeça, uma baioneta ameaçadora avançando em sua direção ou mesmo um chute no traseiro que poderia mandar uma pessoa de cara pro chão — então melhor não se esquecer de se curvar, e bem baixo!!! E nada de cochichos, por favor, e reuniões em grupo também estão pro-i-bi-das!

14 de abril de 1942

Vi papai ontem. Sendo domingo de Páscoa — apenas as crianças de dezessete anos ou menos foram autorizadas — durante uma hora. Não houve missa, mas acho que os japoneses logo a permitirão. Começo a conhecer certo número de pessoas — que grande oportunidade para estudá-las — tantas personalidades diferentes — como num livro de histórias, e há cada lição que se pode aprender com elas!

20 de abril de 1942

É o aniversário do imperador! Uau! Foi-nos ordenado que encarássemos o Sol às dez horas e mantivéssemos "dois minutos" de silêncio! Quando acabou, ouvia-se o ruído de correntes sendo arrastadas!!! Como mimo, recebemos uma lata de abacaxi para cada três mulheres e uma caixa de sabão Rinso para dividir entre cada quatro mulheres. Que festa!!!

20 de maio de 1942

A vida ainda segue a mesma velha rotina. Os homens assumiram a tarefa da cozinha — o lugar parece mais animado... A alimentação continua terrível, e ainda estou sofrendo dos efeitos de minha primeira doença em janeiro. Fui levada ao hospital três semanas atrás — como detesto hospitais. Mas a dra. Worth foi muito simpática, bem como as freiras, mas ainda assim eu estava ansiosa para sair de lá. Papai veio me visitar umas três vezes enquanto estive internada. Houve um concerto da Cruz Vermelha dia 2 de maio. Foi um grande sucesso. Recitei um poema e apresentei um número de dança. A sra. Angela Kronin organizou tudo — quanto estilo — e que talentos — sem dúvida digno de Hollywood!

24 de outubro de 1942

Estou em minha cela escutando a música que vem do lado onde ficam os homens. Estão tocando canções mais leves. A sra. Eisinger também planejou este concerto. Oh! Ouça só esta música — sou levada desta existência e transportada para outro mundo — um maravilhoso trabalho de música, enquanto vagueio sonhadoramente por entre seus sons. Por um breve instante, todas as preocupações são esquecidas. O concerto acaba e sou trazida de volta à Terra novamente. Apesar de curto, o momento me revigorou. Música, música! A própria palavra agita minhas emoções e me ajuda a esquecer por um instante o cansaço e a tristeza...

4 de fevereiro de 1943

Logo que chegamos ao confinamento, pensamos que as coisas teriam de piorar antes que pudessem melhorar novamente. Será que aceitamos esse fato? — Eu diria que sim, já que estamos sabendo aproveitar as coisas ao máximo — especialmente no que se refere às crianças — temos a sala de estudos, onde podemos aprender e estudar (ajuda a passar parte do tempo!). Há o jardim das rosas, onde brincamos e passamos o tempo nos entretendo na carpintaria. Os meninos mais velhos dão uma ajuda também. As meninas mais velhas (o que me inclui) cuidam dos pequeninos. De alguma maneira temos sido capazes de manter um elevado padrão de higiene, conduta, educação e, até certo ponto, alegria.

Com a comida tão ruim, pouquíssimo espaço para se movimentar, a natureza e a beleza deixam muita saudade e, o pior de tudo, não há vida doméstica — aquela vida familiar que é um direito de nascença de todos. Com exceção disso, temos sido capazes de sobreviver e nos tornamos um grupo unido como poucos.

Olhando ao meu redor, vejo que tudo isso só é possível através do sacrifício, trabalho duro e cooperação entre cada uma das mulheres que aqui estão. Há mães que se preocupam conosco. As doutoras e enfermeiras cuidam de nossa saúde. As professoras cuidam do nosso desenvolvimento mental e o comitê de entretenimento nos provê o humor necessário para suportar nossa depressão. Também é necessário louvar as equipes de limpeza, que trabalham incessantemente, varrendo e limpando os esgotos, mantendo o campo limpo — sem esquecer o esquadrão da cozinha, que consegue nos alimentar tão bem quanto possível com os ingredientes que recebem — nós, as crianças, somos responsabilidade deles, uma responsabilidade que eles levam muito a sério. Como são maravilhosos, e espero jamais esquecê-los quando sairmos deste lugar — fim do devaneio!

3 de maio de 1943

Às vezes olho para o céu — um céu limpo — e para a Via Láctea — como gostaria de estar lá em cima olhando para baixo e vendo mulheres e crianças dormindo de todas as maneiras possíveis e fico imaginando o que será feito de nós — por quanto tempo suportaremos ficar aqui uns com os outros. As fissuras começam a aparecer entre nossa comunidade. A fome, disenteria, beribéri e malária — todas essas coisas estão cobrando um alto custo sobre a nossa integridade, especialmente quando vemos nossos entes queridos lentamente esmorecendo...

Isto é a guerra, e a guerra parece mudar as pessoas, e ficar aqui tão próxima a outros seres humanos pode facilmente destruir nossas boas intenções.

Olho ao meu redor e aceito tudo o que acontece — vejo as pessoas aqui e as amigas que fiz — amigas como Jeannie Summers, Mary Winters, Joyce Edwards e Nellie Symons — todas da minha idade — estamos nesta juntas e dependemos umas das outras para aumentar nosso moral, e, apesar de estranho, devo dizer que parecemos abençoadas pelo senso de humor!

1º de agosto de 1943

Recebi a notícia de que papai teve de ir ao hospital. A dra. Worth disse que não preciso me preocupar muito, mas eu sei que há mais do que isso. Já faz semanas que ele não está bem, mas recusa-se a visitar os médicos. Reparei que suas pernas incharam e ele apresentava dificuldade em respirar. Espero que o doutor o mantenha no hospital por algum tempo.

21 de agosto de 1943

Ouvi dizer que a dra. E. S. Lawrie morreu esta manhã perto das seis horas — aparentemente foi suicídio. À tarde, muitos foram até a cabana da Cruz Vermelha, cheia de enfermeiras e médicas que compareceram ao funeral. Imagino quantas mais acabarão da mesma forma. Às vezes não é fácil manter o ânimo — principalmente quando o "inseto" pica e a gente sente como se as entranhas estivessem saindo aos poucos e aos pedaços.

Meu Deus, acabe logo com esta guerra e tire-nos daqui antes que morramos lentamente de fome.

26 de agosto de 1943

Outro período passado no hospital — sinto-me péssima — sem apetite! Meti-me em encrenca por não comer o "bubu" — que coisa detestável! A médica me avisou que, se não comer aquilo, acabarei pegando beribéri! Acho que nunca mais quero ver esse "arroz aguado" depois que sair deste buraco infernal. Continuo perdendo peso — não seria capaz de vencer um concurso de beleza — olho para mim mesma e o que vejo — a barriga saltada — braços e pernas — bem, acho que uma aranha tem pernas mais grossas que as minhas. Pele amarelada por causa do "atabrine" — eca! É tudo verdade, não ria.

1º de janeiro de 1944

Festa e café até as 12h30. Recebemos o Ano-Novo cantando e dançando e algumas lágrimas correram livres sobre os rostos de todos nós. Pergunto-me o que o ano de 1944 nos reserva — a liberdade?

Meu Deus, livrai-nos de tudo isto o quanto antes. Depois de muitos abraços e pedidos de Ano-Novo, fomos cada qual para o seu canto. Eu estava muito ligada para conseguir dormir — apenas fiquei sentada nos degraus olhando para as estrelas, imersa nos meus próprios pensamentos.

14 de janeiro de 1944

Aniversário da Joyce, ela faz 21 anos! Imagino se o meu 21º aniversário também será aqui! Mas ainda faltam dois anos — decerto até lá já teremos saído deste campo, ou será que não? Fizemos uma festa silenciosa para Joyce. Depois me sentei com Pauline, Xenia e Kyra e começamos a falar de aranhas, fadas e de nossas experiências de guerra. Xenia falou de dois homens que estavam sob um caminhão quando este pegou fogo — estavam cobertos de óleo e imploraram aos colegas que os matassem antes que os japoneses pudessem chegar até eles. Depois, ela viu alguns dos prisioneiros com as mãos perfuradas e pregadas uma na outra — que coisa horrível!

Então contei a elas sobre o que vira no dia seguinte à nossa rendição — uma chinesa moribunda caída na estrada com a barriga rasgada e aberta e o seu bebê não muito longe com a cabeça quase arrancada do corpo — os dois ainda vivos!

Acho que foi o bombardeio que causou aquilo. Depois vi uma sentinela japonesa meter a espada na barriga de um nenê para matá-lo, e ainda trazia um sorriso nos lábios! Foi horrível! Não pude conter os calafrios ao recordar o olhar no rosto daquele homem — como se estivesse se divertindo com o que fazia àquele bebê. Uma visão horrível para se ter diante dos olhos — será que um dia poderei esquecê-la — será possível? Serei capaz?

Ficamos sentadas em silêncio por algum tempo.

26 de janeiro de 1944

Hoje estou me sentindo mal — comida ruim e dores pelo corpo. Tive de visitar a médica para receber permissão de faltar ao trabalho amanhã e em vez disso fui levada ao hospital — malária novamente!

8 de abril de 1944

Aniversário do papai — faz 55 anos hoje — dei-lhe os lenços que fiz. Disse a ele que decidi ser enfermeira quando sairmos deste lugar.

Os homens tiveram um concerto no pátio deles — muito agradável de se ouvir. Mais rumores quanto ao repatriamento.

7 de maio de 1944

CAMPO SIME ROAD

Novo campo de concentração! Saímos da prisão de Changi esta tarde às duas e meia — fomos dentro de sete caminhões — os homens ajudaram com a bagagem — deram-nos chá quente para beber. Uma viagem agradável e fresca, mas curta demais. Ar puro — verde por toda parte — tudo parece tão normal! São necessários voluntários para a cabana de lata — cabana 16 — separada da mamãe — com a tia Maude. Os homens estavam prontos para nos ajudar quando chegamos. Troquei de lugar algumas vezes — primeiro fui até a cabana de lata, depois fui mandada à "cabana do holandês voador"...

Fui expulsa desta última e voltei à cabana 16. Depois fui mandada à cabana 14, e de volta à do holandês voador, e novamente até a cabana 12 — parece um jogo de damas, para lá e para cá no tabuleiro!

Finalmente instalei-me na cabana 5, mas apenas por uma noite! Ao anoitecer, avisaram-me para ficar de prontidão e me mudar para a cabana 16 pela manhã.

13 de maio de 1944

Afinal mudei-me (oficialmente) para a cabana 1 — é menor do que as outras, mas tem uma varanda, onde consegui meu espaço. Espero que não faça tempo úmido nem muito vento — é capaz de eu me molhar um pouco, mas ao menos não serei importunada por tantas pessoas e poderei escrever sem ter de responder a tantas perguntas. Acho que esta noite dormirei muito bem.

15 de julho de 1944

Comecei a trabalhar no jardim hoje — enquanto estava cavando para plantar batata-doce, encontrei uma minhoca — minhoca das gordas — peguei aquela coisa retorcida e um pensamento me passou pela cabeça — que gosto será que tem? Não me apeteceu engolir a criatura enrolada — joguei-a fora — depois encontrei um pedaço de terra cheia de muitas outras minhocas rosas — tive uma ideia — reuni algumas dentro de uma lata e depois levei-as para a cabana — decidi cozinhá-las e ver o que acontecia — bem! Tudo o que restou após o cozimento foram tiras de pele ressecadas — não eram muito apetitosas — mas a fome me dominou — comi um pedacinho — não era tão mau — uma pitada de sal e o gosto fica igual ao de bacon — bem, imagino que este seja o gosto do bacon — crocante e salgado! Acha que contei isso para alguém? — Sem chance! Pensariam que fiquei louca — realmente, comendo minhocas — o que virá a seguir?

20 de julho de 1944

Fiz uma coisa horrível hoje — estou completamente enojada de mim mesma — comi um filhote de rato! Encontrei um ninho de filhotes de rato no lalang — tão pequenos e rosados e indefesos —, estava faminta depois de trabalhar no jardim e a comida estava ficando escassa. Sem pensar, tomei um deles nas mãos e meti-o na boca, e, antes de me dar conta do que tinha feito, engoli-o. Imediatamente enfiei o dedo na goela para tentar vomitá-lo, mas era tarde demais, e depois disso fiquei verde de enjoo. Fiquei com medo de ser uma pessoa tão pequena e dominada e senti-me muito mal por causa do incidente — como fui capaz de fazer uma coisa dessas e nem mesmo contar a alguém a respeito. Não quero nem pensar nisso, e até as minhocas perderam o encanto — sinto-me enojada!!!

5 de setembro de 1944

Um dia terrível — seis meninas e a mãe Begg ajoelhadas diante da cabana do holandês voador — aparentemente uma delas levou um tapa e elas foram pegas roubando.

Begg foi dispensada na hora do almoço, mas as meninas tiveram de ficar sem almoço até as três horas. Subitamente chegou o "Meias Azuis" — disse à sra. Chowns que chamasse o pai de uma das meninas. Surrou o pobre homem e partiu-lhe a bengala. Então o mandou ajoelhar-se e chicoteou-o dúzias de vezes até o homem cair no chão — ainda assim o "Meias Azuis" continuava batendo nele — a filha estava histérica e gritava toda vez que a vareta vergastava o homem — a sra. Chowns implorava que o deixassem em paz, e finalmente atenderam ao pedido dela e o deixaram ir. Recebeu ajuda para voltar até o campo — o corpo coberto de vergões. As testemunhas, eu inclusive, todas em prantos — nos sentimos tão impotentes — bater num homem indefeso e ainda por cima caído no chão — que coisa brutal, desumana — como pode um ser humano fazer isso a outro? Meu Deus, em que nos meteu? Como pode permitir esses acontecimentos — e por quanto tempo mais?

Esse incidente deixou-nos todas desconfiadas, e devo ter muita, muita cautela para não ser pega escrevendo aqui. Na verdade não sei por quanto tempo ainda poderei continuar escrevendo — está sendo difícil conseguir outro caderno de exercícios e estou tendo de escrever com a menor letra que consigo fazer — acabou-se a tinta, então parece que terei de voltar a escrever com lápis.

15 de abril de 1945

Saí do hospital ontem. Tinha dado entrada no último dia 6, sexta-feira. Pensei que se tratasse de malária, mas era disenteria — perdi mais peso e estou me sentindo fraca das pernas. Papai também esteve no hospital, mas já saiu há dois dias e agora está na unidade de convalescentes... Vi papai — ele tinha um corte na testa, um olho roxo e a mão esfolada — perguntei a ele o que acontecera — ele não conseguia lembrar.

Esta noite Anna perguntou o que havia acontecido com papai — disse a ela que ele desmaiara e se ferira na queda. Ela fez uma cara esquisita — "Pergunto-me se deveria contar-lhe..." Percebi algo em sua voz e soube imediatamente que havia alguma coisa errada. "Contar-me o quê, Anna?", perguntei. Ela relutou em continuar... "Acho melhor contar-me, não importa quão ruim seja", disse eu gentilmente...

"Ele levou uma surra feia", sussurrou Anna, temerosa das paredes ao nosso redor, cujos ouvidos estão sempre alertas.

"Uma surra? Mas por qual motivo, e de quem?", perguntei.

"Foi um dos homens — aparentemente seu pai pegou uma faca que pertencia a outra pessoa — o dono viu e bateu bastante nele, que teve de ser levado ao hospital." Fiquei chocada e perplexa ao pensar que meu pai tinha consigo uma faca — que ideias poderiam ter lhe passado pela cabeça? Já é a segunda vez que papai se mete nesse tipo de vexame — ele não tem responsabilidade por seus atos? Percebi ultimamente que ele passa muito tempo resmungando sobre o passado — fala coisas sem muito sentido, na verdade. Deste jeito ele parece uma criança, e fico preocupada com a sua saúde mental...

Querido papai, pensar que a guerra fez isso ao senhor. Por favor, Deus, cuide dele — ele não merece isso — ajude-o, por favor.

9 de junho de 1945

Tinha acabado de tomar banho quando Maureen chegou dizendo — "Apronte-se logo e vá até o campo masculino. Seu pai sofreu um derrame". Não precisava explicar. Corri até a cabana de mamãe — ela estava chorando. O dr. Winchester e "Goran-pa" [uma sentinela] estavam esperando para nos levar até lá. Chegamos à enfermaria — havia biombos ao redor da cama, de trás dos quais vi o padre Cosgrove sair. Ele se adiantou e falou com mamãe — não consegui ouvir o que ele dizia, mas quando mamãe emitiu um grito e veio soluçando na minha direção, eu soube — papai se fora — tarde demais para uma despedida...

Tentei me lembrar de papai como ele era, mas as lágrimas insistiam em turvar-me a vista. Como eu queria ter estado lá antes de ele morrer e mesmo depois. Queria ter podido tocar–lhe o rosto e abraçá-lo junto ao meu corpo e dizer-lhe que o amava e me despedir dele. Oh, papai — perdão por termos chegado tarde demais para vê-lo. Estará em paz olhando sobre nós, pobres mortais? Vou sentir tanto a sua falta, tanto, tanto — e há muita coisa que eu queria ter dito, mas o que eu mais queria dizer é "Eu te amo, papai. Adeus — descanse em paz, papai".

Ele se foi — nunca mais poderei ver o seu rosto, nem ouvir a sua risada juvenil, os seus tantos truques de expressão — suas piadas, seus braços amorosos ao meu redor. É tão difícil entender que não irei mais encontrá-lo no pomar — levar-lhe comida adicional — ele tinha sempre muito apetite e apreciava a comida, fosse qual fosse. Mas agora — ele não mais terá fome, nem sofrerá com as doenças. Santo Deus, seja feita a Vossa vontade.

Então, queridíssimo pai, mamãe e eu dizemos: "Durma agora e descanse em paz para sempre".

O funeral está marcado para amanhã às 11 horas.

10 de junho de 1945

Hoje acordei com os olhos pesados — todos foram muito gentis. Fui à missa e comunguei e rezei por papai. Quando a missa acabou, senti um toque em meu ombro e uma voz sussurrou em minha orelha — "Meus profundos sentimentos, Sheila. Venha me procurar caso tenha vontade e se achar que uma conversa pode ajudá-la"... Todos que cuidam de jardins mandaram flores...

O caixão foi levado ao cemitério — não sei onde fica. Estou confusa e triste demais para perguntar — na verdade, nem mesmo consigo me lembrar direito do que aconteceu depois — tudo o que sei é que não pude me despedir de papai como gostaria — "Oh, Deus, como pôde nos fazer uma coisa dessas — o que farei sem a ajuda dele? Por favor, ajude-me a entender e a dizer humildemente seja feita a Vossa vontade e a agradecer pelos preciosos anos que passamos juntos. Talvez o Senhor escreva certo por linhas tortas."

A sra. Cummings e a sra. Harrison cuidaram de mamãe. Fui até a cabana de Jean e Mary para ter um pouco de conforto e quietude. Finalmente as lágrimas rolaram! Então fui ver mamãe, que estava deitada. Seu rosto manchado de lágrimas ajudou-me a recuperar o brio — ela precisava ser confortada e então eu a apertei junto ao meu corpo e, juntas, nos entregamos às lágrimas — compartilhar o pesar ajudou a suportar nossa dor.

Mais tarde houve distribuição de pacotes — como fiquei triste ao abri-los, quase engasguei ao ver a comida, pensando no quanto papai gostava daquelas coisas, sempre falando dos pacotes e tão agradecido por quaisquer porções adicionais que recebíamos. Não importa, pois ele não precisará mais disso — nunca mais!

16 de agosto de 1945

Últimas notícias — grande animação. Os prisioneiros de guerra disseram à cabana 1 — "A guerra acabou dia 15". Está tudo acabado. Nossas forças militares assumem o controle dia 20... Senti-me mal — malária e disenteria, além de uma garganta inflamada.

19 de agosto de 1945

Confirmado finalmente — tudo acabado! Graças a Deus! Não posso mais escrever. Chove. Reunião.

31 de agosto de 1945

Grande animação — chegou um batalhão de FNC [Fuzileiros Navais da Coroa] uniformizados.

M. disse que havia "um visitante do Ceilão" — muito jovem e tímido e bastante assediado por nós — junto com muitos outros do mesmo lugar — paraquedistas vieram informar a respeito de uma pista de pouso adequada — ficaram horrorizados com o estado do hospital masculino e da prisão de Changi — havia 12 mil pessoas lá, 9 mil do lado de dentro... Instalaram um rádio no campo — ontem à noite ouvi o noticiário. Que emoção ouvir novamente o Big Ben dando suas badaladas e as palavras tão familiares — "Esta é a rádio de Londres chamando" — que alegria — não entendi muito das notícias — ouvi apenas o final da transmissão — disseram alguma coisa sobre os líderes serem julgados em tribunal militar sob acusações de crimes de guerra — dos Estados Unidos ficamos sabendo dos prisioneiros de guerra no Japão — foi pior do que o inferno! Famintos e tratados brutalmente. Comida e mais comida — hoje a distribuição de pacotes na Cruz Vermelha australiana incluía algodão, agulhas de costura, talco, creme hidratante, batom, papel higiênico e toalhas sanitárias, blocos de papel para escrever, óculos escuros etc. Passei talco e maquiagem. Hoje tomei bebidas geladas — deliciosas — chegaram os cigarros — mais pacotes individuais vindos de fora. À tarde veio um homem que anotou os destinos para onde gostaríamos de ir. M. disse Austrália para mim e informou minha nacionalidade como australiana. Três outras moças se inscreveram na enfermagem...

Agora imagino se o melhor é ir para a Austrália praticar ou permanecer aqui... Mamãe reconciliou-se com a ideia de me ver partir... Sinto-me um pouco triste em meio a tanto riso porque penso em M. — breve, muito em breve, iremos nos separar, e talvez nunca mais nos reencontremos.

12 de setembro de 1945

Esta manhã, a maior parte das pessoas no campo apareceu para acompanhar o desfile da vitória — foi a rendição formal dos oficiais japoneses a lorde Mountbatten nas escadas da prefeitura. O Padang estava repleto de gente (parecia que toda a população de Cingapura estava lá). Aviões, hidroaviões, aeronaves de transporte, caças e bombardeiros (havia exemplares de praticamente todo veículo voador) sobrevoavam numa altura baixa e davam rasantes aqui e ali. O exército e a marinha estavam reunidos no Padang junto com a banda — os fuzileiros navais pareciam magníficos em seu uniforme branco. Que bela visão — gritamos vivas e batemos palmas e nos abraçamos uns aos outros e choramos e rimos e então choramos novamente! Foi um clima irreal!

A bandeira (nossa amada bandeira) foi hasteada enquanto a banda tocava gloriosa e emocionada o nosso "Deus salve o rei", seguido de hinos franceses, holandeses, chineses e americanos. Ouvi discursos — tirei fotos. Festejamos e dançamos e festejamos até ficarmos todos roucos. Houve dança nas ruas — estávamos loucos, embriagados de uma gloriosa felicidade — o tempo parou de vez enquanto deixamos a emoção fluir — por um instante pudemos nos esquecer dos últimos três anos e meio e nos entregamos a um frenesi de dança e cantoria — estamos LIVRES, LIVRES, LIVRES! FINALMENTE!

Afinal o cansaço dominou-nos — físico e emocional. Nem sei como voltamos ao campo — acho que ganhamos uma carona — estava cansada demais para pensar! Desabei na cama e não quis saber de mais nada! Esta noite havia uma exposição de fotografias no pomar, mas nós (a Turma) decidimos ir ao clube holandês na cidade — havíamos sido convidadas pelos rapazes da Força Aérea inglesa. Infelizmente, perdi a festa porque acordei em cima da hora que as garotas haviam combinado de encontrar os rapazes e não fiquei pronta a tempo de sair com todos no carro de aluguel. Então, em vez disso, fui à exposição de fotografias — divertida, mas um pouco longa demais — quem sabe ainda esteja sofrendo do excesso de entusiasmo desta manhã! Estava de pé quando um moço ofereceu-me uma cadeira — conversamos — seu nome é Arthur, e ele cuidou do papai. Depois da exposição caminhamos de volta às cabanas — fazia uma noite agradável enquanto passeávamos. Falamos de muitas coisas. Ele também é escocês — parece que tenho um faro especial para eles...

24 de novembro de 1945

AUSTRÁLIA

Tenho um quarto bem ajeitado para mim, onde aproveito para escrever. Aqui estou eu — pesando 44 quilos! Mas tia Grace está me alimentando tanto que me sinto muito mais pesada, e pensar que antes da guerra estava pesando quase 70 quilos — que porca gorda eu devia ser!

Devo pesar ao menos 56 quilos antes de poder começar a enfermagem — com sorte, no próximo ano, no hospital Memorial da Rainha Vitória.

Querido diário, atravessamos uma longa jornada juntos, eu e você, e agora chegamos a uma encruzilhada. Precisamos nos despedir aqui — infelizmente tenho de dizer adeus, querido amigo. Sua jornada terminou e pertence ao passado. A minha é o futuro — uma estrada que preciso percorrer e começar uma nova vida na Austrália.

Mas você não será esquecido, querido diário. Suas páginas são as memórias mais preciosas dos últimos três anos e meio de minha vida, e para sempre vou me lembrar das experiências que compartilhei com minha família e minhas colegas de confinamento. Com o tempo, a tristeza e a amargura serão substituídas pela compaixão, compreensão e pelo amor ao próximo.

"As memórias duram mais do que os sonhos/ São muito mais fortes do que os sonhos."

É o que diz o verso de uma música. Você e eu tivemos nossas memórias. Adeus, meu querido, tão querido diário, recordarei através de suas páginas.

Posfácio

Era o desejo do falecido pai de Sheila que ela fosse para a Austrália. Ela chegou em 1945 e tornou-se uma enfermeira altamente especializada. Casou-se em 1958 e tem um filho, que serve na RAAF, e uma filha. Em 2002, ela participou de uma viagem a Londres que buscava algumas respostas para questões remanescentes da prisão de Changi e do campo Sime Road. Finalmente, em 2004, ela fez uma viagem afetiva a Cingapura para se despedir da prisão de Changi, que foi filmada no documentário Sayonara Changi.

Sheila fala muito do tempo que passou no campo e sobre as colchas que as mulheres costuravam em Changi, supostamente feitas para os feridos nos hospitais da prisão, mas que de fato serviam para aliviar o tédio do confinamento, para aumentar o moral e para transmitir informações aos outros campos. A cada mulher se pedia que colocasse "algo de si" dentro do quadrado bordado, além da própria assinatura. O trabalho de Sheila está representado na colcha australiana.

Sheila diz que aproveita "cada momento da vida, agradecida por ter sobrevivido".

Stanley Hayami

Estados Unidos
1942-4 (17-19 anos de idade)

Pelo resto da minha vida lembrarei o dia em que fui detido...

Uma das significativas ações de defesa nacional dos Estados Unidos durante a Segunda Guerra Mundial foi a evacuação maciça de pessoas com ascendência japonesa residentes na Califórnia, nas áreas ao oeste do Oregon e de Washington, e ao sul do Arizona. Descendentes de japoneses também foram removidos do Alasca, e fizeram-se planos para transferir os japoneses do Havaí de volta ao continente. Essa política de migração foi uma reação ao agressivo bombardeio de Pearl Harbor pelas forças japonesas em 7 de dezembro de 1941. Foi também uma precaução tomada pelo governo, que temia ver a população japonesa residente nos Estados Unidos tornar-se uma ameaça à segurança nacional quando o exército americano planejasse o contra-ataque. Numa declaração oficial do Departamento de Justiça, os imigrantes japoneses eram definidos como "elementos perigosos". Em alguns casos, as pessoas tinham o prazo de 48 horas para abandonar seus lares. Em 1943, todos os detentos maiores de dezessete anos foram obrigados a assinar um pacto de lealdade que consistia no seguinte:

1. Está disposto a servir nas forças armadas dos Estados Unidos em combate onde quer que seja ordenado?
2. Jura total lealdade aos Estados Unidos da América e promete defender este país de todo e qualquer ataque perpetrado por forças estrangeiras ou domésticas e renuncia a qualquer forma anterior de juramento de leal-

dade ou obediência ao imperador japonês, a qualquer outro governo estrangeiro, potência ou organização?

Nascido em 1925, Stanley Hayami, um adolescente americano da Califórnia, descendente de japoneses, foi levado de sua casa para o campo de detenção de Heart Mountain. O campo foi aberto em 12 de agosto de 1942 e fechado em 10 de novembro de 1945. Durante o auge do movimento, a população do campo era superior a 10 mil pessoas — estima-se que cerca de 120 mil nipo-americanos tenham sido detidos durante a Segunda Guerra Mundial em todo o território dos Estados Unidos. A maioria dos prisioneiros de Heart Mountain vinha da área de Los Angeles e da região central de Washington. Em julho de 1944, 63 prisioneiros que haviam resistido à convocação foram julgados e sentenciados a três anos de cadeia. O campo consistia em 468 edifícios, divididos em vinte blocos. Cada bloco tinha dois prédios de lavanderia/banheiro. Cada edifício tinha seis cômodos, que eram pequenos e modestamente mobiliados. A polícia militar mantinha nove postos de guarda, equipados com holofotes; o campo era cercado por arame farpado. Não era incomum ouvir dizer que alguém tivesse morrido nos campos, especialmente nos que ficavam nas regiões do deserto, devido à falta de cuidados médicos adequados. Muitos sobreviventes dos centros de detenção reconheceram que tiveram a vida destruída tão completamente que foi impossível recuperar-se após a libertação.

Apesar dos devastadores ataques nucleares feitos pelas forças americanas sobre Hiroshima e Nagasaki em 1945, a insurgência japonesa foi relativamente mínima. Não obstante, a paranoia era tal que os japoneses receberam a alcunha de "perigo amarelo". Somente após quase cinquenta anos o Congresso americano aprovou o Ato das Liberdades Civis, de 1988, que reconheceu a ocorrência de "uma grave injustiça". Cada vítima da detenção recebeu indenização de 20 mil dólares.

8 de dezembro de 1942

Neste mesmo dia, um ano atrás, fui à escola animado, assustado (embora não houvesse motivo para estar assim), e um pouco envergonhado. Quando cheguei à sala, vi que todos falavam a respeito de mim, e senti que estava me destacando, como se todos estivessem me olhando. O resto das crianças me cumprimentou como de costume e todos tentaram evitar o assunto da guerra. Entretanto, eu não tive vontade de falar sobre coisa alguma naquele dia. Durante toda a aula de inglês a professora manteve o rádio ligado no noticiário. Uma notícia vinha de Manila e foi interrompida pelo som de aviões japoneses sobrevoando. Quando cheguei em casa, não fiz muita coisa além de ouvir as notícias.

Hoje fiz exame médico. *Oh não, acho que esse aqui está morto...* [Stanley está se referindo ao desenho que fez de si mesmo com o médico.]

14 de dezembro de 1942

Na segunda-feira passada os kibeis e os isseis promoveram um distúrbio em Manzanar. Estavam comemorando o ataque a Pearl Harbor, e alguns zelosos soldados americanos tentaram impedi-los e acabaram matando um e ferindo muitos outros. Entre os feridos que tiveram de ser levados embora para sua própria segurança estava Tod Ujero. Tod morava adiante de nós na estrada em San Gabriel e era nosso concorrente. A polícia interna não pôde fazer nada, e então a polícia militar foi chamada ao campo. Os manifestantes atacaram os policiais com pedras, e a polícia revidou com bombas de gás lacrimogêneo. Como isso não funcionou, eles atiraram contra os manifestantes e feriram alguns deles. Agora Manzanar está sob lei marcial. Durante a manifestação, na qual havia uma massa de cerca de 4 mil pessoas, um grupo tentou derrubar a bandeira americana, mas foi impedido pelos escoteiros que montavam guarda na fonte e os repeliram com pedras.

Espero que coisas assim não aconteçam por aqui. Agora os políticos e as figuras públicas estão novamente tentando retirar a cidadania americana dos nipo-americanos e tornar as coisas mais austeras no campo. Que diabos, esses sujeitos deveriam se lembrar que mais da metade de nós é composta por americanos leais e que o resto são kibeis ou isseis. Não entendo por que nós, pessoas inocentes e boas, temos de pagar pelas coisas feitas pelos japoneses. Acontecimentos como os de Manzanar fazem com que sejamos todos vistos como sabotadores malignos, quando na verdade é apenas uma pequena minoria que está causando problemas. Maldição, seja como for, nós, os nipo-americanos leais, não temos a menor chance. Quando estamos do lado de fora, as pessoas nos olham com suspeita e acham que somos espiões. Agora que estamos no campo, os japoneses dizem que somos maus porque ainda amamos a América. E agora as pessoas lá fora querem tomar nossa cidadania como se fôssemos nós os malvados, e não apenas os kibeis e isseis. Se tirarem a cidadania de nós, seremos pessoas sem pátria, pois, que coisa horrível! Quem diabos poderia desejar a cidadania japonesa? Não iria até lá por nada no mundo! Acho que, se retirarem nossa cidadania, terei de simplesmente desaparecer para alguma ilha e fundar meu próprio país.

PS: Esta noite tivemos um blecaute de vinte minutos.

1º de janeiro de 1943

Bem, hoje é o primeiro dia de 1943. Pergunto-me o que este ano me trará.

Pergunto-me o que trará a todos nós.

Pergunto-me onde estarei no ano que vem.

Pergunto-me quando a guerra vai acabar.

No ano passado, neste mesmo dia, eu disse que tinha esperança de que a guerra acabasse dentro de um ano. Bem, ela não acabou, mas este ano digo novamente: "Espero que a guerra acabe neste ano, mas que seja definitivamente".

Outra coisa que espero é ser um homem livre até o ano de 44.

Eis aqui algumas decisões de Ano-Novo que espero ser capaz de cumprir:

1. Devo ser mais tolerante, não apenas com meus familiares, mas com todas as pessoas.
2. Devo ser mais compreensivo com os outros e mais grato. Isso vai junto com o primeiro item. Grandes homens são grandes porque têm um bom entendimento das pessoas. São grandes porque sua visão não é estreita. Uma das coisas que as pessoas mais desejam é o reconhecimento e a gratidão — portanto quero demonstrar ao máximo minha gratidão aos outros, reconhecendo os seus esforços.
3. Devo estudar até o limite do meu esforço e aprender o máximo que puder, para que, quando atingir a idade adulta, eu não seja um néscio.
4. Devo ajudar mais mamãe e papai.
5. Devo insistir nas minhas ambições mais elevadas, e não abandoná-las.

Previsão: a guerra acabará entre 1943-4, cerca de mais um ano e meio.

Hoje pela manhã joguei baralho, e à tarde acompanhei os jogos de futebol americano. Bem, o jogo do Rose Bowl foi como o previsto, mas não como eu esperava. A maioria das pessoas dizia que o time da Geórgia iria arrasar a UCLA, mas eu achava que seria uma partida disputada. A UCLA conseguiu conter Geórgia por três dos quatro tempos do jogo, mas ao final Geórgia fez muita pressão e conseguiu vencer por 9-0. Torcia para que a UCLA vencesse, o que acabou não acontecendo.

Ano passado, nesta época, eu estava em casa em San Gabriel, Califórnia, e agora aqui estou eu neste campo de detenção em Heart Mountain, Wyoming. Céus, quanta coisa aconteceu no ano passado. Durante a primavera trabalhamos duro para liquidar nossos estoques. Na Páscoa abandonamos o negócio e entregamos o viveiro ao sr. Dailey. Nos mudamos para Los Angeles por um mês, até sermos evacuados para o centro de detenção de Pomono. Depois de Pomono, embarcamos num trem, e, depois de viajar por cerca de três dias e meio através de Nevada, Utah e Colorado, chegamos a este campo em Wyoming. E hoje aqui estou eu, torcendo para que no ano que vem, nesta mesma hora, eu esteja em casa ou em algum outro lugar fora do campo.

14 de maio de 1943

Hoje completa um ano que cheguei ao campo. Pelo resto da minha vida lembrarei o dia em que fui detido. Lembrarei de ter ficado na esquina da Garvey com Atlantic junto a mil outros — então vieram os ônibus e nos levaram ao campo. Lembrarei do nó que me subiu à garganta enquanto o ônibus descia a rua, e de quando algumas das pessoas na calçada e os mexicanos nos prados acenaram para nós.

Lembrarei do arame farpado, das sentinelas armadas, das torres de vigia, da poeira, dos visitantes, das filas para receber comida, das injeções contra febre tifoide, do meu emprego de auxiliar no ônibus, do meu trabalho de mensageiro, dos alojamentos superlotados, das competições de talentos durante a noite, dos amigos que fiz, das minhas aulas de judô, da contagem de cabeças na hora de dormir, e finalmente da minha viagem de trem até aqui.

Lembrarei da viagem de trem, das noites sem dormir, dos desertos, das montanhas, da linda paisagem.

Agora que estou aqui, penso no tempo frio que fez, nas tempestades de areia e no resto das provações que enfrentei. Mas também me lembrarei de todos os amigos que fiz aqui, da escola difícil que frequentei, e não terei ressentimentos quanto ao governo por causa da detenção — embora ainda ache que isso não esteja certo.

31 de janeiro de 1944

Começa uma nova vida!

Rapaz, como estou me sentindo bem! Lembra-se de como eu pensava sofrer de tuberculose ou algo do gênero? Pois bem, eu não tenho nada disso. O dr. Robbins observou minhas chapas de raio X e disse que não há nada de errado com meus pulmões. Então acho que poderei ir para a faculdade! Ou para o exército.

E também me decidi quanto a uma coisa — vou investir no campo das artes e da literatura. E serei o maior artista do mundo (mesmo que o meu QI seja baixo), e mais uma coisa, depois de me formar na faculdade, vou dar minhas voltas pelo mundo, vagabundeando por aí. O mundo que se cuide. Hayami está vindo para conquistá-lo!

No entanto, é melhor eu começar a fazer exercícios para ganhar mais corpo. Quero que ele me acompanhe nas viagens.

Agora há pouco, fui até o hospital — estava trêmulo e nervoso como o diabo. No entanto, quando finalmente cheguei ao hospital, já não me sentia tão mal — tentei não pensar a respeito — sentia que este poderia ser o dia mais infeliz de minha vida ou o mais feliz — e afinal tornou-se o dia mais feliz de todos! O dr. Robbins, fumando um cigarro escuro e comprido, disse "Não há nada aqui, meu jovem", enquanto observava meu raio X. "Pode comemorar." Ele estendeu a mão para me cumprimentar, mas fiquei tão estupefato com a notícia e estava tão certo de ter tuberculose que me esqueci de apertá-la. Na verdade, já tinha caminhado um quarteirão do caminho de volta até em casa antes de digerir a notícia. Então olhei ao meu redor — que dia lindo! — o sol banhando a neve de um branco brilhante, as crianças brincando e gritando — só felicidade — nada de preocupações! — todo o futuro diante de mim!

Deus me abençoou. Pensei que talvez eu não valha a bênção. Estou *determinado* a fazer valer essa bênção.

24 de março de 1944, 10h05 da noite

Violões havaianos tocando
Uqueleles ressoando
Quentes noites de verão
Grilos
O ranger da porta de tela
Os carros na rua a curta distância
Plantas verdes e moitas
Eucaliptos suspirando
E suas folhas farfalhando na brisa fresca
O riso e as brigas de irmãos, irmãs,
Mamãe e papai, e o nada
Esses são os pensamentos que tenho esta noite.

26 de março de 1944

Na noite passada, terminei de ler um livro sobre a vida de um grande negro, George Washington Carver. A história de sua vida acabará tendo uma grande influência sobre a minha própria.

Por exemplo, não estou mais satisfeito em relação à minha escolha profissional de tornar-me ilustrador de livros e ter aulas de arte e literatura na faculdade. Não, após ler este livro, recuperei o amor que tinha pela natureza e pela ciência e senti que minha vida seria desperdiçada daquela maneira, ao menos quanto a prestar um serviço útil à humanidade.

Meus próprios sentimentos e interesses e amores são extremamente parecidos com os de Carver. Por exemplo, nós dois temos um grande amor pela natureza; segunda coisa, tanto ele como eu amamos o trabalho criativo com a arte, e somos plenamente capacitados para tanto; terceira, nós dois gostamos de ciências; quarta, ele também sofria com o preconceito racial, ainda mais do que eu; quinta, nem eu nem ele sonhamos em ganhar uma fortuna (não meço o sucesso pela quantidade de dinheiro que uma pessoa possui. Quero usar o dinheiro como um meio, mas não como um fim em si). Sexta, ele e eu não ansiamos pela fama. Acredito que a fama venha para quem a merece. Não para quem a procura. A única diferença entre Carver e mim é que ele tinha cérebro. Carver era também um músico excelente, e acreditava firmemente em Deus, de coração, mente e alma (eu quero crer em Deus, guardo-o com carinho em meu coração, mas, seja como for, minha mente não O aceita. Rezo a Deus para que faça também a minha mente crer n'Ele).

Finalmente, Carver foi obrigado a escolher entre o seu amor pela arte e o seu amor pela natureza e pela ciência. Ele optou pela natureza e pela ciência porque, nas palavras dele, "posso prestar um serviço melhor à minha raça através da agricultura".

Também eu sinto que deveria servir a Deus e à humanidade (havia algo desse pensamento na minha cabeça no dia 31 de janeiro de 1944 — última frase). Também eu sinto que a vida deveria ter um propósito elevado, e a leitura desse livro me convenceu disso. Não foi a mãe de Edward Bok quem disse "Edward, deixe esta terra um pouco mais agradável, um pouco mais bela, simplesmente porque você esteve nela"? E é exatamente isso que eu penso quando digo que gostaria de deixar a terra um pouco mais rica do que o que representa o fertilizante natural que devolverei a ela. Pensando bem, meu corpo está apenas devolvendo aquilo que tomou emprestado, em outras palavras, deveria pagar os juros do empréstimo também.

Quero que minha vida seja construtiva, não destrutiva.

20 de agosto de 1944

Hoje faz uma linda manhã. Por todo o alojamento, ouço as crianças brincando, portas se abrindo e fechando. Rádios falando nos alojamentos do outro lado. Discos japoneses tocando atrás de mim. Papai está na sala de shogi, acho — ele deveria fazer exercícios esta manhã com os pesos que recebeu de York há duas semanas. Walt ainda está na cama dormindo, ele foi ao evento social do nosso quarteirão ontem à noite.

Puxa, como eu queria saber dançar...

Acho que é como todas as outras coisas — é necessário motivar-se e aprender — não adianta sentar de braços cruzados sonhando. Mamãe provavelmente está lavando as roupas. Pergunto-me como estará Grace lá em Nova York — já faz um ano que não a vejo, ela está estudando psicologia e matemática no Hunter College. Seu aniversário é na semana que vem — ainda bem que eu já lhe mandei um presente.

Acho que Frank está naquele piquenique que Shelby ia fazer hoje.

Bem, o motivo de eu estar escrevendo novamente depois de um lapso tão grande é que na próxima terça-feira começa o meu serviço militar. Esta será provavelmente a última vez que escreverei neste caderno por um bom tempo. Talvez seja melhor eu repassar as notícias de tudo o que me aconteceu nos últimos três meses. Bem, a França foi invadida e agora os Aliados estão perto de Paris. A ilha de Saipan, no Pacífico sul, foi tomada, tendo como resultado a destituição do premiê Tojo e todo o seu gabinete. Hitler quase foi assassinado. Na Itália, os nipo-americanos têm feito um excelente trabalho. A 100ª companhia é a divisão mais condecorada de todo o exército. Willie escreveu de algum lugar na Itália. Ainda não entrou em ação. Os voluntários do nosso campo já foram de encontro à própria morte.

Heart Mountain tem sido um lugar morto — e também um lugar maravilhosamente vivo. A poeira e a neve passaram por aqui, carregadas pelo vento nas tempestades. Algum dia, num campo de batalha em terra estrangeira, me lembrarei deste lugar com saudade. Mamãe, papai, irmão, irmã, amigos, refeitórios, cinemas, esqui no gelo, natação, escola, halterofilismo — tudo me virá à garganta de uma só vez, fazendo-me engasgar.

Aloha.

STANLEY HAYAMI

Posfácio

Stanley deixou Heart Mountain em junho de 1944 para se juntar ao exército dos Estados Unidos. Jamais perdeu a fé na América e permaneceu desafiadoramente patriótico até o fim. Ele escreveu a última anotação em seu diário enquanto aguardava sua primeira missão no alojamento americano. Foi morto durante combate no norte da Itália em 23 de abril de 1945, enquanto tentava ajudar um companheiro. Ele tinha dezenove anos de idade.

Cortesia de Leonard Steckel

Piete Kuhr.

Cortesia de Inga Joseph

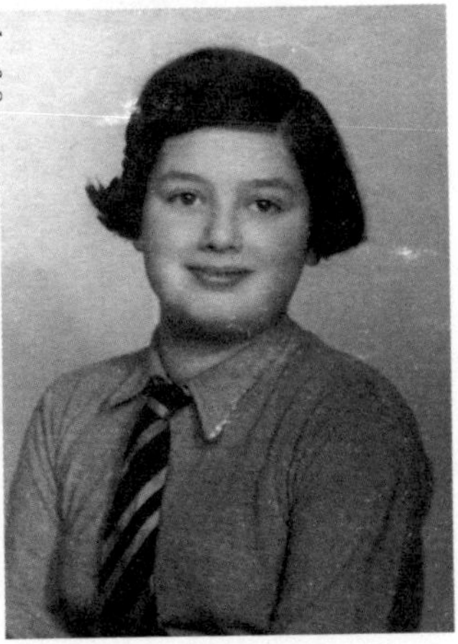

Inge Pollak, 1939.

Cortesia de The Imperial War Museum

Crianças brincando no campo de Changi, onde Sheila Allan foi encarcerada.

Cortesia de Sheila Bruhn

O pai de Sheila, John Charles Allan, em foto anterior à Segunda Guerra Mundial.

Sheila Allan, 1940.

Cortesia de Sheila Bruhn

Sheila Allan, 1946.

Cortesia de The Japanese American Museum

Desenho no diário de Stanley Hayami, 1943.

Cortesia de The Japanese American Museum

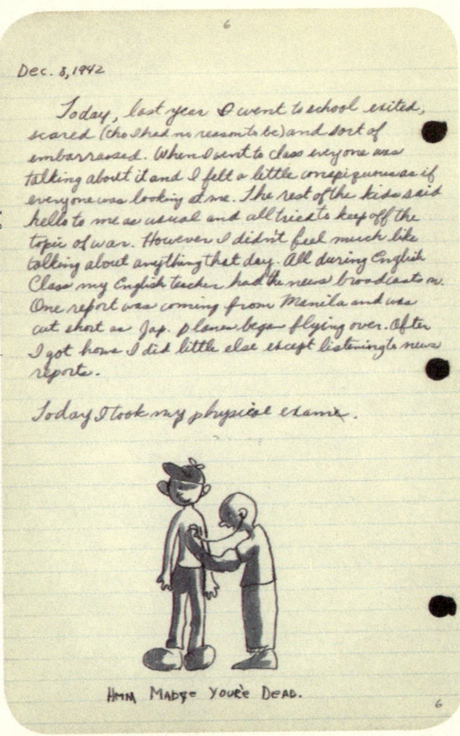

6

Dec. 8, 1942

Today, last year I went to school exited, scared (tho I had no reason to be) and sort of embarrassed. When I went to class everyone was talking about it and I felt a little conspiquous as if everyone was looking at me. The rest of the kids said hello to me as usual and all tried to keep off the topic of war. However I didn't feel much like talking about anything that day. All during English Class my English teacher had the news broadcasts on. One report was coming from Manila and was cut short as Jap. planes began flying over. After I got home I did little else except listening to news reports.

Today I took my physical exams.

6

Diário de Stanley, 1942.

Cortesia de Clara Kramer

Clara Schwarz, 1942.

Cortesia de Clara Kramer

A irmã de Clara, Mania, 1942.

Cortesia de Edward Blanco

Ed Blanco (à direita) no Vietnã, 1968.

Cortesia de Edward Blanco

Ed durante um combate, 1968.

Cortesia de Edward Blanco

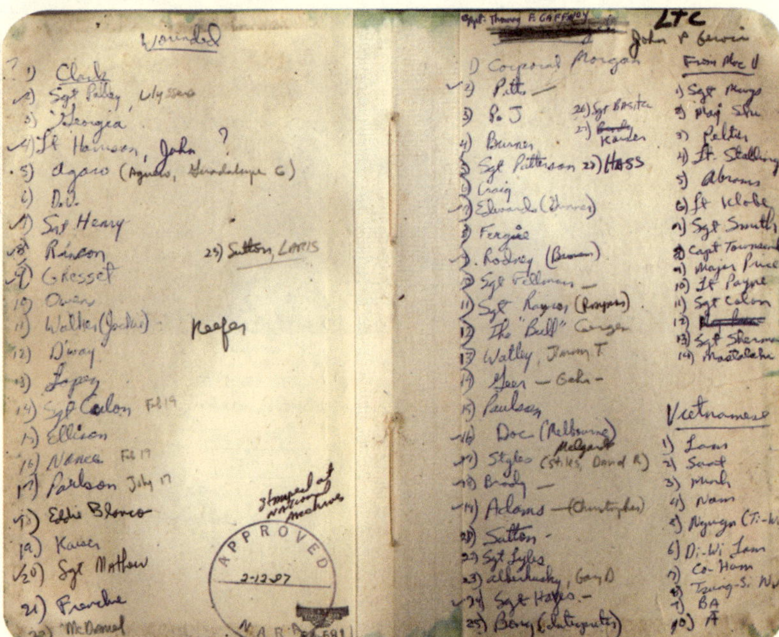

Ed mantém uma lista dos feridos e mortos.

Alexandra Boulat/ Sipa Press

Zlata Filipović em Sarajevo, 1993.

Foto de Dalia Zelikovich

Shiran Zelikovich lendo o seu diário, 2004.

Foto de Osama Zayed

Mary Masrieh Hazboun, 2004.

Foto de Mohammed Thamir Jehad

Hoda Thamir Jehad, 2004.

Cortesia de Hoda Thamir Jehad

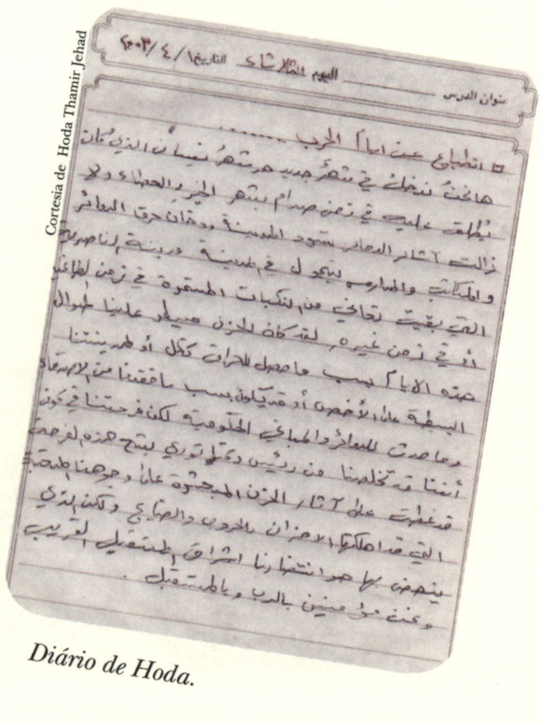

اليوم الثلاثاء التاريخ ١/٤/٢٠٠٣

عنوان الدرس

انطباع عن أيام الحرب

Diário de Hoda.

HOLOCAUSTO

1939-45

Yitskhok Rudashevski

Lituânia

1940-2 (13-15 anos de idade)

Fui afastado de tudo que me é querido e precioso.

Clara Schwarz

Polônia

1942-4 (15-17 anos de idade)

Quem pode saber se todo este sofrimento não será inútil?
Será que sobreviveremos a isto?

Holocausto é o termo usado para descrever a perseguição e o assassinato organizados do povo judeu da Europa nas mãos dos nazistas durante a Segunda Guerra Mundial. Dois terços dos 9 milhões de judeus que viviam na Europa antes de 1933 foram mortos durante o Holocausto, que durou até a derrota final da Alemanha, em 1945.

Eram chamados nazistas os membros do Partido Nacional-Socialista dos Trabalhadores Alemães, uma organização política que ascendeu ao poder sob a liderança de Adolf Hitler em 1933. Uma vez no comando, os nazistas puseram fim à democracia na Alemanha, controlando a vida dos cidadãos através do domínio sobre a imprensa e sobre as estruturas sociais do país. Hitler estabeleceu uma atmosfera de medo e suspeita na Alemanha, o que permitiu ao seu partido adotar políticas cada vez mais agressivas. Os judeus foram escolhidos pelos nazistas como bodes expiatórios, sendo responsabilizados pela derrota alemã na Primeira Guerra Mundial e pelas dificuldades econômicas que o país atravessava. Os nazistas também acreditavam que os alemães eram "racialmente superiores" e que as assim chamadas raças inferiores estavam poluindo a Europa. Judeus, ciganos e deficientes eram vistos como verdadeiras ameaças biológicas à "pureza" do povo alemão, também chamado de "ariano". Um programa de extermínio sistemático desenvolveu-se a partir dessa paranoia.

No final da década de 1930, os nazistas mataram milhares de alemães deficientes através de injeções letais e gás venenoso. Após a invasão alemã da União Soviética, em junho de 1941, unidades móveis de assassinato passaram a fuzilar em massa judeus e ciganos em campos abertos e desfiladeiros, nas redondezas das cidades e vilas conquistadas. Por fim, os nazistas perceberam que seria necessária uma forma mais eficiente de exterminar um número tão vasto de pessoas. Em 1942, a conferência de Wannsee estabeleceu o emprego da Solução Final para o Problema Judeu. Os nazistas criaram um método organizado e segregado de assassinato, estabelecendo seis centros de extermínio no território ocupado da Polônia, onde o massacre em larga escala por meio do gás e a eliminação dos cadáveres através da cremação foram brutalmente executados. As vítimas eram levadas de suas cidades natais e transportadas até esses centros, onde aguardavam a morte. Muitas das vítimas do Holocausto pereceram também nos guetos organizados e nos campos de concentração devido aos trabalhos forçados, à fome deliberada, ao abandono e às doenças que proliferavam nas terríveis condições desses locais.

Yitskhok Rudashevski era um jovem judeu, filho único de Rose e Elihu Rudashevski, que morava na capital da Lituânia, Vilna. Em julho de 1941, os alemães massacraram 35 mil homens, mulheres e crianças judias na floresta de Ponary, nas redondezas de Vilna. Em setembro, o restante dos habitantes judeus foi obrigado a viver numa parte isolada da cidade, designada como gueto judaico. Essa lei acompanhou a ocupação alemã da Lituânia entre 1941 e 1944. As condições de vida dentro do gueto eram hediondas, havendo pouquíssima comida disponível e a constante ameaça de violência por parte dos nazistas. Apesar desse contexto, Yitskhok continuou escrevendo em seu diário.

Clara Schwarz buscou esconderijo quando sua cidade natal de Zolkiev, na Polônia, foi tomada pelos nazistas. Juntamente com dezessete outros judeus, Clara foi obrigada a permanecer no subterrâneo, sob as condições extremamente rígidas de um bunker, durante dois anos, enquanto os soldados nazistas viviam acima deles e debatiam seus planos de extermínio, ignorantes das pessoas sob seus pés. Para sobreviver, Clara e os seus companheiros de esconderijo dependiam da existência e da boa vontade do casal de não judeus que morava na mesma casa. Uma porta secreta que levava ao esconderijo ficava oculta sob a cama desse casal.

YITSKHOK RUDASHEVSKI, LITUÂNIA, 1940-2

21 de junho de 1940

Os hitleristas atacaram nosso país. Eles nos obrigam a ir à guerra. E assim retaliaremos, atacando até esmagar o agressor na sua própria terra. Continuo olhando para o calmo soldado do Exército Vermelho que monta guarda no nosso jardim. Sinto que posso confiar nele, vejo que ele não vai perecer. Talvez o matem, mas a estrela presa ao seu quepe vai durar para sempre.

Junho de 1941

Nossos corações são esmagados ao ver a vergonhosa cena em que mulheres e velhos são espancados e chutados em plena rua por bandidos miseráveis... Fico na janela sentindo raiva e as lágrimas me vêm aos olhos: toda a nossa fragilidade, nossa solidão, mentiras nas ruas, não há quem tome o nosso partido. E nós mesmos somos tão indefesos, tão indefesos! Chove incessantemente. Estamos tão tristes, tão solitários. Somos expostos a gozações e humilhações.

4 de julho de 1941

Estou olhando pela janela e vejo diante de mim os primeiros judeus de Vilna usando distintivos. Foi doloroso ver como as pessoas os encaravam. Os enormes pedaços de material amarelo nos seus ombros pareciam me queimar, e por um longo tempo fui incapaz de usar os distintivos. Eu me sentia corcunda, como se trouxesse comigo dois sapos. Fiquei envergonhado de aparecer com eles na rua, não porque as pessoas fossem perceber que sou judeu, mas porque me envergonhava o que [eles] estavam fazendo conosco. Fiquei envergonhado da nossa fragilidade. Vão pendurar distintivos em nós da cabeça aos pés e não somos capazes de ajudar-nos de jeito nenhum. Fiquei triste de não ver uma saída possível.

6 de setembro de 1941

Ando com os olhos cheios de lágrimas por entre as trouxas, vejo como estamos sendo expulsos de nosso lar da noite para o dia. Logo vemos como será nossa mudança para o gueto, uma cena da Idade Média — uma massa cinza-escura de pessoas arriadas com trouxas enormes. Compreendemos que logo chegará a nossa vez. Olho para a casa toda bagunçada, vejo espalhadas coisas que me são queridas, coisas que eu estava acostumado a usar. Carregamos as trouxas para o pátio. Na nossa rua uma nova massa de judeus flui continuamente para o gueto. O pequeno número de judeus no nosso pátio começou a arrastar as trouxas até o portão... Nós também fomos arrastados com a massa de judeus com suas trouxas... As pessoas caem, o conteúdo das trouxas se espalha. Diante de mim uma mulher curva-se sob sua trouxa. Da trouxa um fio fino de arroz escorre para a rua...

Caminho pesaroso e irritado. Os lituanos nos impelem a continuar, não nos permitem descanso. Não penso em nada: nem naquilo que estou perdendo, nem naquilo que perdi, nem naquilo que me aguarda. Não vejo as ruas diante de mim, nem as pessoas caminhando nelas. Sinto apenas um cansaço terrível, sinto que um insulto, uma mágoa, está queimando dentro de mim. Eis os portões do gueto. Sinto que fui roubado, minha liberdade me foi roubada, meu lar e as familiares ruas de

Vilna que amo tanto. Fui afastado de tudo que me é querido e precioso.

1º de outubro de 1941

Muitas pessoas se reuniram nos dois andares do esconderijo. Elas se esgueiram como sombras lançadas por uma vela sobre as paredes frias e sujas do porão. Todo o esconderijo está cheio de um murmúrio incessante. Uma massa de pessoas aprisionadas. Todos começam a se acomodar nos cantos, nas escadas. Travesseiros e trouxas são espalhados sobre os tijolos duros e tábuas, e as pessoas adormecem... De tempos em tempos, alguém acende um fósforo. Na luz vejo pessoas deitadas sobre os tijolos como farrapos na lama. Penso: em que tipo de criatura fraca e indefesa pode se transformar um homem? Estou no final de minhas forças. Começo a sentir fortes náuseas...

Somos como animais cercados pelo caçador. O caçador por todos os lados: sob nós, acima de nós, de cada um dos lados. Fechaduras quebradas estalando, portas rangendo, machados, serras. Sinto o inimigo sob as tábuas sobre as quais estou de pé. A luz de uma lâmpada elétrica vaza por entre as rachaduras. Eles martelam, rasgam, quebram. Logo o ataque é ouvido do outro lado. Subitamente, em algum lugar no andar de cima, uma criança começa a chorar. Um gemido desesperado emerge dos lábios de todos. Estamos perdidos. Uma tentativa desesperada de meter açúcar na boca da criança não dá resultado. Eles tampam a boca da criança com travesseiros. A mãe da criança está chorando. As pessoas gritam aterrorizadas que a criança deveria ser estrangulada. A criança grita mais forte, os lituanos batem com mais força contra as paredes. Entretanto, lentamente tudo se acalma. Percebemos que eles se foram. Mais tarde, ouvimos uma voz do outro lado do esconderijo. Vocês estão livres. Meu coração bateu com tamanha alegria! Permaneci vivo!

27 de setembro de 1942

A notícia me atingiu como um raio: o professor Gershteyn morreu. Como ele me era querido e precioso, com sua aparência orgulhosa e pura...

O professor Gershteyn sofreu muito no gueto. Ele se tornou cada vez mais cinza, seu rosto escureceu. Ele morava numa classe da nossa escola. Mal conseguia subir os degraus, os mesmos que antes escalava tão alegremente. Tinha de parar a cada degrau, com seu casaco amassado, que provavelmente lhe servia de travesseiro... Lentamente, envelhecido antes da hora, ele costumava caminhar pelas ruas do gueto, mas sua cabeça permanecia ereta como sempre. Foi assim que o melhor entre nós sofreu no gueto... O gueto foi duro demais para Gershteyn, e ele não pôde sobreviver a isso. Ele está diante de meus olhos. Aparece com tamanha beleza, tamanho frescor diante de mim, em meio à nossa vida melancólica. Para todo o sempre iremos nos recordar de você como nosso amigo querido, a imagem da sua figura orgulhosa vai nos lembrar de algo que é precioso e querido. Aquilo de si que você nos deu florescerá entre nós eternamente.

10 de dezembro de 1942

Decidi não perder meu tempo no gueto sem fazer nada, e de certa maneira sinto-me feliz de poder estudar, ler, desenvolver o meu ser, e vejo que o tempo não fica parado desde que se progrida juntamente com ele. Na minha vida diária dentro do gueto, me parece que vivo normalmente, mas com frequência tenho profundos mal-estares. É claro que poderia viver melhor. Será que preciso ver todos os dias as paredes e os portões do gueto, que preciso mesmo nos meus melhores anos ver apenas uma única ruazinha estreita, os poucos pátios cheios de coisas? Queria gritar ao tempo que se demorasse, e não corresse. Queria recapturar o meu ano passado e guardá-lo para mais tarde, para a nova vida. Meu segundo sentimento hoje é o de força e esperança. Não sinto o menor desespero. Hoje fiz quinze anos de idade e vivo confiante no futuro, não me preocupo com ele, em vez disso tudo o que vejo diante de mim é o sol, o sol, o sol, o sol.

Posfácio

O último registro de Yitskhok em seu diário data de 7 de abril de 1943. Em agosto de 1943, os alemães decidiram esvaziar o gueto, mandando parte dos judeus para a Estônia e assassinando o restante. Yitskhok e seus pais fugiram para um esconderijo na casa do tio. Eles sobreviveram por duas semanas com mais cinco pessoas, mas foram encontrados pelos alemães em outubro. Yitskhok e sua família foram levados até a floresta e fuzilados. Um dos primos de Yitskhok escapou ao massacre e juntou-se aos guerrilheiros nas florestas vizinhas. Depois da guerra, ele voltou a Vilna, cuja população de 80 mil judeus havia sido morta ou fugira, e encontrou o diário de Yitskhok.

CLARA SCHWARZ, POLÔNIA, 1942-4

Verão de 1942

Há terror e pânico em nossa cidade. Os judeus estão construindo bunkers (esconderijos) de todos os tipos: subterrâneos, de parede dupla, ou qualquer outro lugar em que encontrem onde se esconder. Outros procuram a ajuda dos gentios. Outros choram de desespero pela perda de entes queridos.

A causa de tudo isso são os trens lotados de judeus que passam por nossa cidade rumo a Belzec.

Os judeus são amontoados em vagões de gado fechados, de cem a cento e cinquenta em cada vagão. Belzec fica localizada numa área florestal, e é lá que todos são mortos. Como são assassinados, isso não sabemos. Há rumores de que são envenenados com gás, outros dizem que são eletrocutados, queimados ou baleados. Uma coisa é certa, de lá não há volta.

E agora os fugitivos, chamados de *skoczki*, estão começando a surgir. São as pessoas que pulam dos vagões depois de terem conseguido romper as barras que bloqueiam as pequenas janelas lá no alto dos carros. Um salto desses é muito perigoso, mas eles não têm nada a perder; estão condenados seja como for. É melhor ser morto de uma vez do que suportar a viagem de trem com a certeza da morte no ponto de chegada. A maioria deles chega nua por causa do calor insuportável dentro dos vagões. Precisam ser vestidos depois de receberem cuidados médicos. É muito raro que um deles consiga saltar de tamanha altura e ainda saia sem ferimentos, com os alemães atirando.

A primeira a ajudá-los é Pepcia Fish. Ela é corcunda, mas a única enfermeira judia em Zolkiev. Seu coração é de ouro. As jovens a ajudam nesse trabalho, e eu me junto a elas. Vou com Pepcia vestir os feridos, reúno algumas roupas e comida. Recebemos um pouco de dinheiro do Judenrat [comitê judaico]; os judeus da cidade contribuem o quanto podem. Na maioria das vezes, os *skoczki* são postos no hospital ou nos lares de outros judeus.

Há tragédias terríveis, inacreditáveis. Pais saltam do trem e deixam para trás os filhos, filhos deixam os pais, irmãs deixam irmãs e pulam para salvar as próprias vidas. É ainda pior do que o temor pelo tipo de morte que os aguarda. Ninguém sabe ao certo como são mortos. Na casa de Pepi, para onde vai a maioria dos *skoczki*, eles encontram pessoas de suas cidades e amigos e descobrem quem estava no trem. Certa vez presenciei um encontro desses, capaz de fazer uma pedra chorar. Mas, sinto informar, a Gestapo não parece se comover com lágrimas judias. Eles atiram indiscriminadamente contra as pessoas que saltam, sejam jovens ou velhos.

Nossa casa não tem um lugar adequado para construir um abrigo. Papai, com seus amigos Melman e Patrontasch, construiu dois abrigos. Um fica em nossa fábrica, o outro, na casa de Melman.

22 de novembro de 1942

Finalmente chegou o dia inesquecível. Dormimos na casa de Melman porque no sábado houve um pânico generalizado. Disseram que a cidade estava cercada pela Gestapo. Eram cinco da madrugada, ainda estávamos na cama. O sr. Patrontasch, como sempre, estava do lado de fora observando o que acontecia. Ele correu para dentro e disse "Preparem-se"; dois caminhões da Gestapo e da polícia judaica (de Lvov) passaram a caminho do centro da cidade. Ele saiu novamente, mas voltou num minuto: "*Akcja*!". [*Akcja* é o termo usado para descrever o momento em que a Gestapo chega para arrebanhar os judeus.] Ele viu as pessoas sendo trazidas a partir dos arredores da cidade. Ouvimos disparos e a Gestapo correndo e gritando. Não tivemos tempo de correr até o abrigo na fábrica.

O sr. Melman correu até os vizinhos (a família Britwitz) para alertá-los. Eles não sabiam de nada, estavam tomando o café da manhã. Mal tiveram tempo de chegar ao seu abrigo antes de a Gestapo bater na porta da frente. O sr. Melman saiu correndo pela porta dos fundos e o sr. Britwitz segurou a porta da frente com o corpo até a família ter tempo de entrar no bunker, e então soltou e saiu correndo para atrair a Gestapo para longe de sua casa, para que a família pudesse se esconder. Ele se sacrificou por eles. Ficamos sabendo disso pelo próprio sr. Britwitz, que foi pego, mas conseguiu saltar do trem e voltar para cá.

Enquanto isso, nós, eu, minha irmã, Mania, meus pais, os Melman, com o filho Igo, a família Patrontasch, com a filha Klarunia, todos nós rastejamos até nosso abrigo subterrâneo. Ficamos sentados na escuridão (as velas que preparamos não acendem por causa da falta de oxigênio). Tudo o que precisarmos fazer tem de ser feito aqui dentro.

Dois dias mais tarde, o sr. Melman e o sr. Patrontasch (meu pai tem dificuldade para se mover por causa da altura — ele é muito alto) rastejaram para fora para ver o que estava acontecendo. Depois de alguns minutos, que para nós pareceram uma eternidade, eles voltaram. A *Akcja* continua. Mataram Lockman (um de nossos vizinhos), que tentou fugir. Passamos outra noite sentados no abrigo — o sr. Patrontasch não sai de perto do buraco de vigia. Ao raiar do dia, Laibak Patrontasch passou pela casa onde sabia que estávamos nos escondendo e disse: "Acabou-se". O trem já havia saído. Passamos mais uma hora escondidos, por precaução, e depois saímos.

Na cidade chora-se desesperadamente. Carroças trazem os cadáveres dos que foram mortos ali mesmo tentando fugir ou tentando se levantar depois de receberem a ordem de ajoelhar-se no centro da cidade. Também as pessoas que foram mortas enquanto pulavam do trem e aquelas que foram traídas pelos gentios. O sr. Patrontasch perdeu a irmã mais nova, Pepcha, e a filha dela. Ela correu até a casa de uma amiga gentia que havia prometido escondê-la, mas que não a deixou entrar quando precisou de ajuda. O sr. Taube disse que a viu caída numa poça de sangue. Ele quis ajudar, mas ela não reagiu. No dia seguinte, um camponês de Wola veio até a família Patrontasch, dizendo que vira Pepcha. Eles foram atrás dela, mas não a encontraram. Provavelmente os camponeses a mataram ou denunciaram à Gestapo. Também levaram minha melhor amiga, Klara Letzer, e a sua família. Ela e a mãe pularam do trem. Seu pai não conseguiu fugir. Uma semana mais tarde baixou-se um decreto determinando que todos os judeus se mudassem para o gueto. Designaram para tanto certas ruas no centro da cidade onde a maioria dos judeus residia.

Meu pai decidiu não ir para o gueto. Ele estava procurando por uma família gentia que concordasse em nos esconder. O sr. Melman descobriu o sr. Beck, um *Volksdeutsche*. Ele recebeu das autoridades a casa que pertencia aos Melman. Como cidadão privilegiado (um *Volksdeutsche*), ele pode escolher entre as casas judias a que quiser. Nós, os Melman e a família Patrontasch fomos nos esconder lá.

Ampliamos o abrigo sob o chão do quarto. Lá fica a passagem secreta no chão de parquê. Puxamos um fio de eletricidade até aqui e, portanto, dispomos de luz e de dois pratos elétricos para cozinhar. Fizemos colchões de palha e começamos nossa vida subterrânea. Somos onze; o sr. Patrontasch trouxe a irmã viúva, Klara. Os dias passam com grande monotonia, o seguinte idêntico ao anterior. As mulheres cozinham no andar de cima; no andar de baixo preparamos o café da manhã e o jantar. Todos se lavam uma vez por semana na cozinha (subindo as escadas, pois embaixo faz frio). Os Beck são pessoas maravilhosas. Não se encontra gente assim hoje em dia. É uma família de quatro pessoas. O sr. e a sra. Beck, sua filha Ala, de dezoito anos, e a irmã da sra. Beck, Mania. Na noite de Natal, eles fecharam todas as portas e janelas e convidaram-nos para jantar. Foi maravilhoso. Cantamos cantigas de Natal até quase esquecer nossos problemas, mas o melhor de tudo é que comemos bastante! Tivemos de correr de volta ao nosso esconderijo porque alguém bateu na porta.

6 de abril de 1943

É a *Akcja* novamente. Desta vez estão matando todos. Deixaram apenas cinquenta homens e dez mulheres para limpar o gueto. Eles são obrigados a ir até a floresta e acrescentar mais terra, porque as valas comuns estão afundando; são obrigados a cantar enquanto marcham. Imagine ter de cantar sobre a sepultura de milhares de pessoas, caso contrário o acertam na cabeça. Uma das pessoas remanescentes obrigadas a trabalhar é o irmão de Rela, Dudio. A sra. Beck o viu. Depois da *Akcja*, os alemães disseram que precisavam de pessoas para trabalhar; as pessoas saíram de seus abrigos, os alemães mandaram que fizessem fila, selecionaram sessenta delas e mataram as outras.

Muitos dos homens viram suas esposas sendo levadas para a morte, mas estavam impotentes. Afinal, tia Giza passou aqui, na frente de Artek. As mulheres seguiram marchando, mas Artek, Giza e um membro da Gestapo ficaram no meio. Ela abraçou Artek, pediu a ele que dissesse à família como ela fora morta e que não desejava mesmo viver porque vira o marido morto, preso à cerca de arame farpado. Pediu a Artek que vingasse as suas mortes. Então o Gestapo gritou "Genug" [já basta]. Disse a ela que tirasse o casaco, pois gostara dele. Disseram às mulheres que cantassem. Elas cantaram "Hativka" [esperança]. Que tipo de esperança se pode ter quando se está sendo levado para morrer?

Já faz algum tempo que há um romance se desenvolvendo entre Klara Patrontasch e o sr. Beck. Não consigo compreender como ela pode se envolver num romance após perder tanto de sua família; pais, duas irmãs e três irmãos. Ainda por cima, ele é casado com a mulher que está arriscando a própria vida para nos esconder. Como ela pode ser tão mal-agradecida! A sra. Beck aceitou esconder Klara antes mesmo de nós pensarmos em vir para cá. A sra. Beck tem carinho por Klara, porque a mãe dela trabalhou para a família de Klara e elas se conhecem desde que eram crianças. É claro que a sra. Beck tem ciúmes, e houve uma grande briga entre elas. Klara pediu desculpas e as coisas se acalmaram.

Mas na verdade o romance prossegue. Sempre que a sra. Beck sai de casa, o sr. Beck chama Klara para o andar de cima. Um dia a sra. Beck voltou antes da hora e os flagrou juntos. Houve uma briga. Papai e o sr. Patrontasch foram até o andar de cima conversar com ele, mas o sr. Beck é teimoso. A sra. Beck declarou que não vai esconder uma serpente sob o seu teto. Nós imploramos a Klara que pedisse perdão, mas ela se recusou a fazê-lo. O sr. Patrontasch conversou com a sra. Beck e prometeu a ela que não deixaria Klara subir. Mas ainda não foi o fim; eles começaram a se corresponder. O sr. Beck escrevia bilhetes e os mandava para baixo, enquanto Klara mandava bilhetes para cima. A sra. Beck descobriu a respeito dos bilhetes e seguiu-se uma grande briga. A briga durou a noite toda. Ala e a sra. Beck estão ameaçando entregar-nos aos alemães. Quem pode culpá-las? Nenhuma mulher suportaria isto; que o marido mantivesse um caso no seu próprio lar! Especialmente com uma mulher que lhes deve tanto! Ala também não pode suportar, vendo os seus pais brigando assim após vinte anos de casamento. Ela vive constantemente com medo por nossa causa; não precisa de mágoas adicionais.

No dia seguinte, os dois foram a Lvov. Aparentemente, fizeram as pazes, pois quando voltaram tudo esteve calmo no andar de cima.

A briga foi terrível; não consigo esquecê-la. Eles gritavam muito; temos sorte de não haver vizinhos. O fogo destruiu a maioria das casas na nossa rua. Não há mais construções ao nosso redor.

Domingo, 18 de abril de 1943

De manhã cedo, quando ainda estávamos deitados em nossos catres, com a pequena janela aberta, senti um cheiro estranho no ar. Antes que eu pudesse pensar no que poderia ser aquilo, o sr. Beck bateu na porta secreta e gritou avisando que havia um incêndio na rua. Um minuto depois, a fábrica de um lado e a casa próxima à nossa do outro lado estavam em chamas. O vento era muito forte. Alguns de nós corremos para o andar de cima e jogamos água no chão, mas as portas começaram a queimar, e do outro lado da casa uma pilha de madeira pegou fogo. Nós entramos em pânico, começamos a nos vestir. Alguns queriam fugir, outros preferiam sufocar na fumaça dentro do abrigo em vez de serem pegos pelos alemães, pois no minuto em que chegássemos ao lado de fora seríamos pegos e mortos. Como é possível dezessete pessoas saírem sem serem vistas? Havia provavelmente uma multidão do lado de fora. Eu era da opinião de que o bunker seria a melhor opção. Estávamos carregando as crianças (eu e mamãe) porque temíamos que elas fossem pisoteadas quando todos tentassem atravessar a passagem estreita.

Estávamos sentados no escuro; todos tinham inveja do farmacêutico e da sua esposa, pois eles têm veneno (numa pequena bolsa que levam ao redor do pescoço).

Enquanto isso, Mania, minha irmã mais nova, correu para cima. Ao ver o fogo e o tamanho das labaredas, a fumaça por toda parte, ela disse a papai: "Papai, quero viver. Vou correr para fora". Talvez papai a pudesse ter detido, mas aquele dia era o quadragésimo aniversário da morte de sua mãe. Ela morrera num incêndio, e Mania havia recebido o nome dela. Não sei como nem por quê — quem sabe o choro das crianças foi ouvido pelo Todo-Poderoso —, seja como for, o fogo foi contido e a casa parou de queimar. Mas o Senhor nos fez pagar um terrível preço: Mania foi pega. Eles a encontraram próximo ao convento; talvez ela tenha ido lá pedir-lhes que a escondessem, jamais saberemos. Tilzer, que estudou comigo, e uma outra pessoa chamada Schihtling acharam-na e a entregaram aos alemães. Mania sabia o que iria lhe acontecer. Pobre criança. Só Deus sabe pelo que ela passou. Eu jamais saberei. Meus pais entraram em desespero; papai não se perdoa por tê-la deixado partir.

Parece que os vizinhos viram Mania fugindo da casa e notificaram à polícia alemã. Naquela noite o sr. Beck pediu que fôssemos embora. Para onde deveríamos ir, direto para as garras dos alemães? Ainda por cima, fazia uma noite horrível. O vento era como um furacão. Num tempo daqueles não se põe para fora nem mesmo um cachorro, e nós tínhamos duas crianças pequenas. Era uma tragédia. Não podíamos culpar os Beck, afinal fomos nós que recebemos a sentença de morte. Eles não tinham de morrer por nossa causa. Conosco longe, ele é um homem livre. E ainda é privilegiado por ter ascendência alemã. Mas na pior das situações ele demonstrou como é bondoso o seu coração. Ele olhou pela janela, ouviu como uivava o vento do lado de fora e disse: "Desçam, vão dormir, o que tiver de ser será".

2 de setembro de 1943

O sr. Beck chamou o sr. Patrontasch para ouvir as notícias de Londres. A transmissão é em alemão e o sr. Beck não sabe muito de alemão.

As notícias são boas. Os alemães estão tomando uma sova, mas ainda não é o bastante para nós. Precisamos ser libertados logo.

Hoje o sr. Beck veio se juntar a nós no subterrâneo sob o pretexto de que queria mostrar algo no jornal. Disse que precisava conversar com Klara. Em vez de falar com ele na nossa presença, ela disse que queria ir até seu apartamento, e rastejou com ele para dentro do "corredor" (é um túnel sob o corredor do andar de cima da casa, que leva à outra parte do abrigo, sob o outro quarto, onde dormem cinco pessoas). Ninguém se importaria com o que eles fazem, se não fosse pela sra. Beck. Ela desceu pela porta secreta, olhou para baixo, viu que Klara e o sr. Beck não estavam ali e, naturalmente, houve outra briga quando ele subiu. Senti-me muito mal. O "veneno" está no nosso abrigo. Por que a sra. Beck deveria sofrer? Ela já tem preocupações o bastante arriscando a vida por nós. Depois os homens do bunker discutiram o que deveria ser feito. O que podemos fazer? Estamos entre a cruz e a espada. Sentimos muito pela sra. Beck, mas não podemos contrariar o sr. Beck.

Quarta-feira, 15 de setembro de 1943

Patrontasch ouviu o noticiário na noite passada. As coisas não vão mal, especialmente no front oriental, que é de importância para nós. Na Iugoslávia, os guerrilheiros combatem os alemães. Patrontasch não pôde ouvir tudo porque alguém tocou a campainha. Quem poderia ser àquela hora (1h30 da manhã)? Era o nosso vigia noturno, o sr. Beck. Ele escutou o noticiário e voltou ao trabalho. É perigoso fazer o que ele está fazendo, mas quando dizemos algo a ele, a resposta é sempre a mesma: "Para o inferno com eles, eu não tenho medo!". Agora estou sentada no "corredor", esperando pelo resto das notícias. Realmente, ficar aqui sentada com ratos e todo tipo de criatura rastejante, quando tudo o que eu quero é viver. As coisas pelas quais passamos! Como sofremos até agora, querendo viver! Quem pode saber se todo este sofrimento não será inútil? Será que sobreviveremos a isto?

Terça-feira, 21 de setembro de 1943

Os dias estão terrivelmente quentes. Estamos sofrendo muito. Apesar de estarmos meio nus, suamos demais. Todos têm um pequeno trapo para limpar a transpiração e um pedaço de papelão que faz as vezes de leque. As mulheres usam apenas os vestidos, sem roupa de baixo, e cortamos as costas dos vestidos tanto quanto possível. Os homens vestem apenas cuecas; seu aspecto é horrível. Todos sofrem. Todos têm brotoejas. Assim que a luz se apaga, todos ficam nus. Espero que os dias refresquem logo e que tenhamos um pouco de alívio.

Quinta-feira, 11 de novembro de 1943

Agora o dia começa às dez horas. Faz frio. Podemos dormir mais tempo. Durante o verão não se podia deitar nos catres por causa das brotoejas, mas há também o lado ruim. Agora usamos roupa de baixo, e temos de lavá-la. Lavar roupas é muito complicado. Usamos sabão em pó, mas não dispomos de muita água. Precisamos economizar a água que usamos para lavar o corpo. A lavagem se faz com dois copos, de maneira que precisamos guardar a água e manter o tecido de molho por dois dias. Fazemos a sopa na mesma água que usamos para cozinhar as batatas. A água está sendo racionada.

Sexta-feira, 12 de novembro de 1943

Hoje o sr. Beck voltou bêbado para casa. Ele estava "celebrando" com Kruger, que é membro da polícia secreta. Ele não devia beber com esse tipo de companhia, pois é perigoso; mas não cabe a nós decidir.

O sr. Beck diz que tal companhia rende-lhe um bom álibi. Ele diz: "Não tenham medo, estão sob a proteção da minha sorte". Deus o abençoe. Ele nos dá coragem. Ala tem um namorado. Ele vem todos os dias. É piloto da força aérea alemã. Esteve no front russo por dois anos. Ele odeia Hitler. Hoje ele até ouviu com o sr. Beck as notícias de Londres. São boas novidades. Os russos avançam rapidamente.

Segunda-feira, 6 de dezembro de 1943

Falta eletricidade novamente. É muito deprimente viver à luz de velas (apenas uma vela). Quem sabe o sr. Patrontasch traga boas novas para nos elevar o ânimo. Ultimamente perdemos toda a esperança de sobreviver.

Terça-feira, 7 de dezembro de 1943

Mamãe não se sente bem. Ela sofre de terríveis dores de cabeça. Acho que é por causa da preocupação. Ela está perdendo o juízo. Preocupa-se com o dinheiro. Tenho certeza que ela não para de pensar em Mania. O que posso fazer? Tomara que cheguem boas novas para animá-la um pouco.

Sexta-feira, 17 de dezembro de 1943

Estou fazendo enfeites para a árvore de Natal com Ala. Ficamos até uma hora da madrugada criando todo tipo de brinquedo. Quem sabe haja um milagre no Natal e nós sejamos libertados. No último Natal eu não esperava passar um ano todo no abrigo.

Sábado, 18 de dezembro de 1943

Descobrimos um tesouro. O casaco do papai ainda está em bom estado e podemos limpá-lo e vendê-lo! Dará para mais um dia ou dois de comida.

Quarta-feira, 22 de dezembro de 1943

Hoje a sra. Beck vendeu meu vestido. Ela nos deu duzentos zlotys e cinco quilos de farinha. É o meu último vestido, mas quem se importa? Quem precisa dele? Se eu sobreviver, encontrarei outro vestido, e se não...?

Sexta-feira, 24 de dezembro de 1943

Hoje foi um dia memorável para todos nós. Mais uma vez testemunhamos como é nobre o caráter de nossos salvadores. Pela manhã, eu estava com Lola fazendo a limpeza no andar de cima. Ajudamos na cozinha. A certa altura quase fomos avistadas por um estranho (alguém se esquecera de fechar a porta). Conseguimos passar pelo quarto de Ala. À tarde, todos nós demos aos Beck nossos presentes e desejamos a eles um feliz Natal. Depois o sr. Beck desceu ao abrigo com uma bandeja de bolos e vodca. Convidamos a sra. Beck para se juntar a nós; ela veio, e nós comemos e bebemos. Beijamos uns aos outros e pedimos apenas uma coisa: uma rápida libertação. Um final para o nosso sofrimento — todos choraram.

Sexta-feira, 7 de janeiro de 1944

Hoje Luczinski veio visitar os Beck. Ele trouxe consigo o boato de que os russos estão matando pessoas nos territórios que tomam de volta dos alemães. O sr. Beck ficou bastante afetado por essa notícia. Logo que Luczinski se foi, ele desceu para nos ver. Ele disse que queria fugir, mas não iria nos abandonar, ainda que isso pudesse lhe custar a vida. Tentamos dizer-lhe que decerto ele seria recompensado pelas suas atitudes. Provavelmente conseguimos convencê-lo, pois mais tarde o ouvimos cantando no andar de cima. Quando ele canta, também nos sentimos melhor. O sr. Beck pediu que puséssemos no papel aquilo que havíamos prometido a ele: 25% das nossas posses (cada um de nós possui imóveis e fábricas). Cumpriremos a promessa com alegria, pois isso não é nada comparado ao que ele tem feito por nós. Afinal, já faz mais de um ano que eles arriscam sua vida por nossa causa. Ele sempre diz: "Ficaremos juntos até o final, por pior que seja, não importa o que aconteça".

Temos um grande problema. Os alemães vieram e mandaram que o sr. Beck disponibilizasse um quarto. Provavelmente eles vão alojar algum soldado ou oficial alemão no andar de cima. Tudo bem. Ficaremos bem quietos. Mas como vamos fazer com os baldes? Como conseguiremos água? O que podemos fazer? O que tiver de ser será!

Quarta-feira, 12 de janeiro de 1944

As pessoas podem viver cem anos sem jamais passar pelo que temos de suportar durante um único dia. A ficção mais sensacional não traz tantas aventuras quanto as que nos aconteceram no último ano.

Veja o exemplo de hoje. Tudo estava normal, quieto. Não tivemos eletricidade até as quatro horas. Não cozinhamos, ficamos dormindo. A sra. Beck não estava em casa. Mas foi o bastante para fazer nossos dentes baterem de medo.

À noite, Adolf (o namorado de Ala) veio e se convidou para passar a noite na casa. Os baldes estavam cheios, e o sr. Beck deixou Ala e Adolf no outro quarto, e bateu na porta secreta, avisando que era hora de esvaziar os baldes. O sr. Beck montou guarda. O sr. Patrontasch foi até o andar de cima, de pés descalços, mas ainda assim foi um grande risco que corremos. Suspiramos aliviados quando vimos o sr. Patrontasch de volta ao abrigo. Imaginei pelo que ele teria passado lá em cima, sabendo que um oficial alemão estava no cômodo ao lado.

Quinta-feira, 13 de janeiro de 1944

Já há vários dias que os Beck estão se desentendendo. A sra. Beck está rabugenta. O sr. Beck não cantarola mais como costumava fazer. Os Beck são nosso único vínculo com a realidade. Nós espelhamos o humor deles. Espero que façam as pazes logo. O sr. Beck não costuma ficar bravo por muito tempo.

Sexta-feira, 14 de janeiro de 1944

Estes últimos dias parecem muito, muito compridos. Não sei por quê. Talvez seja porque estamos sempre num estado de grande expectativa. Talvez porque passamos o dia todo sentados olhando um para a cara do outro. Não sei. Sei apenas que já tivemos o bastante. Acho que não há coisa pior do que ficar sentada sem fazer nada. Fomos transformados em animais. Todos perderam toda a sua família (nós tivemos melhor sorte, tenho meu avô, tio, tia, e três primos na Rússia) e ainda assim desejamos viver, ainda nos alimentamos. Uma fatia de pão e café pela manhã, batatas ou sopa (feita de batatas) para o almoço e batatas no jantar. Depois, dormir no catre, e então levantar pela manhã e repetir a mesma rotina!

Graças a Deus eles fizeram as pazes lá em cima. Isso nos deixa mais animados.

Domingo, 6 de fevereiro de 1944

As coisas estão mudando para nós. Quem sabe sejamos nós os sortudos ao final? O clima mudou de repente. Faz um frio de congelar e neva. Mesmo aqui no bunker podemos sentir o frio. Ficamos felizes, pois isso ajuda os russos. As notícias também são boas. Eles tomaram mais duas cidades; há combates novamente em Szepetovka, o que é importante para nós porque fica no caminho para Lvov. E isso não é tudo. A sra. Beck disse que os trabalhadores da vidraria estão fugindo. Fico feliz porque eles são os piores tipos, todos colaboradores. Estavam procurando por abrigos e também enganando os pobres judeus que pulavam do trem, roubando o seu dinheiro (caso tivessem algum) e depois vendendo-os aos alemães. Pois bem, deixe-os fugir, mas eu não descansarei enquanto não encontrar cada um daqueles que entregaram Mania aos alemães. Agora mesmo sinto como se pudesse fazer todo lacaio alemão em pedaços. Não há castigo suficiente no mundo para Von Papen, o *stormführer* de Zolkiev, que agarrou crianças pelas pernas e esmagou suas cabeças contra as paredes. A sra. Beck disse-me que, quando deixaram vinte judeus para limpar o gueto depois de "agirem", Von Papen levou [um homem] ao hospital para cuidar de um ferimento e depois o levou ao cemitério e atirou nele. Por quê? O homem trabalhou para ele, perdeu um dedo, que motivo poderia haver para matá-lo? Houve época em que não se sacrificava um cachorro velho, hoje em dia um ser humano não significa nada.

Domingo, 27 de fevereiro de 1944

Nossa situação ficou absolutamente crítica agora. Não sei quanto tempo mais podemos durar assim. De um jeito ou de outro, o fim não pode estar longe. Ou seremos libertados ou acabaremos mortos. Hoje mesmo sentimos o gosto. Durante a noite os alemães vieram e o sr. Beck foi trabalhar. Ala também teve de cumprir o turno da noite no correio. A sra. Beck estava sozinha. Tudo muito silencioso no andar de cima. Não sei como nem por quê, mas subitamente Zosia começou a chorar. Cobriram-na imediatamente com um travesseiro. Pensamos que ninguém teria ouvido, pois foi apenas por um segundo, mas a sra. Beck ouviu. Ela bateu na porta secreta e disse-nos que ouvira uma criança chorando; pediu que fizéssemos silêncio porque os alemães estavam lendo jornal, e não dormindo. Se foi possível ouvir um choro daqueles no andar de cima, isso é muito mau. Por sorte eles estavam no quarto com o rádio, porque este fica do outro lado da casa, então talvez eles não tenham ouvido nada. É claro que agora não há no abrigo quem diga que sobreviveremos. Até eu, a grande otimista do bunker, estou perdendo as esperanças. Mas o que podemos fazer? Sair daqui? Do lado de fora é a morte certa; não há lugar para onde possamos ir.

Quarta-feira, 1º de março de 1944

Já estamos em março; o inverno passou, mas não nos ajudou muito. Está chovendo, é o degelo, é impossível os militares se movimentarem. Nada acontece no front. Nossa situação é terrível. Os nervos estão em frangalhos por causa dos constantes alarmes. Qualquer som feito por alguém no abrigo parece trovejar aos nossos ouvidos. Nossos corações palpitam quando temos de servir a comida à mesa, e ainda por cima há o medo da fome. Quase ninguém mais tem dinheiro para passar o mês. Se tivéssemos mais dinheiro, não teríamos de cozinhar as batatas; poderíamos comer pão.

Um ano atrás, ainda havia um gueto onde tínhamos parentes. Hoje, nós somos os "sortudos". Perdemos a família e ainda assim estamos vivos. É a isso que chamam de "sorte".

Terça-feira, 7 de março de 1944

Temos companhia novamente. Seis soldados da SS se convidaram para dormir na casa. Dormirão no chão com os outros — não diretamente sobre nós.

Quanto mais deles, melhor; aumenta a confusão lá em cima!

Sábado, 11 de março de 1944

Dizem que os anjos estão no céu e não na Terra. Mas os acontecimentos de hoje provaram o contrário: eles estão na Terra, encarnados no sr. Beck! À tarde, ele veio ter conosco e disse que não devíamos acreditar nas coisas que ouvimos lá em cima. Ele não quer fazer parte dessa matança. Ele diz que todo tipo de pessoa tem vindo visitá-los. Eles temem os russos; temem que os judeus queiram vingança (eu mesma ouvi Kruger dizer: "Por suas mães, suas esposas, seus filhos, eles hão de querer vingar-se"). Essas pessoas ficam falando e não sabem que judeus podem ouvi-las. O sr. Beck teme que isso se torne verdade, pois ao esconder judeus ele estaria ajudando numa eventual retaliação contra um amigo seu. É claro que prometemos ao sr. Beck que, caso sobrevivamos, não faremos mal a ninguém.

Segunda-feira, 13 de março de 1944

É o nosso fim! Um dos homens viu Patrontasch. Ele tinha ido ao banheiro enquanto Patrontasch estava no quarto esperando que alguém lhe passasse o balde e viu tudo porque a porta do quarto estava aberta. Ele foi à cozinha pela manhã e contou a sra. Beck que vira alguém no quarto. A sra. Beck ficou nervosa e, em vez de dizer que tinha um hóspede, disse que devia ser provavelmente um ladrão; foi até o quarto, abriu o armário e disse que estavam faltando algumas coisas. Ele começou a revistar, pois desde a visita de Luczinski eles estão desconfiados. Podíamos ouvi-lo vasculhando o quarto sobre nossas cabeças. Ele olhou sob a cama; por sorte, ele cobriu a porta secreta com o corpo e olhou embaixo da cama. Patrontasch sabia que fora visto; ele devia ter avisado a sra. Beck, para que ela tivesse tempo de inventar o que dizer.

Quinze meses sofrendo neste buraco! Morrer agora, quando os russos estão em Tarnopol!

* * *

Eles voltaram e depois saíram para almoçar. Esvaziamos os baldes, desligamos a eletricidade; não vamos cozinhar. A sra. Beck disse que eles encontraram um fuzil. Talvez achem que viram um guerrilheiro; os alemães têm medo deles. É um bom sinal! Talvez eles não estejam pensando em judeus, afinal. Mas provavelmente vão manter os ouvidos abertos agora. Faremos todo o silêncio possível. Há uma agitação lá em cima! Acho que é a polícia. Deus nos ajude! Não quero morrer agora. Há esperança, eles não falam de judeus, mas de ladrões. Estão fazendo piadas a respeito. Tenho apenas um desejo. Caso aconteça alguma coisa, espero que os Beck consigam escapar. Eles merecem mais do que uma bala alemã.

Segunda-feira, 27 de março de 1944

Hoje foi um dia animado. O sr. Beck trouxe seu sobrinho, Wladek, até a porta secreta. Na verdade, afora Melman, Patrontasch e o farmacêutico que foi até perto da porta secreta, ninguém nos viu. Para ser sincera, não estou acostumada a ver novas caras. Nem mesmo tentei me aproximar da porta secreta. O sr. Beck teve motivo para mostrar-lhe o abrigo, pois dentro de alguns dias ele pode ser o seu mais novo habitante. Ele foi convocado para o exército, mas não quer ir. Se procurarem por ele, virá esconder-se conosco. As pessoas que conversaram com ele disseram que é muito simpático. Claro que é simpático; sabe de nós há quinze meses e não nos traiu. Sabe também onde Dudio está escondido, e não o traiu igualmente (Dudio é o cunhado do meu tio Josek; foi deixado no gueto com outros sessenta, mas foram todos pegos e mortos quando levavam comida para Zosia e Zygo, que estavam escondidos num sótão. Foram fuzilados na hora, Dudio depois escapou).

Esta noite os Beck vão dormir no quarto acima de nós. Tiveram de ceder seu próprio quarto aos soldados. Acho que são três; parece-nos que são três.

Sábado, 8 de abril de 1944

Hoje é o Pessach. O feriado nos traz memórias e pensamentos tristes. No ano passado, a Páscoa veio após o incêndio. Mania não estava mais conosco. Simplesmente não posso compreender sua ausência. Vejo-a diante de meus olhos. Penso que irei vê-la quando sair daqui. É impossível acreditar que aquela alma vivaz que queria tanto viver esteja enterrada nalguma parte. Quantos mais estarão sepultados na floresta! Mas o tempo não para. Já se passou um ano e veio um novo feriado. Amealhamos tudo o que pudemos para dar de presente aos Beck. Os presentes eram muito pobres, mas nós temos o hábito de presentear os Beck nos feriados. Quem sabe, se Deus quiser, poderemos sobreviver e dar a eles presentes de verdade.

Quarta-feira, 26 de abril de 1944

O sr. Beck quer fugir. Ele tem medo. Os ucranianos estão ameaçando matar todos os poloneses. Até o prof. Lang, que sempre dizia não ter medo, quer fugir. O sr. Beck quer ir embora, mas sua consciência não o permite. Há outro motivo para o seu abatimento. Como nos alimentar. As batatas acabaram. Ninguém quer comprar dólares. Mas não há nada que possamos fazer. Se o sr. Beck pudesse comprar comida para nós, seria um peso que lhe sairia dos ombros: ele teme que passemos fome. Só há uma coisa capaz de nos salvar. Um rápido avanço dos russos. Espero que aconteça.

Quarta-feira, 3 de maio de 1944

A escuridão é terrível. Cada dia dura uma eternidade. Quando a luz está acesa, posso ler, fazer alguma coisa, e o dia passa mais rápido. Mas na maioria das vezes fico deitada no catre observando o raio de sol que entra pelo respiradouro, e sinto que estou ficando louca. Há um único aspecto positivo. Como não estamos fazendo uso dos pratos elétricos, não faz tanto calor dentro do abrigo e não sofremos tanto quanto no ano passado. Mas o ar está úmido e abafado — uma verdadeira atmosfera de porão — se ficarmos aqui muito mais tempo, provavelmente acabaremos todos com reumatismo!

Terça-feira, 16 de maio de 1944

Metade de maio já se passou e nada de significativo aconteceu. Nenhuma ofensiva, nenhum movimento no front — nada. Estou perdendo a esperança. Será que sobreviveremos? Do lado de fora é maio — primavera — mas isso não nos faz felizes porque quanto maior o calor do lado de fora, pior fica para nós dentro do bunker. Aquele calor todo nos enfraquece. Cozinhamos menos, há menos comida para cozinhar, e ainda assim aqui dentro é quente e pegajoso. A porta secreta permanece fechada a maior parte do dia por causa dos soldados. A maior parte do ar que respiramos vem da porta secreta. Por que, por que temos de sofrer? Por que é permitido aos outros que andem livres pelas ruas? Às vezes, quando ouço alguma visita se divertindo, fico feliz pelos Beck, mas ao mesmo tempo me dói o coração! Serão eles melhores do que eu? Hans, o assassino de milhares de pessoas indefesas, ele sim tem o direito de viver. Eu, que nunca fiz mal a ninguém, tenho de me esconder feito uma criminosa.

Segunda-feira, 19 de junho de 1944

Todo dia parece uma eternidade, sempre esperando, sem saber quando ou se seremos libertados. Não importa o quão tarde acordemos, o dia ainda é longo. Levantei ao meio-dia pois o nosso dia começa quando os soldados se vão e a sra. Beck bate na porta. Às nove da noite, já estávamos nos catres, e o dia ainda não havia chegado ao final. Mas as semanas e os meses deslizam por nós. Já houve vezes em que tivemos certeza de que a liberdade viria a qualquer momento, e outras vezes em que perdemos toda a esperança, mas nunca imaginei que passaríamos tanto tempo aqui. Vemos agora que a guerra não vai acabar logo; é como uma sentença de morte para nós, e ainda assim ninguém tem coragem de acabar com tudo.

Quinta-feira, 22 de junho de 1944

Finalmente está acontecendo algo no front. Quem sabe seja o início de uma ofensiva. Se não, talvez ainda seja o bastante para fazer os soldados partirem; então nossas chances de sobrevivência vão aumentar. Não tivemos oportunidade de ouvir as notícias; sempre podemos ouvi-las se rastejarmos até sob o quarto do soldado. O rádio alemão menciona movimento próximo a Tarnopol e Kovel.

Quarta-feira, 19 de julho de 1944

Na noite passada ouvimos fogo de artilharia. Posso ouvi-lo agora mesmo. Provavelmente avançaram. O dia todo, tanques, canhões, os militares estão passando em direção a Lvov. Talvez estejam atacando Lvov? Quatro soldados se convidaram para dormir na casa. Já estamos acostumados. Ouvimos o fogo da artilharia na distância. Cada vez mais frequente. Quem sabe os soldados nos deixem no meio da noite. Cada um de nós preparou algumas roupas para o caso de algo acontecer (aqui dentro andamos meio pelados). Não podemos sair daqui a não ser para ir ao porão, porque a polícia de campo não tem nenhum problema em executar judeus quando os encontra. O porão tem paredes de concreto; é capaz de nos proteger do fogo da artilharia. Temos um bom abrigo na fábrica ao lado, mas é possível encontrarmos soldados já escondidos lá.

Ala provavelmente está preocupada conosco. Quem sabe durante quanto tempo ficaremos sem notícias dela? Não há nenhum tipo de comunicação; não existe mais administração em Zolkiev. Agora falta pouco.

Sexta-feira, 21 de julho de 1944

Não fazíamos ideia do figurão que estava morando no andar de cima. Ele é o principal oficial do estado-maior da defesa de Zolkiev. Durante toda a noite os soldados vieram em motocicletas, trazendo novidades do front. No andar de cima fica o "estado-maior" e sob o chão ficam os judeus! Isso não é tudo — os Beck e Wladek tiveram de ficar no porão porque os soldados ocuparam a casa toda. Vieram pela manhã e nos deram água e um pouco de pão. Durante todo esse tempo, os soldados não paravam de chegar com relatórios de batalha. É claro, nós pudemos ouvir tudo. Lá pelas onze horas descobrimos que Lvov estava cercada. Havia apenas uma estrada aberta via Janov. Um minuto mais tarde o coronel se despediu dos Beck e disse a eles que, se tinham intenção de fugir, que o fizessem imediatamente, pois os russos chegariam hoje à noite ou, no mais tardar, amanhã de manhã. Como esperamos por este momento!

Como esperamos por este momento! Não posso acreditar que deixarei este buraco! Agora o único perigo é a artilharia, mas não se pode fazer nada a respeito. Tem de ser assim. O porão é seguro; os Beck estão lá dentro. Se o fogo for muito forte, faremos um buraco na parede para rastejar até o porão.

Não podemos passar pela casa porque a porta secreta está coberta de areia. Os Beck passam por uma pequena janela, mas nós temos medo de sair. Estão se comunicando conosco através de um pequeno buraco na parede.

Posfácio

A irmã de Clara, Mania, foi morta durante a liquidação do gueto. Todos os outros ocupantes do abrigo de Zolkiev sobreviveram, graças à coragem e generosidade da família Beck. Os Beck foram condenados à morte como colaboradores dos nazistas nos anos seguintes à guerra, mas foram salvos pelo testemunho oferecido no diário de Clara.

Clara conheceu seu marido e eles se casaram num campo de refugiados na Áustria em 1949. Desde 1957, ela vive e trabalha nos Estados Unidos, onde é presidente do Centro de Pesquisas do Holocausto na Universidade Kean, em Union, Nova Jersey. Ela tem dois filhos e cinco netos.

GUERRA DO VIETNÃ

1964-73

Ed Blanco

Estados Unidos
1968 (19-20 anos de idade)

Esta vai ser uma experiência incrível.

As origens da guerra americana no Vietnã têm suas raízes na tentativa francesa de recuperar o controle colonial sobre aquele país ao final da Segunda Guerra Mundial. Durante a Primeira Guerra Mundial, o Vietnã foi ocupado pelo Japão e tornou-se parte da administração militar japonesa. Os vietnamitas passaram aqueles anos na esperança de que, quando finalmente o Vietnã se visse livre do controle japonês, seguir-se-ia a independência. Os nacionalistas solicitaram aos Estados Unidos que apoiassem sua independência, e Ho Chi Minh tinha como fonte primeira de inspiração a declaração americana de independência.

A Guerra Fria pôs fim às esperanças dos nacionalistas. Por ser Ho Chi Minh um comunista, o governo americano se afastou do movimento nacionalista e passou a apoiar as tentativas francesas de recuperar o controle colonial sobre o país. Isso levou à Primeira Guerra da Indochina (1946-54).

Depois que as forças comunistas vietnamitas, ou Viet Minh, derrotaram o exército colonial francês na batalha de Dien Bien Phu, em 1954, a colônia conquistou sua independência. De acordo com os subsequentes acordos da conferência de Genebra, o Vietnã foi dividido entre uma metade comunista, ao norte, e uma metade não comunista, ao sul. Ho Chi Minh comandava o Norte, enquanto o Sul permaneceria sob o controle do imperador Bao Dai. Em 1955, a monarquia sul-vietnamita foi abolida e o primeiro ministro Ngo Dinh Diem tornou-se presidente da nova República do Vietnã do Sul.

Os signatários dos acordos de Genebra esperavam que se organizassem eleições capazes de unificar as duas repúblicas, mas tais eleições jamais aconteceram. O presidente Diem, com a ajuda dos Estados Unidos, não tinha interesse num processo eleitoral que pudesse ameaçar o controle que ele detinha sobre o Sul. Mas os comunistas ao norte também se recusaram a preparar eleições abertas. Tanto os Estados Unidos quanto os dois Vietnãs não haviam assinado a cláusula do acordo referente às eleições, e portanto não estavam comprometidos a realizá-las. Na época, pareceu que um Vietnã dividido se tornaria uma realidade concreta, seguindo o exemplo da recém-dividida Coreia.

Ao norte, os comunistas formaram a Frente de Libertação Nacional (FLN) como movimento de guerrilha em oposição ao governo do Vietnã do Sul. Os Estados Unidos referiam-se à FLN como Viet Cong, corruptela do termo Viet Nam Cong San, ou "comunista do Vietnã". Os Estados Unidos desejavam evitar que os comunistas obtivessem o controle do país na pessoa de Ho Chi Minh. Em resposta à guerrilha, os americanos começaram a enviar adidos militares em apoio ao governo do Sul. Os vietnamitas do Norte e a União Soviética apoiavam a FLN com armas e suprimentos, conselheiros militares, e unidades regulares do exército norte-vietnamita.

Foi sob essas circunstâncias que os Estados Unidos entraram na arena ao enviar os seus fuzileiros navais em 1965, num movimento de tropas que chegou a acumular até 530 mil homens em 1968.

Em casa, os americanos tornaram-se cada vez mais desiludidos com a guerra, especialmente após a ofensiva do Tet, em 1968. Apesar de a ofensiva dos Viet Cong ter sido frustrada, a população americana tomou consciência de que a vitória no Vietnã seria lenta e dolorosa, se é que fosse sequer possível. Até então, o moral das tropas americanas estivera alto, mas após 1968 a maioria dos americanos voltou-se contra a guerra. Quando ficou claro que os Estados Unidos planejavam uma retirada gradual, o moral das tropas caiu e o uso de drogas aumentou. Os Estados Unidos enfim retiraram suas tropas de combate do Vietnã em 1973. Finalmente o Vietnã do Norte conquistou o Sul em 1975, unindo ambas as regiões sob um único Estado comunista em julho do ano seguinte.

Edward Blanco é natural de Nova York. Nasceu em 1948, filho de porto-riquenhos que haviam imigrado para Nova York após a Segunda Guerra Mundial. No inverno de 1967, ele se alistou voluntariamente e na primavera foi incluído ao exército americano. Como a maioria de seus amigos que já haviam sido voluntários, ele procurava por aventura e novas experiências. Depois de cinco meses de treinamento, foi mandado ao Vietnã com a 101ª Divisão Aérea. Os soldados americanos enfrentaram um ambiente completamente hostil no Vietnã. Foi uma guerra de guerrilha sem fronteiras claras, travada principalmente nas selvas e plantações de arroz, dentro de pequenos povoados e nos seus arredores. Os soldados desenvolveram a paranoia de que o inimigo estava por toda parte, e o estresse dos combates na selva cobrou seu preço sobre os homens.

4 de novembro de 1967 (baía de Cam Ranh)

Perto das oito horas esta noite, depois de dezoito horas de viagem, passando por Anchorage e Tóquio, chegamos à baía de Cam Ranh. Fazia calor, como já esperávamos, e era ainda mais quente dentro dos ônibus que nos levaram ao edifício de processamento, onde preenchemos *muchos* papéis. Depois nos deixaram sair e chegamos a este alojamento, que fica cercado de sacos de areia. Ouvimos um tiroteio do outro lado da baía. Foram metralhadoras, sinalizadores, tudo a que se tem direito. É a primeira vez que ouço disparos feitos contra homens e não contra alvos de papel.

Disseram que ficaremos na baía de Cam Ranh por dois dias. Todos consideram este o lugar mais seguro de todo o Vietnã. Pena que temos de ir embora logo.

8 de novembro de 1967 (Phan Rang)

Estou em Phan Rang desde o dia 6. Fiquei um pouco nervoso quando nos disseram que viríamos até aqui de caminhão porque se ouvem muitas histórias a respeito de emboscadas.

Havia no caminhão um rifle M-16, mas não foi necessário usá-lo. A estrada estava cheia e segura. Ao longo do caminho, crianças acenavam para nós e pediam cigarros ou simplesmente nos estendiam a mão. Ficavam nos olhando até desaparecermos ao dobrar uma esquina.

Phan Rang é o lar da 101ª Divisão Aérea, mas a maior parte do grupo está mais ao norte. O pessoal do 506º (o mais novo batalhão na divisão, acaba de chegar dos Estados Unidos) está fazendo uma festa na praia hoje, antes de serem mandados pra mata.

9 de novembro de 1967

Ontem ouvi o general Westmoreland falar ao 506º Batalhão em forma. Disse que caso fosse necessária uma operação de combate aerotransportada, ele cogitaria designá-la ao 506º para que fizesse o trabalho — suas palavras foram muito festejadas. O 506º foi para a mata esta manhã.

10 de novembro de 1967

São 7 horas da manhã e chove lá fora. Esta semana estamos recebendo cursos de orientação e exercícios. Hoje foi a primeira vez que vesti o uniforme camuflado com os decalques da Divisão Aérea — foi uma sensação gostosa.

[Mais tarde] São 10 da noite e eu acabo de voltar do tanque d'água, onde tentei me lavar. Como sempre, os tanques do banho ficaram sem água. Hoje recebemos a maioria do equipamento. Depois de guardá-lo, fui até o bar, onde tomei algumas cervejas e tirei uma foto que vou mandar para casa junto com a carta que escreverei a seguir.

Hoje regularizei todos os meus registros financeiros e de seguro, e disseram-me que irei para o 506º. Isso é péssimo. Eles são inexperientes, como eu, cara. Estava torcendo para ir para o 17º da Cavalaria ou o 502º. Pouquíssima gente queria ir para o 506º. Para conseguir transferência para outra unidade, um sujeito até mesmo se realistou por mais quatro anos quando soube que iria parar no 506º.

12 de novembro de 1967

Hoje peguei GI [males gastrointestinais]. Fui ao banheiro *muchas* vezes. Outros caras também pegaram. É a comida e o tempo quente. Tenho de me acostumar.

Reparei em outra coisa que muitos de nós temos em comum. Conforme somos designados para unidades regulares, todo mundo começa a falar que "vai conseguir sair dessa". Um sujeito disse que volta pra casa nem que lhe falte uma perna ou coisa assim, desde que ainda tenha os bagos e possa transar.

No chuveiro, ouvi um sujeito dizer que, se passasse doze meses no front, ele estaria bem, porque o Charlie não tem uma bala com o seu nome escrito. Outro sujeito respondeu: "Preocupe-se com aquelas balas onde está escrito a-quem-interessar-possa, é com elas que você precisa tomar cuidado".

Recebi minha arma hoje. Vou cuidar bem dela. Aquele rifle vai passar um ano inteiro comigo.

20 de novembro de 1967

Nestes últimos três dias estive ocupado com trabalho burocrático. Fui ao correio e comprei cartões de Natal para mandar para casa. Ainda não recebi nenhuma carta, mas acredito que logo elas chegarão. Escrevo isto em minha barraca. Não há mais ninguém aqui. Vou à Cruz Vermelha assistir a um filme depois do banho. Conforme o Natal se aproxima, aumenta a minha saudade de casa.

22 de novembro de 1967

Hoje eu e Rodney esperamos até as duas e meia da tarde com todo o equipamento de prontidão; rifle, mochila, munição. Então disseram-nos que a operação fora cancelada. Para mim não fazia diferença, mas eles nos colocaram para cuidar do trabalho burocrático outra vez. À noite fui até a Cruz Vermelha, mas não fiquei lá por muito tempo. O filme era uma porcaria. Quando voltei para cá na barraca, o sargento me disse que amanhã é dia de trabalhar na cozinha. Amanhã é Dia de Ação de Graças. O sargento disse também que na tarde seguinte sairemos para a mata, com toda certeza. Assim como hoje era certa a nossa ida.

23 de novembro de 1967

Dia de Ação de Graças. Hoje passei o dia todo na cozinha do batalhão. Serviram um grande jantar. Tinha peru, batatas, bolos, coquetéis de camarão. Puseram toalhas brancas nas mesas — precisavam ser passadas, mas estavam limpas. Quando acabamos o serviço da cozinha, o sargento do refeitório ofereceu a nós, soldados, um pouco de vodca e depois rum. Depois disso fui até a Cruz Vermelha e escrevi cartas para mamãe e Betsy lá em casa, e escrevi para Joe, porque no outro dia vi seu nome na lista de mortos em combate, mas tenho certeza que não se tratava dele, porque seu nome estava listado entre os fuzileiros navais e ele é da cavalaria.

24 de novembro de 1967

Rodney e eu esperamos três horas no heliporto esta manhã, mas não fomos mandados para o combate. Estamos de volta à nossa barraca. Rodney é um irmão da Filadélfia. Tem 23 anos e uma esposa e filho.

25 de novembro de 1967

Na noite passada houve uma briga no bar. Parece que o 502º e o 327º têm algo contra os novatos do 506º. Eles não gostam do nosso lema, "Combatemos sozinhos". Sou novo no 506º e não me senti envolvido, mas é melhor tomar cuidado, esses outros batalhões já passaram muito tempo metidos na mata. Seja como for, nocautearam dois de nossos cozinheiros.

Há um sargento mexicano em minha barraca agora. Ele é jovem. Ganhou um passe de três dias por ter matado o primeiro inimigo do 506º. Disse que avistaram doze VCs e dispararam contra eles. O que eles acertaram revelou-se uma enfermeira grávida. Ele disse que outros corpos foram levados pelos VCs enquanto batiam em retirada, mas não acreditei nele. Escrevo isto tudo enquanto ele ainda está aqui na barraca.

Todo mundo fuma maconha no Vietnã. Bem, não é todo mundo, mas *muchas* pessoas. Há um sujeito alto e magro de Iowa que nunca tinha sequer visto o bagulho até chegar aqui. Agora ele gosta de fumar. Seu nome é Paulson.

E há também o D. Ele é do Texas. D. fumou aqui na barraca pela primeira vez há algumas noites, ficou meio doido e espetou a própria barriga com uma baioneta. Nada sério. Eu estava na barraca dormindo e soube a respeito no dia seguinte. Ontem, ele foi voluntário para mais um ano no Vietnã.

[Mais tarde] Há algum tempo Rodney e eu estávamos pintando cones de metal e o sargento de suprimentos veio até nós e disse que ficássemos prontos para ir para a mata. Bem, a história se repetiu. Nós esperamos. O helicóptero veio e foi embora e cá estou eu na barraca novamente. Disseram outra vez que amanhã partimos.

26 de novembro de 1967

Já é tarde da noite mas ainda há luz. Os céus estão cinzentos e cheios de nuvens e está escurecendo depressa. Estou sentado sobre sacos de areia atrás da barraca, enquanto escrevo. Os outros companheiros estão do outro lado da barraca, jogando beisebol. Ouvi-os chamando meu nome há alguns minutos, mas não respondi porque naquela hora eu estava lendo. Gosto de beisebol, mas também gosto de ler. Especialmente este livro do Hemingway que consegui. E então subitamente senti vontade de escrever.

Quando olho ao meu redor, parece uma cena de filme. Uma cena de acampamento de guerra. E eu ainda estou em Phan Rang, imagine só como será no campo de batalha. Mal posso esperar.

Se alguém me visse neste exato momento, veria um jovem sentado sobre sacos de areia escrevendo num caderno. Não veste camisa e sobre seu rosto, peito e braços pode-se ver uma fina camada de poeira, e suas calças largas estão sujas.

Hoje recebi minha primeira carta. Era de Betsy, dizendo que mamãe está muito preocupada.

Hoje Rodney e eu fomos designados pelo "Touro" para o segundo pelotão. O "Touro" é o nosso primeiro-sargento. Ele prometeu que amanhã iremos para o combate — é o que veremos.

29 de novembro de 1967

Estou no topo de uma colina próxima ao mar da China, e estou muito cansado. Ontem finalmente me levaram ao campo de batalha... O mar da China está bem à nossa frente e à direita fica outra colina. Finalmente estou na mata.

5 de dezembro de 1967

Não tenho tido muito tempo para escrever neste diário. Fizemos um ataque de helicóptero (o meu primeiro) sobre uma plantação de arroz a cerca de onze quilômetros daqui. Desde então estou ralando feito uma mula. Ouvimos muito tiroteio, mas meu pelotão ainda não se envolveu num combate. Um sujeito da companhia B foi morto outro dia. Há VCs na área, pois encontramos um acampamento deles e queimamos as cabanas e destruímos o arroz. Estou escrevendo com pressa porque logo seguiremos marcha e é minha tarefa vigiar a mata.

Quando montava guarda ontem à noite (lá pelas quatro horas da madrugada) estava tão escuro que tudo o que eu podia fazer era escutar. Nesta colina, lá no alto, o vento soava como um trem se aproximando no metrô. Então o vento sacudiu todas as árvores ao seu redor, e depois veio o silêncio — na noite passada o vento agarrou um galho e me atingiu com ele. Cara, eu não podia ver o que me acertou e quase gritei.

Enquanto monto guarda, frequentemente penso em casa e que horas serão lá e nas coisas que farei quando voltar, e de repente esse galho me acerta. Uau.

10 de dezembro de 1967

Hoje nos aprontamos para seguir marcha, mas tudo o que estamos fazendo agora é esperar. Faz muito calor e o Artilheiro acaba de trazer de volta algumas cocas. Estão quentes, mas gostosas. Ontem recebi uma carta de Betsy, ela disse que Victor se feriu e está voltando para casa. Sempre me ocorreu que algum dos meus amigos acabaria ferido.

Acho que estamos indo na direção da fronteira com o Camboja. É um pouco mais quente por lá. Todos os rapazes estão loucos por uma troca de tiros, porque até agora tudo o que fizemos foi marchar e carregar peso para cima e para baixo.

A cada dia sinto mais saudade de casa. É difícil acreditar que terei de ficar aqui por mais onze meses. Nas cartas de mamãe, ela sempre me diz para manter a fé. As cartas de Betsy são engraçadas. Ela as escreve como notícias de jornal.

17 de dezembro de 1967

Ontem fomos reabastecidos e recebemos um monte de correio. Li as cartas *bookoo* vezes antes de queimá-las.

Agora estou fazendo um pouco de chocolate quente com biscoitos. Estou ficando bom com estas rações. Estou aprendendo a prepará-las como se fossem refeições normais.

21 de dezembro de 1967

É de manhã cedo e está frio e úmido. Estou vestindo meu poncho enquanto escrevo. Logo deixaremos esta colina e começaremos o caminho pelo vale. A grama é alta e densa por aqui, e vi minhas primeiras sanguessugas na água. Na noite passada, quando estava indo dormir, ouvi música. Pensei que estivesse sonhando, mas quando abri os olhos ainda pude ouvi-la. Era distante e fraca, mas ERA MÚSICA. O Artilheiro e Craig também a ouviram. Perguntamos ao sargento Bunn a respeito e ele disse que vinha de uma vila próxima.

25 de dezembro de 1967

Na noite passada todos dormimos durante o serviço de sentinela porque a colina estava lotada de soldados. Era noite de Natal. Além disso, havia um cessar-fogo em vigor, mas isso não quer dizer nada na verdade. Os operadores de radiotelefone elevaram os ânimos nas estações. Eles disseram que Papai Noel estaria atravessando o perímetro depois da meia-noite, então "nada de atirar". E outro cantava "Bate o sino" com a letra um pouco diferente:

Bate o sino, tiroteio, VCs estão no mato
Pegue este feliz natal e meta-o no rabo.

Esta manhã todos estavam de bom humor. Um sujeito andou pela colina usando creme de barbear como barba e um poncho sob a camiseta como barriga. Ele andava dizendo "Ho, ho, ho", mas Papai Noel não usa um capacete de aço nem traz consigo um rifle M-16.

Mais tarde os helicópteros chegaram e nós comemos um rango quente e fomos à missa. Havia uma moça da Cruz Vermelha com uniforme de Noel servindo comida — uma coisa bem fora de lugar. Cantamos músicas natalinas junto aos helicópteros enquanto comíamos. Tente cantar "Noite feliz" com a boca cheia de peru. Não fui à missa porque estava montando guarda, mas escapuli enquanto o padre dava a comunhão e comunguei também. Depois voltei para o posto de vigia.

Trouxemos cervejas, cocas, rações e outros suprimentos de volta às nossas posições. Recebi dois pacotes, além das cartas. Um deles era da mamãe, com *bookoo* coisas, e o outro era de doces espanhóis, que o *abuelo* [avô] mandou de Porto Rico. Comi feito um cão esfomeado e troquei meus refrescos por cervejas. Muitos sujeitos receberam pacotes e estavam distribuindo comida. Guardei dentro da mochila os biscoitos e frutas enlatadas que mamãe mandou.

Em sua carta, mamãe disse que este ano não havia árvore de Natal. Espero que tenham um bom Natal em casa. Espero que no ano que vem eu já esteja em casa e possamos decorar uma árvore de Natal gigantesca.

8 de janeiro de 1968

Meu esquadrão está montando guarda enquanto os engenheiros explodem algumas árvores para fazer uma zona de pouso. Sabe por quê? Porque vamos voltar a Phan Rang. Enquanto escrevo, a artilharia está bombardeando uma colina diante de mim. Até agora foram dez disparos — mais dois — mais três. Fomos reabastecidos com mais seis refeições ontem, o que me fez pensar que continuaríamos aqui fora, mas vamos voltar. Tentei comer todas as minhas rações esta manhã (Uau, a artilharia está pegando pesado). Comi dois pães inteiros cheios de geleia de abacaxi. Devorei-os com chocolate quente, presunto frito com molho apimentado, biscoitos, rocambole de nozes, salada de frutas e refrigerante sabor lima-limão. Ia abrir minha lata de bolo para a sobremesa, mas já estava empanturrado demais.

Desde que topamos com aquele acampamento do batalhão de VCs, não temos camelado muito, exceto por ontem, quando marchamos com todo o equipamento para cima e para baixo numa montanha coberta de bambu, tentando chegar até onde estamos agora. Lá na montanha, largamos as mochilas num perímetro seguro e saímos em patrulhas. Destruímos tudo o que encontramos. Os engenheiros que nos acompanham usaram explosivos C-4 para demolir os bunkers inimigos.

Vi cadáveres de VCs. Estavam empilhados uns sobre os outros, com milhares de moscas e insetos rastejando sobre eles. Não pude suportar o cheiro. Pareciam bonecos gosmentos de plástico enrijecido. Também encontramos um pé decepado pela artilharia. Minha companhia encontrou sete cadáveres de VCs. Espero que tenhamos matado mais, mas não pudemos achar mais corpos. Nosso batalhão teve sete mortos e vinte feridos.

Dois caras da companhia C morreram e outros foram feridos quando uma granada explodiu acidentalmente no posto de comando. O comandante da companhia foi ferido. Eu estava perto quando tudo aconteceu e pude ouvir os gritos e gemidos após a explosão.

10 de janeiro de 1968

Ontem fizemos uma viagem de sete horas em caminhões de volta a Phan Rang. Hoje eles nos deram licença depois de limparmos nossas armas. A maioria dos rapazes foi até o centro ou a Phan Rang, mas eu guardei meu passe livre para amanhã. Em vez disso, tomei um banho (frio, mas gostoso), vim até esta barraca vazia (somente o Big Henry, sargento das almas, está aqui) e reli minhas cartas, fumei uma cigarrilha e tirei uma soneca. O vento estava agitando as beiradas da barraca e a mim chegava uma agradável brisa (as laterais estão erguidas). Hoje à noite vou até a Cruz Vermelha escrever algumas cartas e encher a cara de cerveja, como fiz ontem. Hoje vou comer em alguma lanchonete. Pedirei batatas fritas e filé ou frango, e sorvete ou então um milkshake. Cara, vou ficar gordo feito um porco. Espero que fiquemos por aqui algum tempo. Seja como for, vou ver o médico a respeito dos meus olhos e ver o que posso fazer para escapar da linha de frente.

13 de janeiro de 1968

Ontem fui até o centro com minha câmera Yashica nova e fiquei tão bêbado que me esqueci de tirar fotos. Gastei cerca de trinta dólares. Joguei cartas com uma *baby-san* (devia ter uns dezesseis anos), disputando drinques. Ela estava ganhando até eu mudar o jogo para blackjack, e comigo dando as cartas e trapaceando foi fácil vencer cinco jogos seguidos e ficar bêbado.

14 de janeiro de 1968

Vamos fazer um salto de combate. Disseram-nos que haverá repórteres no local tentando fazer uma matéria. Restringiram-nos à área. Puseram arame farpado e guardas ao redor do batalhão. Esta vai ser uma experiência incrível.

15 de janeiro de 1968

Esta manhã derrubei meu espelho, que quebrou no banho. Todo mundo se voltou e olhou para mim. Em geral não somos supersticiosos, mas o dia do salto está chegando e não queremos correr nenhum risco.

18 de janeiro de 1968 (ZP Betty, Phan Thiet)

Estou na ZP Betty, próxima à cidade de Phan Thiet. Não saltamos. O salto foi cancelado e em vez viemos até aqui de caminhão. Estamos assumindo a seção que era da 1ª Cavalaria. Neste momento estamos alojados em barracas ou abrigos feitos com sacos de areia.

26 de janeiro de 1968

Passamos o dia todo nos bunkers. O sargento Pully acaba de sair para descobrir o que faremos amanhã. Agora estou no abrigo, passando um mau bocado porque o Artilheiro está encobrindo a luz da vela, mas afinal a vela é dele.

Ontem saímos em patrulha. Nosso esquadrão estava seguindo alguns rastros numa trilha quando os três rapazes da vanguarda avistaram umas pessoas. VCs? Camponeses? Fossem quem fossem, saíram correndo e nós abrimos fogo. Não matamos ninguém porque eles correram muito rápido.

O Artilheiro tinha acabado de me passar a metralhadora para que eu a carregasse um pouco, porque ele estava cansado (a M-60 é pesada). Eu dei a ele meu M-16. Foi então que ouvimos o alarme dos batedores. Corri até uma posição em que pudesse atirar, mas só consegui dar dois tiros antes de a metralhadora engasgar. Me voltei procurando pelo Artilheiro, mas ele desaparecera com o meu rifle. Eu já havia lhe dito que sempre que entrássemos em ação eu queria que ele pegasse de volta a metralhadora, mas em vez disso ele saiu correndo, disparando com o meu M-16. Tirei o cinto da arma e recarreguei-a. Atirei, e novamente ela engasgou. Quando finalmente consegui consertar a arma, os bandidos já haviam desaparecido. Não recebi treinamento para usar a M-60 e quando ela travou, fiquei xingando o Artilheiro, e depois que ele voltou tivemos uma discussão áspera. Sempre que estivermos num tiroteio, quero estar com meu M-16, não com a M-60.

1º de fevereiro de 1968

Ontem matamos quinze VCs e capturamos outros dois. Também matamos acidentalmente dois civis. Acertamos um monge budista na cabeça e, na casa vizinha, à esquerda, deixamos um velho ferido com a filha e os netos chorando por causa da avó, que estava deitada no chão com um tiro na cara.

Fiquei aborrecido por causa disso. Mais tarde, meti cinco balas num VC moribundo e atirei na cabeça de outro, só para me certificar.

Um VC saiu de uma moita com as mãos para cima. Estava com uma pistola 45 na mão. Quando ele começou a balançá-la, nós abrimos fogo e ele caiu no chão feito um boneco. Um de seus braços e mais um dedo foram arrancados pelas balas e as suas tripas e miolos ficaram esparramados pelo chão.

Um dos VCs que capturamos era oficial político. Estava ferido na perna e ficou de pé com as mãos bem no alto. Foi isso que salvou sua vida. Anteriormente, eu e o Artilheiro havíamos ajudado um velho que fora ferido por nós e o deixamos balbuciando de medo. Agaro foi atingido no braço.

Naquela noite recebemos disparos vindos de um pagode. O primeiro pelotão, que estava do outro lado do pagode, atirou na nossa direção e acidentalmente matou dois soldados sul-vietnamitas e feriu outros dois. Eu e o Artilheiro havíamos anteriormente trocado os nossos cigarros por bolo com esses sujeitinhos. Antes de o segundo soldado morrer, eu e três outros sujeitos carregamos sua maca através de um cemitério de volta à ZP Betty. O tempo todo ele gemia e se afogava com o sangue na garganta. Craig ficou frustrado com o nosso ritmo lento e mais tarde carregou o soldado até um jipe, que saiu correndo até um posto médico. Mas o homenzinho morreu pouco depois.

Isso foi ontem. Hoje saímos em patrulha por cerca de quatro horas e voltamos.

5 de fevereiro de 1968

No dia 2 de fevereiro fizemos uma ofensiva aérea sobre uma região controlada pelos VCs. Enquanto passávamos um pente fino naquele setor, descobrimos um homem com sua família numa cabana. Fomos verificar e de repente abriram fogo contra nós na casa ao lado. Schultz e Daniels foram atingidos pelos primeiros disparos. Schultz no peito, Daniels na perna. Um pequeno fragmento de cápsula me acertou no pé, mas não chegou a penetrar a bota.

Durante uma breve pausa no combate, Gressett disse-me com os olhos esbugalhados que havia inimigos dentro daquela casa, num túnel. Corremos até a casa e o Artilheiro despejou metade de um cinturão de munição dentro do buraco. Quando fomos ver, havíamos matado quatro pessoas. Dois meninos, o pai e a mãe, e ainda arrancado a tiros a mão de uma velha. Havia ainda uma velha cega e um menino pequeno que não foram feridos. O que posso dizer?

Schultz foi carregado para dentro da casa enquanto atirávamos e recebíamos disparos das outras casas. Mais tarde, chamamos ataques aéreos. Observamos os jatos destruírem as casas enquanto Schultz gemia e a velha com a mão arrancada gemia.

Daniels foi deixado na varanda da casa vizinha porque não conseguimos chegar até ele. Ele sangrou até a morte.

Finalmente, conseguiram homens para carregar Schultz de volta para o atendimento médico. Schultz é um cara pesado. Enquanto passavam por terreno aberto, foram atingidos por fogo de armas automáticas. Gressett foi atingido no quadril. Rincon no joelho, o sargento Henry no braço e um outro sujeito também no braço.

Enquanto estava na casa, ouvi alguém dizer que o sargento Bunn fora atingido. Seu corpo foi recuperado naquela noite. O primeiro-sargento também morreu.

Na casa recebíamos fogo esporádico. Cobri os meninos mortos com uma esteira de bambu e tentei consolar a velha maneta. Mas como se pode fazer isso? Ela ficou naquele buraco com os mortos e o fedor e as moscas. Fiz um curativo em sua mão e dei-lhe um pouco d'água. Ao menino também. Um dos rapazes achou um rádio e ligou-o para que tocasse música.

Ontem de madrugada, quando ainda estava escuro, vieram nos buscar. Foi bom estar no helicóptero, fazendo a viagem de volta.

15 de fevereiro de 1968

Já faz tempo que não escrevo aqui. Deveria ser mais disciplinado em relação aos registros no diário. Aconteceu muita coisa desde a última vez que escrevi nele. Estou cansado demais para escrever sobre tudo, mas contarei um pouco. Jackie Walker, D'way, Georgia e Owens foram todos feridos por um ataque com foguetes. Os três primeiros ficaram muito arrebentados. Agora temos dezoito homens no pelotão e vamos trocar os membros dos esquadrões.

20 de fevereiro de 1968

É bem cedo e os céus estão vermelhos no oriente, onde o Sol se mostrará dentro de pouco tempo. Durante toda a noite houve tiroteio vindo daquela direção, com as balas zumbindo sobre nossas cabeças. Estou atrás de um dique com um campo aberto diante de mim, depois um rio raso e largo e então casas e palmeiras. Os inimigos e o exército sul-vietnamita passaram a noite toda combatendo.

Ontem, deste lado (três balas acabam de passar sobre minha cabeça), fomos pesadamente bombardeados. Por sorte meu pelotão estava na retaguarda, de modo que as baixas ocorreram somente no primeiro e no terceiro pelotões, num total de oito mortos e dez feridos. Rate foi morto e D. J. ferido. Não sei se foi grave por causa da confusão, mas hoje descobrirei.

21 de fevereiro de 1968

Na noite passada disparamos para além do perímetro e esta manhã achamos um inimigo morto, AK-47, mochila, granada chicom e algumas outras coisas.

[Mais tarde] Quando voltar para casa vou aprender a tocar algum instrumento, me dedicar ao hobby de radiodifusão e escrever. Será bom para mim.

Na noite passada foram disparos de sinalizadores e artilharia o tempo todo, estilhaços voando sobre minha cabeça, zunindo. Alguns caíram perto de mim. Agora vamos seguir marcha.

25 de fevereiro de 1968

Ontem fizemos um ataque de combate e hoje também. Estou escrevendo de uma ZP. Fizemos uma varredura da área ontem, sem maiores episódios. Hoje faremos o mesmo.

O Artilheiro voltou da licença pálido e limpo. O idiota vai nos deixar. Ele se realistou por mais três anos para pegar o posto de artilheiro no helicóptero. O consultor vocacional fez a cabeça dele em Phan Rang. Bem, eu não queria ficar com a metralhadora e então troquei com Craig minha metralhadora pelo M-79. Agora, sou um bombardeiro e ele, o metralhador. O sargento Days é o novo líder do meu esquadrão, o que é ruim, pois não gostamos um do outro.

Agora são 12h15 e todos estão comendo suas rações, menos eu. Estamos dispostos ao longo do dique de uma plantação de arroz e daqui podemos ver claramente a ZP Betty com sua torre de antena lá no alto. Estou com diarreia novamente e todo tipo de distúrbio no estômago. Mas acabo de ir atrás de uma casa queimada e evacuar, e sinto-me um pouco melhor.

[Mesmo dia] É noite e estou escrevendo à luz de um sinalizador. Voltamos à ZP Betty e estamos sendo bombardeados por morteiros. A pista de pouso próxima à torre está em chamas e houve uma tremenda explosão, que mandou uma nuvem de fogo pelos céus. Deve ter sido um tanque de gasolina. Estou num pequeno buraco e ao meu redor há mochilas de equipamento pessoal. O sinalizador está se apagando.

27 de fevereiro de 1968 (ZP Bartley)

Estou num abrigo no topo de uma montanha. Chegamos aqui esta manhã, fizemos uma patrulha e voltamos para cá à noite. Todo mundo está lá fora falando besteira enquanto eu estou dentro do bunker escrevendo à luz de — acredite se quiser — uma lâmpada elétrica. As aberturas do abrigo estão cobertas com ponchos para que a luz não seja vista do lado de fora.

Afastados do resto do grupo, atrás do abrigo, numa ladeira, escuto dois porto-riquenhos conversando em espanhol. Tenho certeza de que são de Porto Rico e não de Nova York. São de outra unidade. Um deles vai passar a noite conosco. É um porto-riquenho de cor que usa bigode. Os dois têm bigodes. É uma pena que a 101ª não permita que eu deixe o meu bigode crescer.

Acabo de ouvir um dos nossos rapazes do lado de fora do abrigo dizer que os dois porto-riquenhos se acham melhores do que nós porque não querem falar em inglês. Essas coisas me deixam puto. Muitas vezes queria que meu nome fosse Rivera ou Gonzales para que as pessoas soubessem imediatamente que sou porto-riquenho.

1º de março de 1968

Ontem fomos até Phan Thiet para pegar nossas sacolas e mochilas. Alguém roubou minha mochila com minha câmera, filmes, envelopes pré-pagos e cartas do Queens College. O valor de tudo deveria dar cerca de cem dólares. Hoje permitiram que relaxássemos nos abrigos. Acabo de terminar um livro que comecei pela manhã e vou começar outro livro agora. É capaz de sermos levados para o combate amanhã.

3 de março de 1968

Ontem fizemos outro ataque de combate e caminhamos bastante. Agora é manhã e provavelmente andaremos muito, como ontem. Ao menos não há cabanas ao nosso redor de onde possam vir tiros.

4 de março de 1968

Acordamos esta manhã às quinze para a seis e logo depois os AK-47 abriram fogo contra nós. Os tiros passaram bem sobre minha cabeça. Agora estamos usando a artilharia para bombardear as copas das árvores de onde veio o tiroteio.

6 de março de 1968

Chegamos de volta à montanha, ZP Bartley, no dia 4. Naquele dia o terceiro pelotão assumiu nosso posto na mata, mas o líder do pelotão torceu o tornozelo quando saltava do helicóptero e o nosso tenente Harrison teve de ficar lá com eles. Ele ficou compreensivelmente puto. Acaba de chegar um sujeito novo no esquadrão, vindo de Massachusetts. Ele tem um nome francês e por isso o chamamos simplesmente de Tampinha. No dia que ele chegou, eu e Patterson começamos a falar dos combates de que havíamos participado. Acho que inconscientemente queríamos impressionar o novato e fazê-lo ver que éramos veteranos, combatentes experientes. Acho que os soldados sempre fizeram isso.

Há ratos em nossos abrigos. Acabo de ver um bem diante do nosso bunker. Era do tamanho de um gato.

Nosso esquadrão consiste agora em seis homens. O sargento Days é o líder do esquadrão. Até pouco tempo eu não me dava bem com ele. O sujeito volta para casa daqui a cerca de vinte dias. Não bebe nem fuma. Diz que tem planos de tornar-se padre quando voltar. Mas isso é besteira. Provavelmente ele fez essa promessa antes de vir para o Vietnã, duvido que ele se torne padre quando voltar.

O sargento Patterson já fez cinco anos de faculdade. Tem 24 anos. É um soldado cuidadoso quando está acordado. Seu maior defeito — ronca e dorme quando está de guarda. Craig tem dezoito anos. Abandonou o colegial para que pudesse lutar por seu país. Ele é da Carolina do Norte. Os outros três membros do esquadrão são Hass, o Tampinha e eu. Há mais para contar, mas estou cansado.

7 de março de 1968

Seja por minha culpa ou não, este diário não tem sido aquilo que eu esperava. Mas foi escrito principalmente para mim, e às vezes uma simples frase pode reavivar uma lembrança e encher minha cabeça de pensamentos.

Amanhã iremos a combate novamente.

10 de março de 1968

Hoje faço vinte anos. Sempre disse a mim mesmo que quando chegasse a essa idade eu seria um homem e não mais um adolescente.

Esta manhã um sujeito chamado Nelson, de outro pelotão, foi morto enquanto seu esquadrão estava de PO. O meu esquadrão também estava de PO e quando ouvimos o tiroteio todo, demos um dd na área.

O sargento Patterson acaba de me ver escrevendo aqui agora e quis que eu mencionasse o fato de que ele salvou este diário quando estávamos fugindo do PO. Ele pegou o diário correndo depois de vê-lo cair do meu bolso sem que eu percebesse.

Cara, como estou fedido. Eu e minhas roupas somos um fedor só. São cerca de dez dias de fuligem e suor que se combinam para produzir este odor que me perfuma.

11 de março de 1968

Ontem matamos um VC pelo Nelson.

16 de março de 1968

Não tinha percebido que não havia escrito nada desde o dia 11. O tempo desaparece. O mesmo acontece com as cartas. Achei que tinha escrito uma carta outro dia mesmo, quando na verdade foi há mais de uma semana.

Na noite passada eles nos trouxeram de volta aos abrigos montanhosos da ZP Bartley. Ficamos chapados e escutamos música. Era noite de Lua cheia. Foi uma cena bacana.

Acabo de me dar conta de que o rádio que estou escutando agora é o mesmo que encontramos naquela cabana no dia em que Daniels, Bunn e os outros foram mortos.

19 de março de 1968

Estou novamente nas plantações de arroz. Estou aqui desde o dia 17, quando fiz meu 17º ataque de helicóptero. Não aconteceu muita coisa. Francoatiradores disparam contra nós, mas isso já é coisa do dia a dia. Provavelmente voltaremos à ZP Bartley hoje ou amanhã, ficaremos lá por alguns dias e depois voltaremos aqui em patrulha. Eles mantêm um revezamento entre os pelotões.

22 de março de 1968

Fizemos outro ataque de combate esta tarde, depois de apenas dois dias na Bartley. Estou descansando junto ao dique de uma plantação de arroz, e atrás de mim alguns sujeitos estão cavando um abrigo depois de terem jogado uma granada dentro dele. Acabam de tirar de lá três meninas pequenas e um menino, todos milagrosamente com vida, mas em estado de choque. Agora dizem que há mais alguém lá dentro.

Acabo de ir ver. É horrível. Há uma mulher morta com um bebê morto em sua barriga. Há outra jovem, moribunda. Acho que estão tirando de lá outro cadáver agora.

24 de março de 1968

Ainda estou na mata e provavelmente ficarei aqui por mais alguns dias. Quase todo dia somos alvejados por francoatiradores. Capturamos dois prisioneiros dentro de uma cabana depois de vermos outro homem sair de lá correndo com uma arma. Enquanto dávamos uma busca na área, recebemos fogo de armas automáticas. Chamamos a artilharia.

26 de março de 1968

Ainda estamos na mata. Minha água acabou ontem à tarde. Há um lago nas redondezas e quem sabe possamos pegar água de lá.

27 de março de 1968

Ontem fomos até o lago, como pensei. Pegamos água e cavamos nossas posições. Naquela noite, à uma e meia da madrugada, enquanto eu estava de guarda, AKs abriram fogo bem diante de mim. Saltei até minha posição e rapidamente disparei alguns tiros de M-79 contra um conjunto de arbustos, de onde vi saindo balas sinalizadoras. Depois dos meus disparos, o fogo cessou. Acho que peguei ele, pensei. O tiroteio seguia e recarreguei minha arma para atirar contra o mesmo lugar. Então meu rosto, cabeça e pescoço foram atingidos por estilhaços, um foguete explodiu bem diante da minha posição. Me acertaram, pensei, e tive medo. Então pensei que o melhor seria continuar atirando, mas só tive tempo para mais um disparo. Minha cabeça estava doendo e havia mais foguetes vindo em minha direção. Deitei em minha posição e procurei por sangue. Havia um buraco no meu queixo e outro em meu pescoço. Depois encontrei outro buraco na nuca. Todos estavam sangrando. Fiquei assustado. Pensei que sangraria até a morte, mas mantive a calma. Quando o tiroteio acabou, Pat chamou um médico. Lopez também foi atingido, e fomos ambos evacuados de helicóptero naquela noite.

Agora estou no posto médico de Phan Thiet. Meu pescoço e queixo estão inchados, e estou todo enfaixado. Ainda não sei o que farão comigo.

30 de março de 1968

Meu rosto e pescoço continuam inchados, mas esse é o meu único desconforto. Durmo numa cama, há enfermeiras, filmes, boa comida etc. Hoje o café da manhã foi torrada com dois ovos fritos. Não devemos beber cerveja, mas tenho três latas aqui comigo e são apenas 7 da manhã. Guardo elas numa sacola de pano verde para que as tenentes não as vejam.

1º de abril de 1968

Meu rosto está mais parecido com um rosto, mas continua inchado.

Acaba de me ocorrer que, alguns dias antes de eu ter sido atingido, o corpo de Cristo caiu da cruz que uso numa corrente no pescoço. Os rapazes haviam dito — Oh não, Ele te abandonou.

2 de abril de 1968

Tem muita coisa acontecendo nos noticiários: Johnson não vai se candidatar. Mao Tsé-tung está morto. A guerra terá sua escala reduzida. Israel está guerreando de novo. E Kennedy tem boas chances na presidência.

No noticiário local — um foguete de 122 mm caiu aqui em Long Binh na outra noite. Um foguete acertou um alojamento de oficiais, matando seis.

E o médico disse que talvez hoje ele passe o arame na minha mandíbula.

7 de abril de 1968

Hoje fui até a Cruz Vermelha devolver alguns livros. Enquanto estava lá, telefonei para casa ao custo de 4,40 dólares por minuto. Pensei que mamãe fosse chorar ao telefone, mas ela estava calma. E logo começou a chorar, bem como eu havia previsto. Falei com Betsy também, e ela me perguntou se vão me mandar para casa. O que eu não daria para voltar pra casa. Muitos sujeitos estão indo para o Japão e eu os invejo, apesar de estarem sofrendo de ferimentos horríveis. Depois do que vi neste hospital, tenho mais medo de voltar para a linha de frente. Hoje, mais cedo, enquanto estava lendo alguma coisa, ouvi explosões e dei um salto. Eram foguetes inimigos iguais ao que havia me atingido. Mas me acalmei e dei risada de mim mesmo.

Estou sobrevivendo à base de sopa e sorvetes e milkshakes desde que minha mandíbula foi fixada com pinos. Meu peso caiu para 75 quilos.

Acabo de receber a visita de alguma celebridade do rádio, um caubói velho fazendo uma viagem de caridade.

15 de abril de 1968

Hoje meu amigo Pete veio de Danang visitar-me e contar que nosso bom amigo Joe foi morto. Fiquei feliz em vê-lo e logo começamos a conversar sobre nossos lares e amigos e eu disse a ele que Joe devia ter apenas uns trinta dias de serviço para cumprir, mas que havia tempos não tinha notícia dele. Foi então que ele me contou que Joe fora morto dia 31 de dezembro, há quase quatro meses. Ninguém havia me contado. Acreditei em Pete, mas parte de mim duvidou dele. Não sei como me senti. Falei de um ódio pelos VCs que na verdade não sinto. Perguntei como receberam a notícia lá em casa. Depois a conversa desviou-se para outros assuntos. Enquanto falávamos do passado, o nome de Joe continuava reaparecendo, como se ainda estivesse vivo.

Lá pelas dez horas esta noite as luzes se apagaram. Pete foi dormir num leito vazio do hospital. Deitei na minha cama, mas comecei a pensar em Joe. Lembrei dele jogando beisebol e do seu casamento com Susie, a quem ele amava tanto. Éramos próximos, como irmãos. Provavelmente ele pensou que não pudesse morrer, como eu penso. Nós dois estávamos errados. Comecei a rezar uma prece por ele, mas não cheguei a terminá-la, pois no meio comecei a chorar pela primeira vez em anos.

Não conseguia dormir e então vim até aqui, no pátio do hospital, onde há luz para escrever.

20 de abril de 1968

São quase onze e meia da noite e estou sentado num banco azul do lado de fora da minha ala hospitalar, diante do pátio do hospital, onde estão passando filmes e espetáculos para os pacientes. As luzes da ala se apagaram às dez e meia, mas eu estava sem sono e vim até o corredor, onde há luz para ler. Faz uma noite clara e confortável.

Tive um sonho há algumas noites. Vi Betsy com algumas crianças que eu sabia serem meus irmãos e irmãs, todos se afogando num charco lamacento que eles tentavam atravessar para chegar até mim. Queria gritar e chamá-los, mas não o fazia, e em vez disso ia comer e contar a mamãe o que havia acontecido. Vi Betsy, mamãe e Nereida comendo à mesa. Fiquei feliz em ver que Betsy estava bem, mas as outras crianças não estavam lá. Acho que o sonho tem algo a ver com a morte de Joe.

3 de maio de 1968

Receberei alta do hospital dentro de um dia ou dois. Os pinos na mandíbula foram removidos há dois dias e eles até limparam meus dentes. Comecei a recuperar peso.

Ultimamente tenho lido um pouco de filosofia. Li em algum lugar que todo homem deve ter sua própria filosofia.

7 de maio de 1968

Assisti a *Bonnie & Clyde* esta noite no pátio do hospital. Acho que é um dos melhores filmes que já vi. É tão bom que eu sou obrigado a mencioná-lo neste diário. A parte que eu mais gosto é o momento imediatamente anterior a eles serem os dois crivados de balas. Num instante eles estão felizes e, de repente, souberam que havia algo errado, e o olhar que dirigem um ao outro quando Clyde tenta chegar até ela — é assim que deveria ser a morte, pensei.

15 de maio de 1968

Agora estou de volta à ZP Betty. Cheguei ontem. Fui liberado do hospital dia 10 de maio, mas passei dois dias em Long Binh bebendo. Depois fui a Ben Hoa e fiquei lá mais dois dias gastando *bookoo* dinheiro nas casas de chá. Uma delas era bem cara e quando uma das garotas tentou sacanear o Hernandez eu dei uma dura nela. Ela ficou louca e disse que torcia para que um VC levasse a melhor sobre mim. Naquela tarde, vim a Phan Thiet e à ZP Betty.

Esse lugar mudou bastante. Nem todos os rapazes estão aqui. Provavelmente vou me juntar à companhia nas montanhas amanhã.

Posfácio

Quando seu avião pousou na Califórnia, dezoito horas após deixar o Vietnã, Ed Blanco não foi servido no bar do aeroporto por ser considerado menor de idade, apesar do uniforme e de ser um veterano de guerra. Foi então que ele percebeu que estava de volta ao "mundo real, onde há regras quanto a quem pode beber cerveja e quem não pode". Ele passou três meses em Fort Bragg, Carolina do Norte, antes de receber uma dispensa antecipada para poder prosseguir com os estudos. Ele cursou filosofia no Brooklyn College, formando-se em 1973. Mora com a mulher em Queens, Nova York. Em 2005, seu sobrinho serviu um período no Iraque com os fuzileiros navais americanos.

GUERRA DOS BÁLCÃS

1991-5

Zlata Filipović*

Bósnia-Herzegovina
1992-3 (11-13 anos de idade)

Dá pra sentir alguma coisa se aproximando, algo muito ruim...

A região da Bósnia-Herzegovina foi tomada pela Áustria-Hungria em 1878 e finalmente anexada em 1908. Foi o assassinato do arquiduque Francisco Ferdinando em Sarajevo que detonou a Primeira Guerra Mundial. Em 1918, a Bósnia-Herzegovina foi incorporada ao reino da Sérvia, Croácia e Eslovênia, que depois se tornou a Iugoslávia. Esteve sob domínio nazista a partir de 1941. Durante a Segunda Guerra Mundial, cerca de 10 mil dos 14 mil judeus bósnios foram mortos, bem como cerca de 1 milhão de iugoslavos. A Bósnia-Herzegovina — com a sua mistura étnica e religiosa de sérvios (cristãos ortodoxos), croatas (cristãos católicos) e muçulmanos de ambos os idiomas — tornou-se uma república pertencente à República Socialista Federativa da Iugoslávia em novembro de 1945, após a expulsão das últimas forças alemãs. O fundador e presidente da Iugoslávia foi Josip Broz Tito.

O período comunista da república foi pacífico, mas o seu autoritarismo levou a um surto de vários nacionalismos. Quando Tito morreu, em 1980, a situação econômica estava se deteriorando e a tensão étnica, aumentando; a violência étnica entre muçulmanos, sérvios e

(*) Trecho extraído de *O diário de Zlata*, Cia. das Letras, 1994. Tradução de Heloisa Jahn e Antônio de Macedo Soares.

croatas cresceu em 1989-90. Nas eleições de novembro de 1990, os partidos nacionalistas derrotaram os comunistas do regime vigente.

Em 1991, o conflito na Croácia se espalhou para a Bósnia-Herzegovina. Surgiu o boato de que a Sérvia e a Croácia pretendiam dividir a Bósnia-Herzegovina entre si, mantendo um pequeno estado-tampão muçulmano entre eles. Em outubro de 1991, o Parlamento declarou a "soberania" da república, que os sérvios bósnios não aceitaram, estabelecendo uma Assembleia alternativa. Violentos conflitos étnicos se seguiram. Na primavera de 1992, unidades paramilitares de sérvios bósnios, apoiados pela Sérvia, assumiram o controle das cidades fronteiriças na Bósnia oriental e lançaram ataques sobre a capital, Sarajevo.

Nascida em 3 de dezembro de 1980, Zlata era a feliz e sociável filha única de Malik e Alica Filipović, advogado e engenheira química, respectivamente. De acordo com ela mesma, era uma criança ocupada, que se deleitava com as atividades cotidianas de uma menina em idade escolar: aulas de piano e canto no coral, tênis durante o verão e esqui no inverno. E apesar disso, um mês após a chegada da guerra em abril de 1992, sua vida havia se limitado ao convívio familiar e às atividades solitárias de ler e escrever. Acostumada à sua existência anterior, de criança despreocupada e ativa, Zlata foi subitamente confinada à sua casa, quando o fogo dos francoatiradores ricocheteava nas paredes. Ao contrário de muitos amigos e familiares que deixaram Sarajevo ainda no primeiro mês de guerra, Zlata e os seus pais tomaram a decisão de ficar juntos. Entretanto, a situação piorou com tamanha ferocidade, que já em maio a cidade estava sitiada, e a família Filipović viu-se presa. O modo de vida tornou-se primitivo, sem água, eletricidade nem gasolina, e os suprimentos de comida eram extremamente limitados. Em fevereiro de 1992, as primeiras tropas das Nações Unidas foram convocadas a Sarajevo. Suas ordens incluíam a proteção ao aeroporto da cidade para garantir a chegada de ajuda humanitária.

As forças sérvias bósnias ganharam o controle sobre uma área que se estendia do nordeste ao sudeste, incluindo quase dois terços do país, e declararam a independência naquele território. Os croatas dominavam grandes porções da parte ocidental do país e subsequentemente declararam sua independência num Estado croata. Havia ca-

da vez mais provas de atrocidades sendo cometidas, especialmente pelos sérvios bósnios. Os muçulmanos bósnios (também chamados de bosniaks) e os croatas foram expulsos à força das zonas ocupadas ou mortos, como parte de um processo de "limpeza étnica". Havia também provas da existência de campos de extermínio e genocídio.

Depois da tomada da cidade de Srebrenica, na Bósnia oriental, e do subsequente massacre de 8 mil homens e meninos, a OTAN começou a bombardear posições dos sérvios bósnios. Em dezembro de 1995, após semanas de difíceis negociações, um acordo de paz, bancado pelos americanos, foi assinado na base militar americana de Dayton, Ohio. O acordo encerrou a guerra e criou duas entidades (uma é a federação de bósnios muçulmanos e croatas; a outra, de maioria sérvia bósnia, é chamada de Republika Srpska). Estima-se que metade da população bósnia anterior à guerra, de 4,3 milhões de pessoas, tenha sido desabrigada pela guerra, e que ao menos 100 mil pessoas tenham sido mortas.

Segunda-feira, 2 de setembro de 1991

Atrás de mim, um longo e quente verão, dias de férias sem pensar em nada; e diante de mim, um novo ano escolar. Vou para a sexta série. Estou impaciente para rever minhas colegas, reencontrá-las na escola e fora da escola. Algumas não vejo desde que o sinal tocou no fim do ano. Estou contente, a gente vai poder falar outra vez da escola e dividir nossas pequenas desgraças e grandes alegrias. Mirna, Bojana, Marijana, Ivana, Maša, Azra, Mirela, Nažia — estamos de novo todas juntas.

Quinta-feira, 19 de setembro de 1991

As aulas de música também recomeçaram. Duas vezes por semana, aula de piano e solfejo. Continuo com as aulas de tênis, agora estou no grupo das grandes. Na quarta-feira, aula de inglês em casa da tia Mika. E na quinta, coral. Tudo isso é obrigatório. São seis horas de aula por dia, menos na sexta-feira. Mas eu aguento a parada...

Domingo, 6 de outubro de 1991

Eu assisto o *TOP 20* americano na MTV. Impossível lembrar quem está em que posição.

Estou me sentindo superbem porque comi uma PIZZA Quatro Estações com presunto, queijo, catchup e champignons. Estava suculenta. Papai comprou a pizza no Galija (é a pizzaria do bairro). Com certeza é por isso que não memorizei nada da classificação, estava ocupada demais comendo minha pizza.

Sei todas as minhas lições e amanhã posso ir à escola COM O PÉ NAS COSTAS, sem perigo de tirar nota ruim. Aliás, mereço notas boas pois passei todo o fim de semana revendo a matéria. Nem desci para o parque para brincar com minhas amigas. Ultimamente o tempo está bonito e a gente quase sempre fica jogando queimada, conversando e passeando. Ou seja, a gente se diverte.

Sexta-feira, 11 de outubro de 1991

Um novo fim de semana pela frente. Vamos a Crnotina (é nossa propriedade, fica a uns dez quilômetros de distância: um grande pomar com uma casa de 150 anos de idade — a casa é tombada, está sob a proteção do Estado; papai e mamãe mandaram restaurar). Vovô e vovó ainda estão lá. Estou morrendo de vontade de encontrá-los, também Vildana e Ati (esse é o cachorro). Sinto falta de ar puro e da natureza. Ah, como eu vou dormir bem com tudo isso!!!

Sábado, 19 de outubro de 1991

Um dia infecto, ontem. A gente estava se preparando para subir a Jahorina (a montanha mais linda do mundo) e passar o fim de semana. Quando cheguei da escola, encontrei mamãe chorando e papai de uniforme. Me deu um nó na garganta quando papai anunciou que tinha de ir reunir-se a sua unidade de reserva da polícia porque havia sido chamado. Me abracei a ele chorando e supliquei para ele não ir, para ficar conosco. Papai disse que era obrigado a ir. Aí ele partiu e ficamos nós duas, mamãe e eu. Mamãe, que não parava de chorar, telefonou aos amigos e à família. Todos eles vieram imediatamente (Slobo, Doda, Keka, Braco — o irmão de mamãe —, tia Melica e não sei mais quem). Todos vieram para nos consolar e oferecer ajuda. Keka me levou para a casa dela para passar a noite com Martina e Matej. Quando acordei esta manhã, Keka me disse que tudo estava bem e que papai ia voltar dentro de dois dias.

Voltei para casa, tia Melica está conosco, parece que tudo vai se ajeitar. Papai deve voltar depois de amanhã. Obrigada, meu Deus!

Quarta-feira, 23 de outubro de 1991

Em Dubrovnik é guerra de verdade. Bombardeios terríveis. As pessoas estão em abrigos, sem água, sem eletricidade, o telefone está cortado. Na televisão aparecem cenas terríveis. Papai e mamãe estão muito preocupados, não é possível que deixem destruir uma cidade tão fantástica. Eles têm uma ligação toda especial com Dubrovnik. Foi lá, no Palácio do Governo, que eles assinaram com uma pena de ganso o "SIM" à futura vida em comum. Mamãe fica dizendo que Dubrovnik é a cidade mais bonita do mundo e que não pode ser destruída!

Estamos preocupados com o padrinho Srdjan (ele trabalha e mora em Dubrovnik, mas tem toda a família em Sarajevo) e também com os pais dele. Como eles fazem para aguentar tudo o que está acontecendo? Será que ainda estão vivos? A gente tenta falar com eles pelos radioamadores mas não consegue. Bokica (a mulher de Srdjan) está desesperada. Tudo o que a gente faz para descobrir alguma coisa dá em nada. Dubrovnik está cortada do mundo.

Terça-feira, 3 de dezembro de 1991

Hoje é o grande dia: é meu aniversário. Feliz aniversário, Zlata!!! Infelizmente, estou doente. Estou com sinusite e pus na garganta. Na verdade não estou me sentindo mal, mas mesmo assim sou obrigada a tomar antibiótico — Penbritina — e pôr gotas desagradáveis no nariz. Gotas que ardem horrivelmente. Precisava acontecer justo no dia do meu aniversário? Meu Deus, meu Deus, é realmente muita falta de sorte! (Vamos, não seja tão pessimista, nem tudo está tão negro!)

Gostei muito dos presentes que papai e mamãe me deram: um par de esquis Head, fixações Tyrolia novas e bastões novos. Demais! Obrigada, mamãe, obrigada, papai!

Quinta-feira, 19 de dezembro de 1991

Em Sarajevo (a gente viu na tevê) começou a ação "Ajuda da Cidade de Sarajevo às Crianças de Dubrovnik". Dentro da caixa para Srdjan pusemos um pacotinho bem bonito para o Natal de uma criança desconhecida de Dubrovnik: balas, chocolate, uma bonequinha, livros, lápis, cadernos — tudo o que pudemos achar, porque queríamos mimar uma criança inocente que a guerra impediu de ir à escola, de brincar, de comer o que gosta e de ser feliz por ser criança. O pacotinho é bonito, em cores vivas. Espero que a criança que receber o pacote fique contente. Nós todos desejamos. Escrevi um cartãozinho para dizer que espero que a guerra em Dubrovnik acabe logo.

Quinta-feira, 26 de dezembro de 1991

Ontem foi Natal. Fomos à casa de M&M (Martina e Matej). Estava o máximo. Uma grande árvore de Natal, presentes e a inevitável ceia. Bokica e Andrej também estavam lá. E, surpresa: Srdjan nos telefonou de Dubrovnik. Todo mundo estava feliz e ao mesmo tempo triste. Estávamos no quentinho, com enfeites e presentes de Natal por todo lado e um monte de coisas deliciosas para comer e beber. E ele, como todo mundo em Dubrovnik, estava mergulhado... na guerra. Essa guerra, Srdjan, ela vai acabar e vamos poder nos reunir todos! Aguente firme, Srdjan! Estou torcendo por você, muito forte, e também por todas as pessoas e todas as crianças de Dubrovnik.

Logo vai chegar o Ano-Novo. O ambiente, poucos dias antes dessa grande festa, não está me parecendo o mesmo de costume. Papai e mamãe, assim como nossos amigos e as pessoas de nossa família, não estão com a intenção de festejar condignamente a ocasião. Quase não se fala no assunto. Por causa da guerra em Dubrovnik? Ou será que eles estão com medo de alguma coisa? Não sei de nada, não entendo nada. Mamãe disse que amanhã vamos enfeitar o pinheirinho.

Hoje era o último dia de aula na escola de música. E na escola?! Espero tirar 5 em tudo. YO, BABY, YO!, como diz The Fresh Prince of Bel Air. É uma das minhas séries preferidas tarde da noite, UAU! Falei demais! Puxa, olhe como escrevi! UAU!

Terça-feira, 14 de janeiro de 1992

Bocejando, destampei minha caneta e comecei a escrever, ao mesmo tempo que passa TOP GUN no "Good Vibrations".

Vou contar um segredo a você. Todas as noites sonho que estou pedindo um autógrafo ao Michael Jackson; ou ele não me dá, ou é sua secretária que me dá um, mas depois vejo as letras desaparecerem porque não foi o Michael Jackson que assinou. É triste, pobre de mim, de Mi-iM! Ha! Ha! Ha! Tem que rir. Ha! Ha! Ha!

Quinta-feira, 5 de março de 1992

Meu Deus! A coisa está pegando fogo em Sarajevo. Domingo (1º de março) um pequeno grupo de civis armados (segundo a televisão) matou um convidado num casamento e feriu um padre. Segunda-feira (2 de março) havia barricadas por toda parte na cidade. Mil barricadas! Não encontramos pão. Às 18h00 as pessoas encheram o saco de ficar sem saber e saíram pelas ruas. Saíram em procissão da catedral. Passaram na frente da Assembleia. Deram a volta na cidade. Perto do quartel Marechal Tito houve alguns feridos. As pessoas cantavam e gritavam "Bósnia, Bósnia", "Sarajevo, Sarajevo", "Viveremos juntos" e "Saiam!". Zdravko Grebo[*] disse no rádio que a história estava sendo escrita.

Na quarta-feira (4 de março) as barricadas foram retiradas e esses "moleques"[**] entraram num acordo. Fantástico, não?

Segunda-feira, 30 de março de 1992

Olhe só, meu Diário, sabe o que eu pensei? Anne Frank bem que batizou o Diário dela de Kitty; por que eu não daria um nome a você? Vejamos...

Asfaltina
Šefika
Ševala
Pidžameta
Hikmeta
Mimmy[***]
ou então algum outro?...
Procuro, procuro...

(*) Professor da faculdade de direito de Sarajevo, diretor da estação de rádio independente ZID.
(**) Apelido que as pessoas dão aos políticos.
(***) Com exceção de Mimmy, nome de um peixinho dourado que Zlata havia tido, as sugestões têm todas um significado e podem ser traduzidas como: A menina do asfalto (*Asfaltina*); A solteirona (*Šefika*); O grande cavalo (*Ševala*); A menina de pijama (*Pidžameta*); Sabedoria (*Hikmeta*).

Já escolhi! Você vai se chamar...

MIMMY

Vamos lá.

Domingo, 5 de abril de 1992

Dear Mimmy,

Estou tentando me concentrar nos deveres (um livro para ler), mas simplesmente não consigo. Alguma coisa está acontecendo na cidade. Ouvem-se tiros nas colinas. Grupos de pessoas chegam de Dobrinja.* Para tentar interromper alguma coisa — o quê, nem eles mesmos sabem. Digamos simplesmente que se sente que alguma coisa vai acontecer, já está acontecendo, uma terrível desgraça. Na televisão, veem-se pessoas na frente da Assembleia Nacional. No rádio toca permanentemente a música "Sarajevo, meu amor". Tudo isso é muito bonito, mas a todo momento sinto uma espécie de cãibra no estômago e não consigo mais me concentrar nos estudos.

Mimmy, estou com medo da GUERRA!

Zlata.

Quinta-feira, 9 de abril de 1992

Dear Mimmy,

Não estou indo à escola. Nenhuma escola de Sarajevo está funcionando. O perigo sobrevoa as colinas que nos cercam. Apesar disso, tenho a sensação de que pouco a pouco a calma está voltando. Já não se ouvem as fortes explosões das granadas nem os tiros. Só uma rajada de vez em quando, depois o silêncio volta bem rápido. Papai e mamãe não estão indo tra-

(*) Bairro novo de Sarajevo, próximo do aeroporto. Cercado pelos sérvios, esse bairro residencial virou um símbolo da resistência em Sarajevo.

balhar. Estão comprando uma grande quantidade de comida. Meu Deus, eu lhe suplico, faça com que não aconteça.

A tensão continua grande. Mamãe fica desesperada, papai tenta acalmá-la. Mamãe telefona muito. Ligam para ela ou então é ela quem liga. A linha fica o tempo todo ocupada.

Domingo, 12 de abril de 1992

Dear Mimmy,

Está caindo uma chuva de granadas sobre os bairros novos da cidade — Dobrinja, Mojmilo, Vojničko polje. Tudo está destruído ou queimado, os habitantes estão nos abrigos. Aqui no centro da cidade não está acontecendo nada. Tudo está calmo. As pessoas saem para a rua. Hoje fez calor, um belo dia de primavera. Nós também saímos. A rua Vaso Miškin estava cheia de gente, de crianças. Até parecia uma passeata a favor da paz. As pessoas saíram de casa para se encontrar, não querem guerra. Querem viver e se divertir como sempre fizeram. Por acaso isso não é uma coisa normal? Quem pode gostar de guerra, desejar a guerra?

Não há nada mais horrível.

Fico pensando naquela passeata em que eu também entrei. Era maior, mais forte que a guerra. É por isso que as pessoas vão vencer. Elas é que têm que vencer, não a guerra, porque a guerra não tem nada de humano. A guerra é uma coisa estranha ao homem.

Zlata.

Sábado, 18 de abril de 1992

Dear Mimmy,

Estão bombardeando, as granadas caem. É mesmo a GUERRA. Papai e mamãe estão muito preocupados; ontem à noite eles ficaram acordados até tarde, ficaram conversando muito tempo. Estão tentando descobrir o que fazer, mas está difícil ter bom senso. Será que devemos partir e nos separar, ou ficar aqui todos juntos? Keka quer me levar para Ohrid. Essa dúvida está atormentando mamãe, que não para de chorar, mesmo ela fazendo força para eu não perceber. Mas vejo tudo muito bem. Percebo que a coisa vai mal. A paz chegou ao fim. A guerra entrou de repente em nossa cidade, em nossa casa, em nossas cabeças, em nossas vidas. É horrível.

Segunda-feira, 20 de abril de 1992

Dear Mimmy,

A guerra parece tudo, menos uma brincadeira. Ela destrói, mata, incendeia, separa, traz a infelicidade. Hoje uma chuva de granadas caiu sobre a Baščaršija, o centro antigo de Sarajevo. Explosões aterrorizantes. Descemos para o porão — estava frio, tudo escuro, é deprimente. E o nosso nem é tão seguro. Ficamos nós três, papai, mamãe e eu, encolhidos num canto onde tínhamos a sensação de estar em segurança. No escuro, ao lado de papai e mamãe e no calor dos corpos deles, pensei em ir embora de Sarajevo. (Como todo mundo.) Mas ir embora sozinha, deixar papai e mamãe, vovô e vovó, eu não ia conseguir aguentar. E ir embora só com mamãe também não ia dar certo. O melhor seria irmos embora os três. Mas papai com certeza não poderia. Aí resolvi que íamos ficar juntos. Amanhã vou dizer a Keka que é preciso ter coragem, que é preciso ficar com as pessoas que a gente ama e que nos amam.

Sábado, 2 de maio de 1992

Dear Mimmy,

O dia de hoje em Sarajevo foi pior que os piores dias que já tivemos até agora. Os combates começaram mais ou menos ao meio-dia. Mamãe e eu fomos para o corredor, que é mais protegido. Naquele momento, papai estava em seu escritório, embaixo do nosso apartamento. Dissemos a ele pelo interfone que fosse depressa refugiar-se na entrada do prédio. Depois nós duas descemos para junto dele. Levando Cicko (o canário). Como o bombardeio estava aumentando cada vez mais, não deu para escalarmos o muro e irmos à casa dos Bobar, e então fomos rapidinho para o nosso porão.

Nosso porão é feio, todo escuro, e tem um cheiro horrível. Mamãe, que tem pavor de ratos, é obrigada a enfrentar duas angústias ao mesmo tempo. Nós três fomos para o mesmo canto da outra vez. Ouvimos as granadas explodindo, tiros, a coisa fervia sobre nossas cabeças. Ouvimos até aviões. Num certo momento, entendi que aquele porão horrível era nossa única chance de salvar a vida. Comecei até a achar que ele era quente e bonito. Só ele pode nos proteger desses combates terríveis. Ouvimos quando os vidros de nossa rua se quebraram. É uma coisa pavorosa. Enfiei os dedos nos ouvidos para abafar aqueles sons que me davam tanto medo. Fiquei preocupada com Cicko; havíamos deixado a gaiola na entrada. Fiquei com medo de que ele passasse frio, ou de que lhe acontecesse alguma coisa. Eu estava morrendo de fome e sede e nosso almoço lá em cima, na cozinha, quase pronto.

Quando os combates começaram a diminuir, papai foi até em casa subindo os degraus de quatro em quatro para trazer sanduíches. Ele nos disse que tinha sentido cheiro de queimado e que o telefone havia sido cortado. Desceu o televisor para o porão. Foi assim que ficamos sabendo que o correio central (que não é longe de nossa casa) estava em chamas e que o presidente havia sido sequestrado. Vi o correio queimando. Um espetáculo aterrorizante. Os bombeiros faziam o que podiam, o incêndio destruía tudo. Papai tirou algumas fotos do correio desaparecendo nas chamas. Meu Deus, e dizer que todos os dias eu passava na frente do correio! Tinham reformado a fachada. Era um edifício gigantesco, e lindo, e agora as chamas estão acabando com tudo. O correio está desaparecendo. Um dia pavoroso. O dia mais negro, mais terrível dos onze anos que já vivi. Espero que não haja outros assim.

Terça-feira, 5 de maio de 1992

Dear Mimmy,

A impressão que se tem é que a situação está se acalmando. Eles já causaram muitas desgraças — por quê, não sei dizer. Tudo isso é coisa da política, espero que esses "moleques" acabem se entendendo. É, tomara que eles se entendam para que a gente possa voltar a viver e respirar como todo mundo. (...) Quero que isso pare, para todo o sempre, PEACE! PEACE!

Eu não lhe contei, Mimmy, mudamos a disposição de nosso apartamento. Meu quarto e o quarto de papai e mamãe são perigosos. Dão para as colinas, e é de lá que estão atirando. Você não pode imaginar o medo que eu sinto quando passo na frente das janelas. Num canto da sala, bem abrigado, instalamos o "quarto". Dormimos no chão, em colchões de ioga. É muito esquisito e feio. Mas é mais seguro. Tiramos tudo do lugar por razões de segurança. Cicko se mudou para a cozinha. Agora ele também está protegido, embora durante os bombardeios ninguém esteja seguro em lugar nenhum, só no porão. Bom, um dia isso tudo acaba e a gente põe de novo o apartamento em ordem. Tchau!

Zlata.

Quinta-feira, 7 de maio de 1992

Dear Mimmy,

Eu tinha quase certeza de que a guerra ia parar, e hoje... Hoje atiraram uma granada ou uma bomba no parque, aqui ao lado de casa. O parque onde eu brincava, onde eu e minhas amigas nos encontrávamos para brincar. Houve uma porção de feridos. Dos que você conhece: Jaca, sua mãe, Selma, Nina,

Dado, nosso vizinho, e não sei quanta gente que estava passando por acaso. Dado, Jaca e a mãe já voltaram do hospital. Quanto a Selma, foi preciso tirar um de seus rins e não sei como ela está, pois ainda está no hospital, E NINA MORREU. Um estilhaço de granada se alojou em seu cérebro e ela morreu. Uma menina tão boazinha. Frequentamos a mesma creche, muitas vezes brincamos juntas no parque. Nina, nunca mais vou vê-la — não, isso não é possível. Nina — onze anos —, vítima inocente de uma guerra estúpida. Estou triste. Estou chorando. Não entendo por que ela morreu. Ela não havia feito rigorosamente nada. Uma guerra nojenta matou uma vidinha de criança. Nina, sempre vou lembrar de você como uma menina maravilhosa.

Sábado, 23 de maio de 1992

Dear Mimmy,

Nunca mais falei de mim para você. Falo de guerra, de morte, de ferimentos, de granadas, de tristeza e de sofrimento. Quase todos os meus amigos partiram. Mas mesmo que eles estivessem aqui, será que a gente ia conseguir se ver? O telefone não funciona, e não íamos poder nem conversar. Vanja e Andrej também foram embora; para Dubrovnik, para a casa de Srdjan. Lá a guerra acabou. Tanto melhor para eles. Essa guerra em Dubrovnik me deixava tão infeliz. Nunca, nem em sonhos, eu teria imaginado que ela também chegaria até aqui, que se instalaria em Sarajevo.

Quarta-feira, 27 de maio de 1992

Dear Mimmy,

UMA CARNIFICINA! UM MASSACRE! UM HORROR! UMA ABOMINAÇÃO! SANGUE! GRITOS! CHORO! DESESPERO!

Eis a rua Vaso Miškin hoje. Duas granadas caíram na rua

Vaso Miškin, outra no mercado. Mamãe estava por perto na hora. Ela foi correndo refugiar-se na casa de vovô e vovó. Papai e eu estávamos ficando quase loucos porque ela não voltava. Vi essas coisas pela televisão e não consigo acreditar que vi mesmo. É inacreditável. Minha garganta estava apertada, meu estômago doía. O PÂNICO. Estavam transportando os feridos para o hospital. Para um abrigo. Passávamos o tempo todo olhando pela janela na esperança de ver mamãe chegar e nada. Ela não voltava. Comunicaram a lista das vítimas e feridos. Nada sobre mamãe. Papai e eu desesperados. Será que mamãe estava viva? Às 16 h papai resolveu ir procurar no hospital. Vestiu-se para sair e eu já estava indo para a casa dos Bobar para não ficar sozinha em casa. Olhei uma última vez pela janela e... vi MAMÃE ATRAVESSAR A PONTE CORRENDO! Depois que ela chegou ao apartamento, começou a tremer e caiu no choro. Atrás das lágrimas, disse que tinha visto gente despedaçada. Aí todos os vizinhos chegaram, de tanto que haviam ficado preocupados com ela. Obrigada, meu Deus, mamãe já está conosco. Obrigada, meu Deus.

UM DIA PAVOROSO. IMPOSSÍVEL DE ESQUECER.

Sexta-feira, 5 de junho de 1992

Dear Mimmy,

A eletricidade foi cortada. Há várias horas, já; estamos com medo de que as coisas da geladeira estraguem. São nossas reservas, as últimas. Não podemos deixar estragar. Temos carne, legumes, frutas. O que fazer?

Papai encontrou um velho fogão a lenha no sótão. É tão velho que é divertido. No porão encontramos madeira; os Bobar também. Instalamos o fogão no pátio interno e cozinhamos toda a comida que estava na geladeira. Os Bobar vieram nos ajudar, fizemos um banquete. No cardápio tinha vitela, frango, lulas, strudel de cereja, torta de carne e batatas — tudo, tinha de tudo. Mas foi pena a gente ter de comer tanto de uma vez só.

Limpamos a geladeira e o congelador. Sabe-se lá quando vamos poder cozinhar de novo. Encontrar comida em Sarajevo está virando realmente um problema. Já não há nada para comprar e os adultos não estão conseguindo achar cigarros e café. As últimas reservas estão chegando ao fim. Deus do céu, além de tudo o mais, será que vamos ter que passar fome?...

Zlata.

Terça-feira, 16 de junho de 1992

Dear Mimmy,

Nossas janelas estão quebradas. Todas, menos as do meu quarto. Por causa de uma maldita granada que atingiu outra vez a joalheria Zoka, em frente a nossa casa. Na hora eu estava sozinha lá em cima. Papai e mamãe preparavam o almoço no pátio e eu havia subido para pôr a mesa. De repente ouço uma violenta explosão e uma barulhada de vidro. Aterrorizada, fui correndo para o poço da escadaria. Nesse momento vi papai e mamãe na frente da nossa porta. Estavam sem fôlego, ensopados de suor, lívidos; me pegaram e corremos para o porão, pois em geral quando as granadas começam, não param mais. Quando percebi o que tinha acontecido, comecei a chorar, tremia feito uma folha. Todo mundo tentou me consolar, mas eu estava superabalada. Neste momento estou acabando de me recuperar.

Quinta-feira, 18 de junho de 1992

Dear Mimmy,

Outra notícia péssima hoje. Nossa casa de campo em Crnotina, nossa torre de quase cento e cinquenta anos, queimou. Desapareceu no meio das chamas exatamente como o correio. Eu gostava tanto daquela casa! No ano passado passamos férias lá. Eu adorava ir para lá, me divertia muito. Como eu ficava feliz quando íamos para lá! E a restauração estava tão benfeita; móveis novos, tapetes novos, janelas novas. Havíamos posto nela todo o nosso amor, todo o nosso calor, e ela nos recompensava com sua beleza. Ela havia atravessado tantos anos, tantas guerras, e agora... não resta mais nada. Queimou de alto a baixo. Žiga Meho e Bečir, vizinhos nossos, morreram. E isso é ainda mais triste.

Busco a razão disso tudo. Por quê? Quem é o responsável?

Procuro, mas não encontro.

Segunda-feira, 29 de junho de 1992

Dear Mimmy,

NÃO AGUENTO MAIS TIROS DE CANHÃO! NÃO AGUENTO MAIS GRANADAS CAINDO! NEM MORTOS! NEM DESESPERO! NEM FOME! NEM INFELICIDADE! NEM MEDO!

Minha vida é isso!

Não se pode criticar uma estudante inocente de onze anos de idade por estar vivendo! Uma estudante que não tem mais escola, que não tem mais nenhuma alegria, nenhuma emoção de estudante. Uma criança que não brinca mais, que ficou sem amigas, sem sol, sem pássaros, sem natureza, sem frutas, sem chocolate, sem balas, só com um pouquinho de leite em pó. Uma criança que, em resumo, não tem mais infância. Uma criança da guerra. Agora percebo mesmo que estou no meio da guerra, que sou testemunha de uma guerra suja e nojenta. Eu e também as milhares de outras crianças desta cidade que está sendo destruída, que chora, que se lamenta, que espera um socorro que não virá. Meu Deus, será que algum dia isso vai chegar ao fim, será que vou poder voltar a ser estudante, voltar a ser uma criança feliz por ser criança? Ouvi dizer que a infância é a época mais linda da vida. Eu estava feliz de viver minha infância, mas essa guerra me tomou tudo. Por quê? Estou triste. Estou com vontade de chorar. Estou chorando.

Quinta-feira, 2 de julho de 1992

Dear Mimmy,

Hoje tive uma pequenina alegria. Uma coisa gostosa que nos oferecemos. Colhemos as cerejas de nosso pátio interno. Que pratada! Estávamos acompanhando todo o processo de amadurecimento: os brotos, o surgimento das florezinhas, depois as minúsculas frutas verdes que pouco a pouco foram ficando vermelhas. Esperamos que elas ficassem no ponto... E NHAM!, elas estavam deliciosas! A ameixeira não deu nada, não vamos poder comer ameixas. É impressionante a vontade de comer frutas que eu sinto. Aqui em Sarajevo, nestes dias de guerra, durante esta guerra, não só não temos os alimentos básicos e tudo aquilo de que se tem necessidade para viver, como não há nenhum tipo de fruta. Mas agora posso dizer que enchi a barriga de cerejas.

Domingo, 5 de julho de 1992

Dear Mimmy,

Passo o tempo todo em casa e no porão. E assim transcorre minha infância de guerra. Estamos no verão. As outras crianças estão passando férias no mar, na montanha, nadam, tomam sol, se divertem. Meu Deus, que pecado eu cometi para ser obrigada a passar o tempo dessa maneira? As crianças não merecem isso. Estou trancada como se estivesse numa gaiola. Só vejo o parque em frente à nossa casa olhando através de nossas janelas quebradas. Um parque vazio, deserto, sem crianças, sem alegria. Ouço explosões e a meu redor tudo tem cheiro de guerra. Minha vida, agora, é a guerra. DROGA, não aguento mais! Me dá uma vontade de uivar, de chorar. Se pelo menos eu pudesse tocar um pouco de piano, mas não, não posso, o piano está no quarto "perigoso", lá não tenho coragem nem de pôr os pés. Será que isso ainda dura muito tempo?!

Terça-feira, 7 de julho de 1992

Dear Mimmy,

Ontem, anteontem e antes de anteontem a água estava cortada. Hoje, lá pelas 8h30 ligaram outra vez. Agora são 10h30 e só sai um fiozinho da torneira.

Enchemos tudo o que pudemos e agora temos que economizar esse precioso líquido. Nesta guerra é preciso economizar tudo — tanto água como comida.

Sábado, 11 de julho de 1992

Dear Mimmy,

Nedo nos trouxe uma visita. Uma gatinha. Vinha andando atrás dele, seguia Nedo por toda parte, aí ele não teve coragem de deixá-la do lado de fora. Pegou-a no colo e a trouxe para nós. Que nome vamos escolher para ela? Tanjo, Tanjko, Mada, Mikana, Persa, Cici?... Ela é alaranjada com as patinhas brancas e tem uma coleirinha. É a maior gracinha, mas só um pouquinho selvagem.

Terça-feira, 14 de julho de 1992

Dear Mimmy,

No dia 8 de julho recebemos um pacote das Nações Unidas. "Ajuda humanitária." Um pacote com seis latas de presuntada, cinco latas de peixe em conserva, dois queijos, três quilos de sabão, cinco sabonetes, dois quilos de açúcar e cinco litros de óleo. Um superpacote. Só que papai teve que ficar quatro horas na fila para consegui-lo.

Sexta-feira, 17 de julho de 1992

Dear Mimmy,

A gata ficou se chamando CICI. Nedo deu um minibanho nela; ela tomou leite, comeu bolo seco e... arroz! Cici também vai ter que se acostumar com comida de guerra. Ela é a maior gracinha. Tem uma carinha linda. Todo mundo está louco por ela e ela devagarinho está se acostumando conosco. Bojana e eu a pegamos no colo, fazemos festinha, ela deixa. Isso prova que gosta, que está feliz.

Assim, há um novo membro na grande família que formamos com OS VIZINHOS.

Segunda-feira, 20 de julho de 1992

Dear Mimmy,

Como não saio de casa, olho o mundo lá fora pela janela.

Inúmeros cães de raça maravilhosos abandonados passam pelas ruas. Seus donos os deixam fora de casa, pois com certeza não têm como alimentá-los. É uma coisa muito triste. Ontem vi um cocker atravessando a ponte, ele não sabia para onde ir. Estava perdido. Dava alguns passos, depois parava, aí voltava por onde tinha vindo. Deve estar procurando o dono; sabe-se lá se o dono dele ainda está vivo! Aqui, até os animais estão sofrendo. A guerra não poupa nem eles. Tchau!

Zlata.

Domingo, 16 de agosto de 1992

Dear Mimmy,

Papai está com hérnia. Emagreceu muito e os latões de água foram pesados demais para ele. Foi ao médico e ele disse que papai não pode mais levantar peso. Não PODE mais? Mas e então... como vamos fazer com a água?! Mamãe é que vai ter que buscar água — e sozinha. Ela nunca vai conseguir!

Zlata.

Terça-feira, 18 de agosto de 1992

Dear Mimmy,

Mamãe é que está trazendo água. É duro, mas não tem outro jeito! O abastecimento de água está cortado. A eletricidade também. Eu não lhe contei, Mimmy, esqueci como é ter água escorrendo da torneira, poder tomar um banho de verdade. Usamos uma concha. Uma concha que substitui o chuveiro. E para lavar a louça e a roupa fazemos como na Idade Média. Com esta guerra, estamos voltando aos tempos antigos. Mas a gente se acostuma, aguenta. Por quanto tempo ainda, é coisa que não sabemos.

Domingo, 20 de setembro de 1992

Dear Mimmy,

IUPII! Atravessei a ponte! Saí de casa! Nem consigo acreditar. A ponte continua igual, não mudou. Mas está tristíssima, por causa do antigo correio, que está com um aspecto ainda mais triste. Continua no mesmo lugar, mas o fogo passou por ali. Está lá como testemunha de um desejo brutal de destruição.

As ruas já não são as mesmas, quase não se vê ninguém, as pessoas estão preocupadas, tristes, todo mundo corre com a cabeça encolhida entre os ombros. As vitrines estão destruídas e as lojas foram saqueadas. Minha escola foi atingida por uma granada, a escada de trás desmoronou.

Fui à casa de vovô e vovó. Nos abraçamos muito muito forte e nos cobrimos de beijos. Eles choravam de felicidade. Como eles emagreceram e envelheceram nestes quatro meses! Disseram que eu tinha crescido, que agora era uma menina grande. É a natureza. As crianças crescem, os velhos envelhecem. Bom, pelo menos os que continuam vivos.

Tem uma montanha de gente e de crianças de Sarajevo que já não estão entre nós. A guerra os levou. Inocentes, todos. Vítimas inocentes desta guerra imbecil.

Mimmy, vou confessar uma coisa a você. Eu tinha me arrumado toda. Tinha vestido meu lindo conjunto xadrez. Os sapatos estavam um pouco apertados porque meus pés cresceram, mas deu para aguentar.

Quinta-feira, 1º de outubro de 1992

Dear Mimmy,

Depois da primavera, depois do verão, eis o outono chegando. Já estamos em outubro. E a guerra continua. Os dias estão encolhendo e ficando cada vez mais frios. Em breve vamos montar o antigo fogão aqui dentro do apartamento. Mas vamos nos aquecer com quê? Será que ninguém aqui em Sarajevo pensa na gente? Será que vamos ter de passar o inverno sem água, sem gás, sem eletricidade, e em plena guerra?!

E durante esse tempo todo os "moleques" discutem... Será que finalmente vão conseguir chegar a um acordo?! É realmente o caso de nos perguntarmos se eles se lembram de nós quando discutem — ou será que não nos dão a mínima e preferem abandonar-nos a nossa triste sorte?!

Sexta-feira, 16 de outubro de 1992

Dear Mimmy,

De vez em quando volto ao quarto "perigoso" onde está o piano e fico tocando escalas. Tenho a sensação de estar vivendo antes da guerra. A Jahorina, o mar, Crnotina, meus amigos, a vida boa que a gente levava, tudo ressuscita. Vou chorar, as lágrimas escorrem de meus olhos. Meu Deus, quanta coisa me tomaram...

Quinta-feira, 29 de outubro de 1992

Dear Mimmy,

Mamãe e tia Ivanka (uma colega de trabalho de mamãe) foram aceitas para fazer um estágio na Holanda. Elas receberam uma carta de garantia e a ideia é que eu fosse com elas. Que dilema para mamãe. Se ela aceita, deixa aqui papai, os pais, o irmão. Acho que é uma decisão muito difícil de tomar. Quando penso, sou contra. E logo em seguida penso na guerra, no inverno, na infância que me roubaram, e tenho vontade de ir embora. Depois penso em papai, no vovô, na vovó, e perco toda a vontade de ir embora. É muito difícil ter bom senso. Estou muito nervosa, Mimmy, não consigo mais escrever.

Sexta-feira, 6 de novembro de 1992

Dear Mimmy,

Mamãe e tia Ivanka estão fazendo tudo para conseguir os documentos, pois para sair de Sarajevo é preciso uma montanha de papéis com assinaturas. Agora já está decidido: Maja e Bojana vão para a Áustria. Estão inscritas no comboio judeu. Quem sabe a gente viaja juntas...

Domingo, 15 de novembro de 1992

Dear Mimmy,

É terrível o número de pessoas que foram embora de Sarajevo. Todas as pessoas famosas. "É Sarajevo que está indo embora", disse mamãe. E um monte de gente que papai e mamãe conheciam. Falamos com muitas dessas pessoas e na hora de ir embora elas disseram: "Com certeza um dia a gente se encontra de novo em algum lugar". Foi triste. Triste e comovente. Esse dia 14 de novembro em Sarajevo vai ficar na memória. Me lembra os filmes que vi sobre os judeus durante a Segunda Guerra Mundial.

Quinta-feira, 19 de novembro de 1992

Dear Mimmy,

O tempo inteiro tento entender essa sacanagem que é a política. Acho que foi ela que provocou a guerra e que é por causa dela que nosso cotidiano é a guerra. A guerra suprimiu o tempo que passa, substituiu-o pelo horror. Hoje o que passa não é o tempo, mas o horror. Tenho a impressão de que "política" quer dizer sérvios, croatas, muçulmanos. Homens. Que são todos os mesmos. Que se parecem todos. Que não têm diferenças. Que têm braços, pernas, uma cabeça, que andam, que falam, mas "alguma coisa" faz toda a força possível para torná-los diferentes uns dos outros.

Entre meus colegas, entre nossos amigos, em nossa família, há sérvios, croatas, muçulmanos. O resultado é um grupo muito variado de pessoas e eu jamais soube quem era sérvio, quem era croata, quem era muçulmano. Hoje a política enfiou o nariz na história toda. Marcou os sérvios com um "S", os muçulmanos com um "M" e os croatas com um "C". A política quer separá-los. E para escrever essas letras ela usou o pior, o mais negro dos lápis. O lápis da guerra, que só sabe escrever duas palavras: infelicidade e morte.

Por que a política nos deixa infelizes, por que ela quer nos separar, se sozinhos sabemos o que é bom e o que não é? Os bons são nossos amigos, os maus não. Entre os bons há sérvios, croatas e muçulmanos. E entre os maus, os primeiros são tão numerosos quanto os segundos e os terceiros. Está bem, não entendo nada, é verdade que sou "pequena", que a política é coisa dos "grandes". Mas mesmo assim tenho a sensação de que os "pequenos" iam saber fazer política melhor que os "grandes". Com toda a certeza a gente não teria optado pela guerra.

Filosofei um pouco, mas eu estava sozinha e senti que a você, Mimmy, eu podia dizer tudo isso. Você vai entender.

Ainda bem que tenho você, que posso escrever você.

Quarta-feira, 25 de novembro de 1992

Dear Mimmy,

Realmente, os tiros diminuíram.

Estou ouvindo roncos de serra elétrica. O inverno e os cortes de eletricidade condenaram à morte as árvores centenárias que enfeitavam as aleias e parques de Sarajevo. Hoje fiquei triste. Não estava aguentando ver as árvores do meu parque desaparecerem. Elas foram condenadas à morte. Meu Deus, tudo o que o meu parque tem sofrido! As crianças o abandonaram, Nina o abandonou para sempre, e agora as tílias, as bétulas e os plátanos também o estão abandonando para sempre. Que tristeza!... Não consegui olhar. E não consigo mais escrever.

Zlata.

Domingo, 29 de novembro de 1992

Dear Mimmy,

Está frio. Como não há muita madeira, economizamos a que temos. A gente encontra no mercado, mas como tudo o mais, o preço é em marcos alemães, terrivelmente caro. Tenho a impressão de que essa madeira vem em parte das tílias, bétulas e plátanos do meu parque. Seu preço hoje é pago em divisas.

Braco Lajtner vem nos visitar todos os dias. A gente almoça junto e como ele está sozinho, fica aqui em casa até anoitecer. Depois volta para a casa dele. Uma casa vazia e fria. Que tristeza!

Mamãe continua indo buscar água e quando chove a gente recolhe água de chuva. Que é muito bem-vinda.

Os dias estão mesmo encolhendo, cada vez escurece mais cedo. À luz de uma vela, papai, mamãe e eu jogamos cartas, lemos ou conversamos. Ali pelas 9 h chegam Boda, Žika e Nedo para ouvir a RFI e assim o dia chega ao fim. Os outros dias se passam quase do mesmo jeito.

Segunda-feira, 28 de dezembro de 1992

Dear Mimmy,

Hoje fiquei em casa. Tive minha primeira aula de piano. Que abraço apertado nós nos demos, Biljana Čanković e eu. Desde março a gente não se via. Depois nos dedicamos a Czerny, Bach, Mozart e Chopin — um estudo, uma fuga, uma sonata e uma peça. Foi uma barra. Mas, como não vou mais à escola, vou poder me dedicar ao piano. Que bom! Você sabe, Mimmy, na escola de música estou no quinto ano.

Estamos sem água — e quanto à eletricidade, a coisa vai mais ou menos.

Quando eu saio e não há tiros, fico com a sensação de que a guerra acabou, mas os cortes de água e eletricidade, o inverno, a falta de lenha e de comida me trazem para a realidade e percebo que a guerra continua por aqui. E por quê? Por que esses "moleques" não entram num acordo? Estão se divertindo à beça. A nossas custas.

Escrevo você sentada na mesa, dear Mimmy. Estou vendo papai e mamãe. Os dois estão lendo. Quando eles levantam os olhos do livro, ficam pensando. Em que eles pensam? No livro que estão lendo? Ou será que tentam recolher os pedaços que a guerra espalhou? Sinto uma coisa esquisita vendo os dois assim. À luz da lamparina (como nossas velas acabaram, fabricamos lamparinas com óleo), eles me parecem cada vez mais tristes. Olho para papai. Como ele emagreceu! Perdeu vinte e cinco quilos pesados na balança, mas quando olho tenho a impressão de que deve ter sido até mais. Dá a impressão de que os óculos ficaram grandes demais para seu rosto. Mamãe também emagreceu muito. Parece que ela murchou, a guerra cavou rugas em seu rosto. Meu Deus, o que esta guerra fez de meus pais!... Eles já não se parecem com meu pai e minha mãe. Será que tudo isso acaba um dia, será que nossos sofrimentos em breve vão chegar ao fim para que eles voltem a ser o que eram — pessoas alegres, sorridentes, elegantes?

Quarta-feira, 6 de janeiro de 1993

Dear Mimmy,

Está horrivelmente frio. O inverno se instalou na cidade para valer. Eu, que gostava tanto do inverno e esperava impacientemente que ele chegasse, agora o considero um hóspede indesejável em Sarajevo.

Nossas plantas gelaram. Estavam nos cômodos onde não fazemos fogo. Agora vivemos na cozinha. A gente põe lenha no fogão e consegue fazer a temperatura subir a 17 °C. Cicko está conosco. Tenho medo de que ele adoeça, pois os passarinhos não gostam de frio.

Também trouxemos os colchões de ioga e dormimos na cozinha (nem queira saber quantos pulôveres e malhas vestimos por cima de nossos pijamas). Agora a cozinha funciona ao mesmo tempo como cozinha, sala, quarto e banheiro. A gente usa um método bem original para o banho: forramos o chão com plásticos, em vez de banheira temos uma tina de madeira, e uma concha funciona como chuveiro. Problema resolvido!

Papai ficou com frieiras de serrar lenha no porão gelado. Seus dedos estão todos inchados. Ele tem de massageá-los com um creme e a coceira é horrível. Coitado do papai.

Terça-feira, 26 de janeiro de 1993

Dear Mimmy,

Você já notou que não estou mais falando em guerra e bombardeios? Deve ser porque agora virou rotina. Só peço que as granadas não caiam a cinquenta metros da nossa casa, que não falte lenha, água e, evidentemente, eletricidade. Me acostumei, nem consigo acreditar, mas tudo indica que me acostumei. Como se acostuma com a rotina da luta pela sobrevivência, eu não sei.

Quarta-feira, 10 de março de 1993

Dear Mimmy,

Um problema terrível. Acabou-se a comida do Cicko. Já não se encontra comida de pássaro em lugar nenhum da cidade. Que fazer?

Estamos cozinhando arroz para ele, mas ele não quer. Tia Ivanka trouxe arroz integral para ele, ele dá umas bicadinhas. Feijão ele nem toca. A única coisa que sobra é migalha de pão, ele come algumas, por assim dizer. Todo mundo está tentando ajudar. Queremos salvar nosso Cicko, será que ele vai morrer de fome?

Hoje mamãe trouxe comida de pássaro de verdade, que ela conseguiu com tia Radmila e uma outra colega. Elas tiraram do bico de seus passarinhos queridos. Mimmy, se você visse Cicko comendo! Mas não temos coragem de dar muito de uma só vez, poderia fazer mal a ele. E a comida que temos só dá para uns poucos dias.

Os pássaros também estão dividindo a comida que têm. Os pássaros se ajudam uns aos outros, como os homens. Como estou contente! Regale-se, Cicko!

Segunda-feira, 15 de março de 1993

Dear Mimmy,

Fiquei doente de novo. Estou com dor de garganta, espirro, tusso. E a primavera está chegando. A segunda primavera de guerra. Sei por causa do calendário, pois a primavera é uma coisa que eu não vejo, que não dá para ver porque não sinto. Só vejo uns pobres infelizes que continuam arrastando água e outros ainda mais infelizes, homens jovens, sem um dos braços ou uma das pernas. São os que tiveram a sorte — ou o azar — de não serem mortos.

Não há mais árvores que a primavera desperta, não há mais pássaros, a guerra destruiu tudo. Não há mais gorjeios primaveris. Não restam nem os pombos, símbolo de Sarajevo. Não há mais gritaria de criança, não há mais brincadeiras. As crianças não parecem mais crianças. Tiraram a infância delas, e sem infância não há crianças. Tenho a impressão de que Sarajevo está morrendo lentamente, desaparecendo. É a vida que está desaparecendo. Então, como eu poderia sentir a primavera, ela que desperta a vida, se aqui não existe mais vida, se aqui tudo parece morto?

Estou triste de novo, Mimmy. Mas você deve saber que é cada vez mais frequente eu estar triste. Fico triste quando penso, e preciso pensar.

Quinta-feira, 8 de abril de 1993

Dear Mimmy,

Uma notícia terrivelmente triste! Nosso adorado Cicko morreu. Simplesmente caiu de costas e fim. Não estava doente. De repente.

Ele cantava. Agora não estava mais sentindo frio. Tinha conseguido atravessar o inverno, a gente tinha arranjado comida para ele. E ele larga tudo. Vai ver que também estava cansado desta guerra. Juntou tudo — o inverno, a fome, e agora ele foi embora para sempre. Chorei, mas mamãe ficou ainda mais triste que eu. Ele vai fazer uma falta enorme. A gente gostava tanto dele, ele era da família. Vivia conosco havia sete anos. Um tempão. Papai enterrou ele no pátio. A gaiola ficou vazia.

Segunda-feira, 19 de abril de 1993

Dear Mimmy,

Cresci, sabe? Não tenho mais nenhuma roupa para vestir. Tudo ficou pequeno, apertado, curto. A roupa fica estourando.

Combinamos com Braco que vou dar uma olhada nas coisas de Martina, Keka em sua carta também disse para eu dar uma olhada nas dela.

Hoje fui à casa de Braco. Entrei no quarto de Martina e Matej, o quarto está vazio, só ficaram as fotografias deles e uma ou outra coisinha que eles não precisaram levar; as janelas estão quebradas, está tudo cheio de pó. E estão faltando eles. Um quarto triste, tão triste quanto eu.

Levei um tempinho para me lembrar do que tinha ido fazer lá. Nas coisas de Martina achei uma saia preta de patchwork, tênis brancos, sapatos de chuva e outros mais finos.

Lembro-me de uma frase de Keka em sua carta: "Minha querida Zlata, pegue tudo o que tiver vontade de pegar e se for possível aproveite bem, porque ninguém sabe o dia de amanhã, lembre-se disso!".

Sábado, 10 de julho de 1993

Dear Mimmy,

Estou em meu quarto. Cici está comigo. Está refestelada em cima da poltrona — dormindo. E eu estou lendo cartas. Tudo o que me resta dos amigos são cartas. Ler essas cartas me transporta para junto deles.

Estou com saudade de você, sabe, e espero que muito em breve a gente volte a se encontrar. Fora isso, vou me acostumando devagarinho a minha nova vida. Zlata, cuide-se bem e tome conta de seu pai e de sua mãe.

Com um abraço bem forte,

Matej.

Querida Fipa, penso sempre em você e tento imaginar o que você está fazendo, como vive. Sinto uma falta enorme de você, de Sarajevo também, a cidade mais linda do mundo, a cidade onde arde o coração do mundo sem jamais se apagar. Sei que é muito difícil para vocês. Só posso dizer que os amo e que sinto muita falta de vocês. Milhares e milhares de beijos.

Martina e as outras refugiadas ansiosas para voltar.

Ouvi duas canções do Dr. Alban: "It's my life" e "Sing Alleluia". Não sei se vocês também tiveram oportunidade de ouvir. Hoje Maja estava falando que pretende gravar uma fita de Mick Jagger, Michael Jackson e Bon Jovi. Quanto à moda, tudo na mesma. Minha querida Fipa, como eu gostaria de poder bater papo com você.

Bojana, que ama você demais.

Minha querida Fipa, estou mandando essas *Teta* para você ver o que vai se usar neste verão — e que vai custar os olhos da cara. Claro, cada número de *Teta* vai acompanhado de um milhão de beijos e de palavrinhas carinhosas para que você saiba quanto Maja gosta de você e pensa em você.

Minha querida Zlata,

Você é minha melhor amiga e sempre vai ser. Ninguém jamais poderá romper nossa amizade, nem essa guerra. Embora você esteja em Sarajevo e eu na Itália, embora a gente não se veja há mais de um ano, você continua sendo minha melhor amiga.

Oga, que adora você.

Minha meninazinha,

Aí vai essa flor de nosso jardim e essa borboleta do bosque; você pode fazer um desenho delas. Se eu pudesse, mandava uma cesta de flores para você, a floresta inteira, árvores, um número infinito de passarinhos, mas não iam me deixar. Com essa borboleta e essa florzinha vermelha, mando todo o meu amor.

Não se preocupe com o futuro. Saiba que para as pessoas corajosas sempre haverá dias felizes. Seu papai, sua mamãe e você são pessoas valentes e a vida de vocês há de ser bela, cheia de alegria, vocês vão ser felizes.

Keka, que adora você e que muitas vezes pensa em você.

Está vendo, minha Mimmy, nessas cartas todos me mandam seu amor, sua saudade, falam da vida normal, mandam poemas, fotografias da moda, fazem votos para que esta loucura acabe. Quando leio as cartas deles, às vezes começo a chorar porque tenho uma enorme vontade de voltar a vê-los, estou impaciente para viver, e não simplesmente receber cartas.

Sexta-feira, 30 de julho de 1993

Dear Mimmy,

Estou na janela. Está quente. Olho as pessoas que arrastam água.

Você precisava ver, Mimmy, tudo o que se usa para arrastar água. As pessoas se viram, veem-se carros de duas rodas, de três rodas, de puxar, carrinhos de mão, de bebê, macas de hospital, carrinhos de supermercado e, o melhor, trenós sobre patins. Você precisava ouvir a algazarra. Barulhos de todos os tipos, rodas que rangem. É "isso" o que nos acorda pela manhã. É triste e engraçado ao mesmo tempo. Às vezes penso em todos os filmes que seria possível rodar em Sarajevo. Tem material para uma infinidade de filmes.

Terça-feira, 10 de agosto de 1993

Dear Mimmy,

Uma notícia muito triste, NÃO TEMOS MAIS GATO. Cici morreu. É terrível. Primeiro Cicko, agora ela.

Na casa de tia Boda, hoje, eu estava falando disso e daquilo, contando a ela que tinha tirado 3 em solfejo, que tia Irena tinha me dado uma calça de presente, que o exame de piano estava chegando. E perguntei a ela por que eles não tinham aparecido ontem à noite.

Tia Boda: — Um problema...

Eu, tolamente: — Ah é? O quê?...

Ela: — Não temos mais gato.

Eu, com ar perdido: — P-Por quê?... Cici não... está... Cici morreu?...

Eu ainda, com um nó na garganta: — Bom, já vou. Vou para casa. Preciso voltar para casa. Até logo...

E depois de chegar em casa: — BU-U-U-Á! UUUU-Á!

Papai e mamãe em dueto: — O que está acontecendo?

Eu: — Cici... Cici... Morreu...

Papai e mamãe, novo dueto: — Aaaah!...

E em seguida as grandes águas. Não, não é possível... Nosso gato morreu. O mais doce, o mais gentil, o mais bonito, o mais maravilhoso gato do mundo. Pobrezinha da Cici... Toda vez que penso nela, ela que era tão doce, tão meiga, choro copiosas lágrimas. Sei que estão acontecendo coisas horríveis, que pessoas morrem, que estamos em guerra, mas nem por isso... Estou terrivelmente triste. Ela nos deixava de bom humor, fazia a gente rir, enchia nossa vida. Minha linda Cici amarela. Minha amiga. Haris e Enes enterraram-na no pátio interno do prédio, ao lado de Cicko. Fizeram um pequeno túmulo com telhas. Ela merece.

Estou muito muito triste.

Sexta-feira, 17 de setembro de 1993

Dear Mimmy,

Esses "moleques" estão discutindo outra vez, vão assinar alguma coisa. Uma vez mais, nos dão a esperança de que esta loucura acabará. Amanhã as armas devem se calar e no dia 21 de setembro, no aeroporto de Sarajevo, todos devem assinar A PAZ.

Será que a guerra acaba com o primeiro dia do outono?

Já me decepcionei tantas vezes com todos os cessar-fogo e todas as assinaturas de acordos do passado que nem acredito mais que isso venha a acontecer. Não, não posso acreditar, pois hoje mesmo uma granada custou a vida de um meninozinho de três anos e feriu sua irmã e sua mãe.

Só sei que a brincadeirinha deles provocou quinze mil mortes em Sarajevo — três mil delas de crianças — e mais cinquenta mil deficientes físicos permanentes que andam pelas ruas com suas muletas e suas cadeiras de rodas, gente que não tem mais braços, não tem mais pernas. Sei também que não tem mais lugar nos cemitérios e parques para as novas vítimas.

Talvez essa seja uma boa razão para que esta loucura acabe.

Sábado, 25 de setembro de 1993

Dear Mimmy,

A luz voltou, mas racionada. Um plano inteiramente imbecil, tão imbecil quanto nossa vida. A cada cinquenta e seis horas nos dão quatro horas de energia elétrica. Você vai ver, Mimmy, o hospício que isto vai virar quando chegar a energia elétrica. Uma montanha de roupa suja espera a máquina de lavar. E uma montanha mais alta ainda de roupa lavada espera o ferro de passar. O pó espera o aspirador. E além disso vai ser preciso cozinhar um pouco, assar o pão — e bem que a gente gostaria de assistir um pouco de televisão. Precisa lavar o cabelo, secar com o secador... Não, é inconcebível. Assombroso.

Quinta-feira, 7 de outubro de 1993

Dear Mimmy,

O inverno está chegando e não temos nada para aquecer a casa.

Olho o calendário, tudo indica que este ano de 1993 vai ser um ano só de guerra. Meu Deus... dois anos perdidos ouvindo bombardeios, sofrendo com a falta de luz, de água, de comida, e esperando a paz.

Olho papai e mamãe. Em dois anos, envelheceram o que teriam envelhecido em dez anos de paz. Eu? Não envelheci, cresci, sei lá quanto. Não como frutas nem legumes, não bebo suco de frutas, não como carne... Sou uma criança do arroz, do feijão e do macarrão. Não!... Já estou falando em comida outra vez! Sempre me pego sonhando com frango, bife à milanesa, lasanha... Ah, chega, vamos falar de outra coisa.

Domingo, 17 de outubro de 1993

Dear Mimmy,

Ontem nossos "amigos das colinas" nos lembraram que continuam lá e que podem matar, ferir, destruir... Ontem foi verdadeiramente um dia horrível.

Quinhentas e noventa granadas. Desde as 4h30 da manhã, o dia inteiro. Seis mortos, cinquenta e seis feridos. É o balanço do dia de ontem. O pior foi em Sukbunar. Estamos sem notícias de tia Melica. Parece que lá em cima as casas ficaram totalmente demolidas.

Descemos para o porão. Essa droga de porão gelado e escuro que tanto odeio. Ficamos lá quatro horas inteiras! E bomba por todo lado. Todos os vizinhos estavam lá.

DE NOVO! De novo quebraram, estragaram todas as nossas esperanças, jogaram tudo no chão. Parecia que não iam mais fazer isso. Que o fim não ia demorar, que toda a confusão ia acabar, QUE ESTA GUERRA IMBECIL IA CHEGAR AO FIM.

Senhor Deus, por que é preciso que eles estraguem tudo o que temos? Às vezes digo para mim mesma que seria melhor que os bombardeios nunca se interrompessem para que nossa decepção não fosse tão grande quando tudo recomeça. A gente relaxa um pouco e em seguida COMEÇA TUDO DE NOVO. Agora tenho certeza de que isso nunca vai acabar. Tem gente que não quer que acabe, gente ruim, que odeia as crianças e pessoas como nós.

Digo para mim mesma, sem parar, que estamos todos sozinhos neste inferno, que ninguém pensa em nós, que ninguém nos estende a mão. No entanto, há gente que pensa, que se preocupa conosco.

Ontem uma equipe da televisão canadense veio aqui em casa com Janine para ver como estávamos nos virando nessa loucura de bombardeio. Um belo gesto. Humano.

E quando vimos Janine chegando com os braços cheios de provisões, começamos a chorar. Alexandra também estava aqui.

Pessoas humanas se preocupam conosco, pensam em nós, pessoas desumanas querem nos destruir. Por quê? Uma vez mais me faço a mesma pergunta: por quê?

Não fizemos nada. Somos inocentes. E não podemos fazer nada!

Dezembro de 1993

Dear Mimmy,

Paris. Há eletricidade, há água, há gás. Há... há vida, Mimmy! Isso mesmo, vida: luzes, trânsito, pessoas, comida... Não pense que eu fiquei louca, Mimmy. Ei, preste atenção: Paris?! Não, não fiquei louca. Não estou brincando, é mesmo Paris, e (acredita?) estou aqui. Eu, minha mãe e meu pai. Finalmente... A escuridão teve seu papel. A escuridão ficou para trás, agora que fomos iluminados pelas luzes de pessoas boas. Lembre-se disso: pessoas boas. Lâmpada por lâmpada — não velas, mas lâmpada por lâmpada —, e eu banhada pelas luzes de Paris...

No dia 6 de dezembro, três dias após o meu aniversário de treze anos (meu segundo ano na guerra), os editores pediram que nos preparássemos, pois, na quarta-feira, dia 8 de dezembro, eles viriam nos buscar — iríamos a Paris para a sua divulgação, Mimmy. Foi um verdadeiro choque. Era o que eu desejava, mas, embora eu quisesse deixar aquele inferno e escapar com meus pais da morte, da fome e do frio, pois tudo se tornara de fato insuportável, assim mesmo foi um choque... Para mim, o mais difícil era aceitar que eu iria embora, que deixaria para trás alguns de meus entes mais queridos em uma situação que conhecia tão bem. Eu os deixaria na guerra e na miséria, sem água, eletricidade, gás ou comida. E sabe-se lá se os encontraria de novo.

É impossível descrever meus confusos sentimentos de tristeza e alegria. Alegria de poder escapar da guerra, e tristeza de deixar TUDO para trás. TODOS OS MEUS AMIGOS MAIS QUERIDOS. Oh, Mimmy, quantas lágrimas! Despedi-me em lágrimas, fiz as malas em lágrimas. Chorei e meus amigos também (mas eu, muito mais). Chorei ao fazer as malas, e acho que todas as coisas que eu trouxe comigo, assim como as que eu abandonei e que talvez estejam à minha espera, um dia, em Sarajevo, também choraram. Queria levar tudo comigo, pois gostava igualmente de tudo, mas não caberia em uma só mala. Tive que escolher...

Mais ou menos às cinco da tarde, aterrissamos no aeroporto militar de Paris. Foi uma recepção maravilhosa, com palavras afetuosas de boas-vindas... Dava para ver nos olhos de todos a felicidade de nos ver enfim em Paris. Assim, a operação de deixar o inferno em Sarajevo foi um sucesso...

Foi como Paris me recebeu. Foi como saí da escuridão e vi as luzes. Será que essas luzes também eram minhas? Fico pensando. Quando um mero vislumbre dessas luzes iluminar a escuridão de Sarajevo, elas serão minhas também. Até quando...???

* * *

Posfácio

No verão de 1992, Zlata ingressou numa escola improvisada para as crianças de seu bairro. Na época, a UNICEF estava pedindo às crianças que tivessem mantido diários durante a guerra para que mostrassem seu trabalho. Através da escola recém-estabelecida, o diário de Zlata foi descoberto e selecionado para publicação em julho de 1993. Quase imediatamente, o diário recebeu enorme publicidade e Zlata foi proclamada a "Anne Frank de Sarajevo", um título que sempre a deixou desconfortável, porque ela teve a sorte de sobreviver, enquanto Anne morreu de maneira tão trágica. Ofertas de publicação vieram de todo o mundo, e finalmente a família Filipović fechou acordo com a editora parisiense Robert Laffont. Com a ajuda dos editores, e em conjunto com o governo francês e a presença da ONU na Bósnia, Zlata, Malik e Alica conseguiram fugir de sua cidade natal rumo a Paris, no inverno de 1993.

Durante os mais de dez anos que se seguiram à sua fuga, Zlata tornou-se conhecida por seu trabalho em campanha pela tolerância e paz no mundo. Seu diário foi traduzido para mais de trinta idiomas e ela já viajou por dezenas de países relatando suas experiências, que ela chama de experiências essenciais compartilhadas por todas as crianças e jovens que ficaram em Sarajevo. Ela é bacharel pela Universidade de Oxford e tem mestrado em estudos de paz internacional pelo Trinity College, de Dublin.

SEGUNDA INTIFADA

2000-

Shiran Zelikovich

Israel
2002 (15 anos de idade)

Paz, amor e rock'n'roll...

Mary Masrieh Hazboun

Palestina
2002-4 (17-19 anos de idade)

Mais um dia de morte e destruição...

Israel e Palestina ocupam uma faixa de terra no Oriente Médio que tem grande significado histórico e religioso para ambos, apesar das diferenças entre seus credos e culturas. Jerusalém em particular é de grande importância tanto para israelenses quanto palestinos (cristãos e muçulmanos). Como resultado dessa história comum e conflituosa e da competição pela posse da terra, as duas entidades frequentemente têm entrado em atrito.

A maioria dos judeus foi embora ou foi expulsa do Oriente Médio durante a Idade Média. Desde o final do século XIX, houve debates internacionais a respeito da possibilidade de reassentar o povo judeu em parte do território palestino, e a compra de terras palestinas estava em processo já nos anos anteriores à Segunda Guerra Mundial. O território palestino pertencia ao Império Otomano havia mais de quinhentos anos. Após a dissolução do império, o território permaneceu sob protetorado inglês. Em 1947, a Inglaterra decidiu encerrar o seu protetorado sobre a Palestina e transferir a responsabilidade sobre o território para as Nações Unidas. O plano de partilha que a ONU havia preparado — dividindo o território entre Estados árabes e judeus — jamais foi implementado, porque Israel proclamou sua independência antes que ele pudesse ser posto em prática. Na esteira dos eventos da Segunda Guerra Mundial e do extermínio em massa de cerca de 6 milhões de judeus europeus durante o Holocausto perpetrado pelos nazistas, um dos Estados previstos no plano de partilha proclamou sua independência como Israel em 14 de maio de 1948. Imediatamente os países árabes próximos — Egito, Jordânia, Síria, Iraque, Irã e a própria Palestina, que exigira o fim da imigração judaica nos anos anteriores — lançaram ataques militares contra o recém-criado Estado de Israel. A guerra árabe-israelense de 1948 terminou com vitória de Israel, mas teve como custo o imenso ressentimento dos países árabes vizinhos. Como resultado da guerra de 1948-9, cerca de 711 mil palestinos (estimativa da ONU) fugiram ou foram expulsos de territórios que estavam sob controle de Israel, enquanto a imigração de sobreviventes do Holocausto e de refugiados judeus das terras árabes aumentou muito a população de Israel. Os campos de refugiados palestinos existem até hoje e o número de refugiados registrados aumentou para mais de 4 milhões em 2002, e continua subindo devido ao crescimento natural da população.

Os conflitos continuaram nas décadas seguintes, sendo o mais notável deles a Guerra dos Seis Dias, que lançou a base para discórdias futuras na região. Durante esse tempo, Israel procurou aumentar seu controle sobre o território, o que frequentemente levou à ocupação e à supressão dos palestinos, enquanto estes respondiam com ataques nas áreas invadidas por Israel. A violência mútua e as mortes já foram bem documentadas de ambos os lados.

Shiran nasceu em Tel Aviv, Israel, em 1988, a mais nova de duas filhas. Sua mãe é professora universitária, e seu pai trabalha para o Ministério da Educação israelense. Ela começou a escrever seu diário para relatar o dia a dia de Israel durante a Intifada e os efeitos que o conflito trazia para ela e seus amigos adolescentes.

Quatro anos antes, Mary nasceu em Belém, filha de pais palestinos cristãos. Foi a filha mais velha, a quem se seguiram dois irmãos. Seu pai é dono de um mercado em Belém e sua mãe é dona de casa. Ao longo da Intifada, Mary revelou-se uma extraordinária estudante e planejou tornar-se jornalista. Também se tornou uma famosa cantora no Oriente Médio, tendo começado a cantar aos treze anos.

O termo árabe "Intifada" foi usado para descrever a revolta dos palestinos em busca de sua independência. Ele significa "forma livre e pulsante" ou "livrar-se de algo", como, por exemplo, uma dificuldade ou uma doença. A primeira Intifada foi iniciada pelos palestinos em 1987 e teve como resultado violentos embates entre israelenses e palestinos, especialmente na faixa de Gaza. A Organização pela Libertação da Palestina (OLP), liderada por Yasser Arafat, deu início a negociações de paz no início dos anos 1990, que resultaram num acordo temporário em 1993. Naquela época, foi criada a Autoridade Palestina para que fosse reconhecido o controle palestino sobre certas áreas da Palestina histórica. Entretanto, os acordos de paz de 1993 lentamente ruíram e prepararam o cenário para a segunda Intifada. Em 29 de setembro de 2000, o primeiro-ministro de Israel, Ariel Sharon, juntamente com um batalhão de seguranças, fez uma visita ao conjunto de mesquitas de Al-Aqsa e declarou que o complexo permaneceria para sempre sob controle israelense. Isso levou à erupção de protestos e é considerado o início da segunda Intifada. Apesar dos acontecimentos recentes, como a morte de Yasser Arafat, o de Ariel Sharon e a construção do controverso muro na Cisjordânia, o resultado desse conflito e a possibilidade de estabelecimento de uma paz duradoura continuam muito incertos.

SHIRAN ZELIKOVICH, ISRAEL, 2002

15 de abril de 2002

Meu querido diário,

Aqui estou eu, começando a escrever-lhe; meu primeiro diário. Talvez eu sinta a necessidade de conversar com alguém que possa simplesmente escutar.

Aqui vai uma breve apresentação de mim, querido diário.

Meu nome é Shiran Zelikovich; sou uma menina de quinze anos (faço esta semana) e moro num país que vive uma guerra pela sobrevivência, Israel.

Quase tudo que eu amo neste mundo está desaparecendo, toda a diversão, toda a alegria, todos os valores da própria vida.

Feliz aniversário!!! O que significam essas duas palavras, assim juntas, para você? Sua resposta provavelmente será algo como sair e comemorar.

Eu concordo com você, diário...

Hoje em dia, posso dizer adeus às comemorações. Não acontecerão hoje, no meu aniversário. Não acontecerão tão cedo. Queria estar em outro lugar, apenas durante este dia especial, meu aniversário. Tudo o que me permitem fazer é convidar algumas amigas e ficar em casa. É o medo pela própria vida. Meus pais não me deixam ir a parte alguma.

Posso ir ao shopping? "Não!"

Posso ir a uma danceteria? "Não!"

Posso ir ao cinema? "Não!"

Puxa, obrigado! Isso é que é diversão...

Ontem ouvi a respeito do ataque suicida, no qual seis crianças e velhos foram mortos e noventa ficaram feridos. Minha vontade de comemorar já se foi. Meu presente de aniversário na escola foi a adição de mais três guardas na entrada (ao menos eram bonitos...).

Amo o meu país e acho uma pena que estejamos em guerra. Não posso dizer que me sinto segura, na verdade é bem o contrário, mas faço um esforço para sentir-me assim. Quando ficar mais velha, quero ajudar meu país e combater esses terroristas horríveis.

Alguns dos meus amigos sonham em viver fora do país, em ser livres; eu não quero, porque quero estar aqui quando a guerra acabar. Estar com meus amigos e minha família, viver como uma pessoa livre; e se a guerra não acabar, então eu farei com que acabe, ainda não descobri como fazer isso, mas descobrirei um meio de fazê-lo. Estou assistindo ao noticiário, que mostra pessoas chorando, morrendo, gritando.

Para dizer a verdade, diário, estou tentando ignorar o medo da morte, mas é difícil. A verdade é que este é o aniversário mais triste de toda a minha vida; daqui pra frente as coisas só podem melhorar.

Logo escreverei novamente.

Com carinho,

Shiran

22 de abril de 2002

Olá, diário,

Estou escrevendo outra vez porque preciso muito de alguém para conversar e botar tudo para fora. Tenho tanto a lhe dizer.

Então vou simplesmente começar...

Ontem, vi na tevê que uma menina de dezessete anos chamada Samia Taktaka de Beit Fa'Gar foi pega enquanto estava a caminho de cometer um atentado suicida em Jerusalém. Isso é muito alarmante. Como pode uma garota da minha idade se matar? Como pode outra menina de quinze anos conseguir cometer [suicídio] e levar consigo as pernas de um menino de seis anos ou deixá-lo sem mãe nem pai?

Não consigo me imaginar uma órfã porque minha mãe foi matar pessoas inocentes como na semana passada em Jerusalém. Isso não faz sentido!

Vejo na tevê como nossos soldados são impedidos de entrar na santa igreja de Beit Le'hem [Belém] enquanto os assassinos se escondem lá sob a "proteção de Deus". E isso me faz pensar em como, na Páscoa passada, 28 pessoas foram mortas enquanto rezavam para o nosso Deus.

Sabia que hoje é um dia muito especial? É o dia de lembrar os soldados que foram mortos durante as guerras e o terror. É também o 54º aniversário da independência de Israel, o meu país. Os dois dias seguem-se um ao outro. Começamos o dia com tristeza e terminamos com festa.

O Dia da Independência de Israel começa ao final do Dia do Memorial do Soldado, exatamente quando o Sol se põe. É quando o Dia do Memorial termina oficialmente. Este Dia do

Memorial do Soldado me lembra que por muito tempo, aqui mesmo, muita gente inocente morreu sem motivo por causa do terror. Fomos massacrados por séculos, desde os tempos bíblicos até o Holocausto, e hoje em dia, e assim por diante...

Não entendo por que as pessoas querem me matar. É errado viver? Ou ser judia?

Hoje é o dia em que devemos lembrar essas pessoas.

Na noite passada e hoje, assisti tevê. Odeio ver aquelas pessoas sorrindo inocentemente e rindo na tevê, sem saber que dentro de poucos dias estarão mortos. Não consigo acreditar que estejam mesmo mortos. São tão jovens, alguns ainda mais do que eu.

Quando vi os pedaços dos corpos, simplesmente comecei a chorar, em silêncio, tentando não ser notada. Aparentemente não fui a única que chorou; minhas amigas disseram-me que choraram também. As imagens seguintes eram de soldados cantando, contado piadas jovialmente para a câmera, e depois eles se foram para sempre.

Meu querido diário, não se pode conhecer a sensação até senti-la. Ninguém pode reagir naturalmente a essas cenas.

Agora, diário, passemos rapidamente ao Dia da Independência. Normalmente, o Dia da Independência é motivo de celebrações e festas, com concertos gratuitos e ao vivo. Quando saímos, vejo as bandeiras penduradas por toda parte, e sempre, sempre que os concertos terminam, vemos os fogos de artifício ao nosso redor.

Cada cidade organiza sua própria celebração... mas, diário... tenho más notícias... Nossa cidade cancelou as festividades por causa dos alertas de bombas e da falta de segurança.

Não vou ficar em casa. Sem chance! Meus amigos vão fazer um churrasco e eu vou lá com eles! Não tenho medo! Nem os meus amigos!

Esses terroristas não vão conseguir interromper a nossa vida!!!

Oh! Veja a hora! Logo volto para conversarmos mais. Tenho que me vestir. Em breve volto a escrever.

29 de abril de 2002

Olá, diário,

Vivemos um período muito estranho. Aqui começamos a agir e a nos comportar como se tudo estivesse normal, e parece que a situação está mais relaxada agora. Será mesmo? Eu continuo esperando pela próxima explosão.

Muitos meninos e meninas, e também adultos, que planejavam ataques suicidas, são pegos antes de conseguirem cometer o próximo ato de horror e morte. Lembro-me das últimas férias, há pouco tempo, aliás, há um mês. Foi durante os grandes ataques terroristas contra as nossas principais cidades.

Fomos a Paris e Amsterdã apenas por alguns dias, durante minhas férias escolares. Estávamos sentados num café na Kalverstraat, observando as pessoas sossegadas sentadas ao nosso lado e todos os transeuntes, pensando em como a vida pode ser calma e tranquila. Nada de medo, nenhuma pressão, nem postos de segurança, ambulâncias, polícia... apenas momentos relaxantes para a alma.

E então comecei a pensar...

E se Amsterdã fosse como é Jerusalém?

Imaginei-me descendo por aquela rua, Kalverstraat, neste instante. Subitamente, o demônio vem andando em minha direção com um sorriso maligno em sua face assustadora. Ele pressiona um pequeno botão, e bum!!!! Mãos, dedos, pernas e muito sangue. As pessoas estão gritando; outras permanecerão em silêncio para sempre. Os sobreviventes têm os corpos cravados de pregos, porque a bomba tinha dentro de si um grande número de pregos compridos. É comum ver nessas situações um bebê decapitado.

As crianças procuram por seus pais, que mais tarde poderão ser encontrados no "instituto médico legal", que é para onde os cadáveres são levados para a necropsia, e este nome não ajuda em nada... As pessoas estão em pânico.

Observamos o primeiro estágio do horror quando as pessoas "menos feridas" tentam se levantar e ajudar os "mais feridos" (aqueles que não param de sangrar...). O próximo estágio terrível é a chegada dos "zaka". O "trabalho" deles é limpar as ruas de todos os pedaços de corpos e do sangue.

Na tevê, aparece o primeiro-ministro holandês, que diz ao povo: "Mantenham o brio, continuem a levar uma vida normal, o terror não vai vencer, os palestinos não vencerão, o terror não pode vencer, o mundo não irá permiti-lo".

Mas isso não faz o menor sentido em Amsterdã.

Aqui é outro lugar, outro país e outro mundo. O mais assustador é que não se pode saber quem é terrorista e quem não é.

Não entendo os palestinos. Por um lado, dizem que querem a paz e, por outro lado, ensinam suas crianças a odiar os judeus.

Às vezes me pergunto: será possível conviver em paz com essas pessoas?

Poderemos viver lado a lado?

6 de maio de 2002

Olá, diário,

Estava tão feliz há uma semana, tudo estava calmo e eu pensei que poderíamos ser como um país "normal". Tudo parecia ir bem, e eu pensei que realmente as coisas estavam melhorando.

Mas era bom demais e cedo demais para ser verdade.

Acordei pela manhã, liguei a tevê, como faço todos os dias, e descobri que quatro pessoas haviam sido assassinadas; algumas ficaram feridas enquanto dormiam em suas camas na manhã de sábado, nosso santo dia do descanso, inclusive uma menina de cinco anos com grandes olhos azuis, pele clara e um tiro na testa. Foi morta na sua pequena cama. Vi as imagens e era absolutamente horrível. Uma cama coberta de sangue e as paredes decoradas com desenhos de criança, cobertas de sangue também. Seu riso prateado não será mais ouvido no jardim de infância porque ela foi escolhida para ser a inimiga do assassino palestino.

Não posso nem imaginar; é pior do que o filme de terror com Freddy Krueger, *A hora do pesadelo.* Nesse filme, Freddy matava as crianças enquanto dormiam... e aqui, não se trata de um filme, mas da realidade. Espero que não tenham sentido nenhuma dor quando as balas rasgaram suas pequenas cabeças.

Diário, quer ouvir uma história engraçada para variar? Em Tel Aviv há um lugar onde eu e minhas amigas costumávamos ir bastante antes desta guerra. Esse lugar se chama Azriely Center. É o prédio mais alto de Israel, um shopping gigante cheio de lojas, restaurantes, praça de alimentação e cinemas. Uma semana atrás, alguns terroristas foram pegos pelas forças de segurança apenas algumas horas antes de tentarem explodir-se dentro desse prédio. Poderia ter acabado como o 11 de Setembro em Nova York. Todas as minhas visitas anteriores ao Azriely Center passaram pela minha cabeça. E fiquei pensando e imaginando sobre minha vida: o que teria acontecido se os assassinos não tivessem sido frustrados e eu estivesse lá com todas as minhas amigas?

E como seria se eu tivesse sido morta durante o sono? Ou enquanto fazia compras, ou apenas tomando o chocolate quente de que tanto gosto? Do que eu sentiria falta?

Morrer sem ter conhecido o verdadeiro amor; sem ter vivido a vida e alcançado o sucesso, desenvolvido a carreira e a vida familiar. E me fez pensar em como a vida pode ser preciosa e em como é bom estar viva. Agradeço a Deus por me manter viva!!! Minhas amigas ficaram bravas porque eu vou a Jerusalém visitar uma menina machucada que conheço. Eu disse a elas: "Não haverá explosão".

Sei que não é um assunto engraçado, mas a minha maneira de encarar a "situação" é com humor. É o que me mantém forte. A minha atitude perante a vida é o bom humor. É o melhor jeito, diário, um dia você deveria tentar fazer o mesmo...

Agora, diário, se me dá licença, vou assistir às semifinais da Liga Europeia, na qual a equipe para a qual eu torço está competindo pela copa de ouro. Não há nada como um jogo de basquete para nos fazer esquecer do que está acontecendo lá fora, mas o que posso fazer se ainda tenho os olhos úmidos por causa das lágrimas provocadas pela menininha com um buraco entre os olhos?

13 de maio de 2002

Querido diário,

Ontem soube de más notícias. Um suicida decidiu explodir-se para levar consigo algumas vidas; foram quinze mortos e muitas dúzias de feridos.

Na terça-feira passei o dia todo triste, sabia que aconteceria algo, como uma premonição. De alguma maneira eu sabia. Não consigo nem descrever esta terrível sensação, senti-me tão impotente.

Durante todo o dia estive deprimida, minhas amigas na escola perguntaram o que havia de errado comigo; elas haviam percebido. E mais tarde, à noite, estava prestes a ir para a cama quando soube das terríveis notícias.

Meu pai estava gritando: "Um terrorista suicidou-se em Rishon Le Zion", numa casa de jogos eletrônicos e videogames cheia de adolescentes.

Disse a mim mesma "Bem que eu avisei", mas o que posso fazer? Não posso ligar para o serviço de emergência e avisá-los que vai acontecer uma explosão só porque tive um mau pressentimento.

Metade da minha família mora lá; devo ligar para eles? Mas então pensei, já está muito tarde, quem sabe eles já estejam dormindo. E pensei que não, certamente estariam acordados por causa do terrível barulho da explosão. Decidi telefonar-lhes apesar do horário. Talvez um de meus primos tivesse ido até lá com os amigos. Ou...

Foi um alívio saber que estavam todos bem.

Ainda assim, estava muito cansada, mas não consegui dormir. No dia seguinte, passei o tempo todo na escola feito um zumbi (desligada...).

No noticiário, o âncora disse que os israelenses e a Autoridade Palestina assinaram um acordo, e eu me pergunto: que tipo de acordo se pode ter com pessoas que já transgrediram todos os limites possíveis da humanidade?

Estou me referindo aos assassinatos inescrupulosos que transgridem todos os limites possíveis, tantas vezes quanto conseguem; na verdade, essas pessoas não respeitam limite algum... nada as detém até verem o sangue!

Outro limite foi transgredido quando os terroristas suicidas entraram na mais sagrada igreja do mundo cristão para se colocarem sob a proteção de Deus. Eles sabiam que ninguém iria encostar neles num local sagrado, mesmo eles sendo assassinos.

É inacreditável.

Resta ainda algum limite???

Sinceramente, espero que haja um acordo, um que os palestinos possam honrar. E espero que algum dia esta guerra estúpida termine e israelenses e palestinos possam viver pacificamente lado a lado.

Sem derramamento de sangue, sem assassinatos de crianças em seus leitos, sem andar com cintos explosivos até locais onde há muitos adolescentes ou idosos reunidos se divertindo. Nada de ensinar às crianças pequenas nas escolas árabes a serem "Shahid" [santos] e a se explodir para alcançar o paraíso, onde os esperam sete virgens...

Imagino como será a vida quando a guerra acabar. Acho que a primeira coisa que farei será ir às ruas dançar, então, diário, se um dia vir uma menina louca dançando pelas ruas, saiba que terá chegado o fim da guerra e que esta garota serei eu.

30 de maio de 2002

Olá, diário,

Sinto não ter podido escrever ultimamente; o motivo de minha ausência são as provas finais, e não tenho tido tempo nem de respirar. Entre a lição de casa e o estudo para as provas, acontece outra vez! Em Petah Tikva.

Agora as seguintes frases seguem passando pela minha cabeça — como sempre: uma palavra, atentado; duas palavras, atentado suicida.

No fundo podem-se ver as chamas. Tão gráficas, enquanto os detalhes ficam mais nítidos, o mapa fica mais claro. Ruas e eventos aparecem na tela. E tudo é desenhado com linhas tão fortes; Van Gogh teria orgulho da nossa arte televisiva.

E eu continuo observando e ouvindo. É como uma rotina programada. Não é um jeito horrível de se pensar? Há quatro mortos e dúzias de feridos.

Contrariando minha vontade, os dedos não mudam de canal; de repente, estão congelados. Como se fizesse diferença ver mais imagens desse tipo. De novo, não, continuo dizendo a mim mesma.

No momento as notícias não são precisas. Temos apenas uma visão geral da situação, e já é o bastante para me distrair dos estudos. Amanhã é minha prova de matemática, e eu mal consigo olhar para os números e resolver os problemas. Se isso continuar assim, amanhã vou tirar uma nota ruim.

A desinformação continua e espero que tudo esteja mais claro até o noticiário das oito, mas mesmo assim não paro de assistir. O último ataque (por enquanto) foi em Petah Tikva. Não conheço ninguém dessa cidade; ainda assim fico preocupada ao pensar que algum dos meus parentes e amigos possa estar lá.

Continuo dizendo a mim mesma: quais as chances de isso acontecer? Mas na verdade não seria a primeira vez que um de nossos parentes esteve próximo ao local de um atentado suicida. Na verdade, dois carros-bomba já explodiram perto da minha casa; eu até senti a explosão...

Foi como um terremoto artificial.

Vou sair pelo resto do dia. Não farei a prova de matemática amanhã, como deveria ser.

Sinto muito se aos seus olhos eu pareço fria, diário, mas é o que acontece depois de se ver tantos cadáveres e tanto derramamento de sangue.

14 de junho de 2002

Olá, diário,

É bom poder conversar novamente...

Finalmente, as aulas acabaram!!! Estou livre!!! (por enquanto...)

Foi um ano difícil, houve momentos em que pensei que não seria capaz de sobreviver a mais um único minuto de escola porque fiquei cansada de tantas provas estúpidas, mas, como pode ver, eu sobrevivi! Apesar de todas as queixas, sentirei falta da escola, dos meus colegas; com alguns deles eu cresci, com alguns deles eu tenho as melhores memórias da vida. No ano que vem irei para uma escola de artes, aqui em Israel.

Esta semana foi tão estranha, diário; você não pode imaginar o que está acontecendo aqui.

Um incêndio imenso aconteceu perto da minha casa; levou horas até que os bombeiros finalmente conseguissem apagá-lo.

Tanta fumaça! Uma amiga minha, cujo pai é policial, disse-me que seu pai contou-lhe que o incêndio foi causado por uma bomba deixada num campo aberto. Um terrorista suicida viria buscá-la mais tarde. Mas aconteceu alguma coisa errada com a bomba, que explodiu.

De início eu disse a mim mesma: bobagem, mas então percebi que não seria a primeira vez que uma bomba explode perto da minha casa. Na verdade, um ano atrás, dois carros-bomba explodiram próximo a minha casa, diante da casa de um amigo meu.

Então pensei: o que teria acontecido se o terrorista tivesse obtido sucesso em sua missão? Como seria? E então disse a mim mesma que não preocupasse minha cabecinha com essas coisas; tenho de pensar no lado positivo da vida.

Em Israel as novelas fazem muito sucesso, acho que é porque as pessoas querem se esquecer da vida real e se transportar para uma realidade diferente. Neste fim de semana, todo o país debateu o último capítulo de *A vida do amor*, uma novela israelense. As pessoas ficaram tão tristes por ela ter finalmente acabado. Até eu, que não assisto a novelas (não tenho nada contra, apenas não gosto de acompanhá-las...), acompanhei *A vida do amor*; isso é um pouco estranho, não acha?

Ei, acabo de me lembrar de algo muito ruim que aconteceu esta semana; meus pais e eu fomos a um casamento. Um casamento normal com "Hopa" e toda a cerimônia judaica de sempre, mas na verdade esse casamento não teve nada de normal. Na entrada estavam dois seguranças; durante o "Hopa" havia mais dois seguranças de patrulha.

É um casamento ou um desfile militar? Um dos seguranças me perguntou "Como vai?" exatamente como o Joey do seriado *Friends*. Acha que ele estava me paquerando?

Paz, amor e rock'n'roll.

Posfácio

Shiran e a família permanecem em Israel. Shiran e as amigas saem nos fins de semana, vivendo sob o lema: "Aquilo que tiver de ser, será". Elas tentam não viver com medo.

Depois que Shiran se formar, irá para o exército, conforme estipula o governo israelense. Shiran tem medo de deixar a segurança dos anos escolares e entrar numa vida tão completamente diferente da sua. Ela gostaria de trabalhar como jornalista ou cineasta quando sair do exército.

MARY MASRIEH HAZBOUN, PALESTINA, 2002-4

8 de abril de 2002

Aqui estou eu no local onde Jesus nasceu, hoje um lugar bastante amedrontador. Na segunda-feira da semana passada, nós acordamos à uma da madrugada. Por toda parte eu ouvia o bombardeio e a artilharia. Às quatro da manhã, corri até o quarto de minha mãe e me escondi sob sua cama porque as bombas estavam muito próximas. Meu pai olhou pela janela e contou vinte tanques ao redor da casa. Eles entraram na cidade antiga de Belém, próximo à igreja da Natividade. Meu pai tem uma loja lá. Desde a semana passada ninguém pode andar pela rua ou olhar pelas janelas. Não vemos a luz do dia; cobrimos todas as janelas com cobertores. É como se estivéssemos enterrados.

Nossa casa tem dois andares, um para nós, o outro para meu tio, que tem três filhos pequenos. Ficamos o tempo todo aqui porque é mais seguro. Nem me mexo, apenas assisto à tevê. Belém é uma cidade bem pequena, onde muçulmanos e cristãos convivem juntos e todo mundo se conhece. Conhecíamos Omar Salahat, que foi morto próximo à igreja enquanto tinha ido ver se estava tudo bem com seu restaurante, que fica perto da loja do meu pai (eles matam qualquer coisa que se mexer, mesmo um gato). Os israelenses entraram em tantas lojas. O amigo do meu tio tem uma joalheria; eles lhe roubaram dez quilos de ouro.

11 de abril de 2002

Hoje foi o pior dia. Não por causa do que está acontecendo em Belém — já nos acostumamos a isso. Tanques por toda parte; não se pode dormir; não posso estudar. Chorei o dia todo por causa do que aconteceu em outros lugares, especialmente em Jenin. Centenas de pessoas mortas. Muitos ficam largados nas ruas durante três ou quatro dias; ninguém pode enterrá-los. Eles não permitem a entrada de equipes de tevê.

Agora posso ouvir tanques próximos ao meu quarto. Já se tornou coisa normal. Não sinto medo. Acordamos ao som de balas e dormimos ao som das mesmas. Não tive medo quando, há dois dias, saí para comprar pão com meu primo de quatro anos de idade. Os tanques na rua começaram a metralhar e bombardear. Dois dias atrás um homem foi morto na rua enquanto trazia comida para os filhos. Ele saiu durante o toque de recolher porque sua família estava passando necessidade.

A situação na igreja permanece a mesma. Liguei para o

padre Rafael. Ele é um dos padres que está na igreja. Disse-me que lá dentro não se come há seis dias.

Não posso escrever tudo porque não consigo traduzir meus sentimentos em palavras corriqueiras. Neste mundo, a verdade está enterrada. Quando você diz uma palavra verdadeira, logo vêm os tanques para esmagá-lo e matá-lo.

12 de abril de 2002

Agora estou sentada no jardim porque nos foi permitido sair por duas horas. Vejo as pessoas correndo para os mercados e lojas para comprar leite e pão. Há algumas crianças brincando e outras estão conversando. Cinco minutos atrás o tanque próximo à nossa casa começou a atirar para o alto enquanto estávamos todos do lado de fora. Graças a Deus, não aconteceu nada e ninguém ficou ferido. Então dois tanques se aproximaram de nós. Todos entraram, mas eu permaneci do lado de fora.

Dois dias atrás um muçulmano foi enterrado na igreja. Não havia onde enterrá-lo. Conheço muitos dos que lá estão, e agora já estão sem comida há uma semana.

Tudo mudou na minha pequena cidade. As ruas estão demolidas, os carros, amassados. Até as árvores estão partidas. Belém não é mais Belém. Agora é um deserto, há destruição por toda parte. Não há esperança de uma vida pacífica. Agora não há diferença entre a vida e a morte. Eu prefiro a morte, pois não terei de testemunhar estes terríveis crimes cometidos contra o meu povo. Talvez seja mais seguro no outro mundo, ao lado de Deus. Meu primo perguntou: "Por que não podemos brincar e nos divertir como as outras crianças do mundo? O que fizemos para merecer este sofrimento?". Eu ri e disse a ele que é um crime ser palestino.

15 de abril de 2002

Acordei às dez horas para me preparar para comprar comida com meu tio. Os soldados israelenses permitiram que as pessoas saíssem das dez até as duas horas. No caminho até o mercado, vi minha querida Belém em ruínas. A pior coisa é o lixo que está por toda parte nas ruas e que envenena o ar e cria um ambiente tóxico.

Hoje eles invadiram um prédio em Doha, uma área próxima ao campo de refugiados de Dheisheh, que fica perto da nossa casa. Eles mandaram as mulheres e crianças saírem e então pegaram todos os homens, colocaram-nos dentro de veículos blindados e os levaram embora. As mulheres e crianças estão agora nas ruas, as crianças dormem no chão. Os soldados israelenses alegam que havia homens armados se escondendo no prédio. Quando eles o bombardearam, uma mulher que não conseguiu fugir foi morta. Seu bebê de seis meses ficou ferido.

Agora é meia-noite. Não consigo dormir porque os soldados estão planejando algo terrível para os homens dentro da igreja da Natividade. Primeiro, um soldado falando um árabe fluente começou a ameaçá-los pelo megafone: "Aos que estão na igreja da Natividade: conheçam o seu destino, saiam e permanecerão intactos, ficarão seguros". Ele continuou repetindo essas palavras durante uma hora. Nossa casa fica longe da igreja, mas nós pudemos ouvir tudo claramente. Depois disso, eles tocaram uma fita com sons terríveis que não sou capaz de descrever. Ainda posso ouvi-los: pessoas gritando, barulhos de máquinas, martelos, alarmes, choques, cães latindo. Sei que não conseguiremos dormir esta noite. Imagino como se sentirão as pessoas dentro da igreja. Acho que devem estar enlouquecendo. Ninguém pode suportar esses sons por muito tempo. Os soldados estão tentando enlouquecê-los. Ficam repetindo os sons durante horas e horas.

Vou rezar o terço com minha família. Rezamos todas as noites; pedimos a Deus que proteja os que estão na igreja, muçulmanos e cristãos, porque são inocentes. Não posso continuar... Ouço bombas, talvez eles tenham começado a bombardear o prédio. Agora vamos nos esconder em algum lugar porque o barulho está muito perto da nossa casa e é perigoso ficar aqui...

Sempre faço uma prece a Deus: o nosso caso é tão evidente quanto o brilho do Sol, mas ninguém no mundo quer enxergar a verdade quando nos julga. Então peço a Deus apenas que não permita que o mal nos destrua. Peço ao Senhor que esteja conosco e nos garanta uma volta segura à vida normal, como qualquer pessoa no mundo. Será um pedido grande demais? Queremos apenas viver.

16 de abril de 2002

Hoje foi um dos piores dias. Acordei com o som de balas vindo dos tanques que atravessavam nossa rua. A rua estava vazia, mas eles atiravam mesmo assim, apenas para aterrorizar as pessoas. Estudei um pouco. Depois fui assistir tevê para saber das últimas notícias. Foi muito triste descobrir que haviam preso Marwan Barghouti. Ele é um homem decente que tem fé na nossa situação e sempre dá preferência à paz e às negociações com o lado israelense. Agora só Deus sabe o que farão com ele. O seu único crime é ter amado muito a Palestina.

Durante a tarde meu tio quis sair um pouco e sentar-se no jardim, que fica atrás da casa, longe da rua principal. Ele saiu com a mulher e os três filhos, e meu irmão mais novo foi com eles. Minha mãe estava no meu quarto rezando enquanto eu estudava. Desci a escada para poder estudar do lado de fora e me divertir um pouco. No instante que eu quis sair, meu tio gritou para que não me mexesse, pois havia um tanque atravessando a rua. Podia ouvir nitidamente o seu barulho. Então a voz de meu tio desapareceu. Quis olhar pela porta e me certificar de que estavam todos bem. No instante em que abri a porta, uma chuva de balas veio em minha direção. Corri o mais rápido que pude e me escondi atrás de uma enorme cômoda na casa de meu tio. Ouvi meus primos e meu irmão gritando, mas não pude fazer nada. Pensei que fossem morrer. Após dois minutos, pude me mover, e meu tio entrou correndo, com o rosto pálido. As crianças não conseguiam se mexer de tanto medo e então ele as abraçou com força. Minha mãe estava se escondendo sob a escrivaninha do meu quarto. Ela ouviu as balas atingindo a porta da minha varanda. Depois de algum tempo saí na varanda, e lá encontramos um monte de balas. Foi o pior momento de toda a minha vida. A morte passou muito perto. É realmente aterrorizante. Sabem que somos civis, mas não querem ver nada se movendo.

Às sete horas, os soldados começaram a atirar de todos os lados contra a igreja. Dois dos quartos dos padres foram incendiados. Não vinham disparos do lado de dentro da igreja. As janelas foram quebradas. Dois homens foram feridos. Eles continuaram metralhando e bombardeando por quarenta minutos. Comecei a chorar. Onde estão os cristãos que têm alguma dignidade e fé? Minha igreja se tornou uma praça de guerra. Espero um dia no futuro poder rezar nela novamente. Para todas as pessoas que vivem pacificamente e felizes em seus países independentes, eu digo estas palavras: lembrem-se, quando estiverem comendo, de que há centenas de crianças que morrem de fome porque são palestinas. Lembrem-se, quando forem beber água, de que há centenas de crianças que bebem a água suja da sarjeta porque são palestinas. Lembrem-se, quando forem dormir, de que há centenas de crianças sem teto que dormem sem nada para vestir só porque são palestinas.

17 de abril de 2002

Hoje foi um dia um pouco mais calmo. Novos tanques entraram em Belém, com máquinas que eu nunca vi antes. A única esperança que os palestinos tinham nas negociações de Powell com Sharon e Arafat era de que se pusesse um fim aos massacres em Jenin e Nablus. Fiquei absolutamente chocada quando ouvi Powell dizendo que Arafat o havia desapontado. O que é isso? Ele voltou à América culpando Arafat. Ele está sendo culpado por seu povo estar morrendo nas mãos dos soldados israelenses? Em vez de culpar Sharon, ele culpa o homem que é prisioneiro em Ramallah. Não há palavras para expressar o meu sentimento em relação a tamanha injustiça. Eles são cegos ou simplesmente não querem enxergar?

Há pessoas presas sob suas casas destruídas, gritando e pedindo ajuda. A UNRWA não pôde resgatá-las porque os soldados israelenses os impediram de entrar. Foram deixadas lá; ninguém sabe quantas são. Os médicos dizem que há um odor forte em Jenin, o cheiro de cadáveres, alguns dos quais ainda não foram encontrados.

Hoje telefonei para o padre Amjad, na igreja da Natividade, para saber como estão as pessoas. Ele estava desesperado. Eles passam a noite toda acordados e dormem um pouco pela manhã. Não há comida. Eles só têm água para beber e sal. Os ruídos do lado de fora os deixam muito nervosos. Alguns começam a espernear no chão e gritar.

Estou aflita e sem esperanças. Nossas crianças inocentes não conhecem o significado da palavra felicidade. Tudo o que elas conhecem são mortes, guerras, tanques, medo e sofrimento. Como tenho pena do meu povo, meu querido país.

Agora, depois que Powell se foi, não há esperança de que alguém possa interceder. Esperamos apenas que Deus faça um milagre para acabar com nosso sofrimento.

19 de abril de 2002

Aqui estamos nós: mais um dia de morte e destruição. Mais gente morta, mais sofrimento. Realmente, já se tornou parte de nossos dias e de nossas vidas. A morte está sempre muito próxima de nós, e a qualquer minuto alguém pode ser morto. Ontem eu estava assistindo tevê com meus irmãos, às sete da noite, quando subitamente uma enorme explosão sacudiu nossa casa. Minha mãe mandou-nos deitar no chão e tomar cuidado. Os tanques estavam na frente da nossa casa e começaram a atirar em todas as direções. Então houve outra enorme explosão. Ficou escuro em todo lugar, e não podíamos ver nada nem procurar um lugar seguro para nos esconder. Depois de uma hora de medo os tanques foram embora, e descobrimos que os soldados israelenses suspeitaram que um carro em nossa rua estivesse cheio de explosivos, mas o carro pertencia aos nossos vizinhos. As duas grandes explosões vieram de um avião que bombardeou o carro, enquanto o tiroteio foi sem motivo, apenas para assustar a nós e a outros civis, deixando-nos trêmulos de medo e dor.

Hoje acordei às nove horas, muito desesperada. Queria poder dormir muito tempo para não ter de ver as pessoas inocentes que são mortas todos os dias. Pedi a minha mãe que não me contasse nada se eles invadirem a igreja e acontecer um massacre, porque não quero saber de mais dor, mais lágrimas e mais sofrimento.

Hoje vi na tevê um bebê ferido pelos bombardeios sobre Gaza. Seu corpo estava coberto de feridas e ele gritava de dor.

À tarde fomos até a casa de meu tio, no andar de baixo, e nosso vizinho nos avisou para que tomássemos cuidado. Os soldados haviam chegado à nossa área e iriam invadir as casas e prender os homens. Meu irmão teve muito medo. Ele tem quinze anos e é bem alto, o que os faria pensar que ele é mais velho, e acabariam levando-o. Entraram num grande prédio de apartamentos perto da nossa casa, revistaram cada apartamento e foram embora sem entrar na nossa casa. Prenderam muitas pessoas em Belém, mas graças a Deus não entraram na nossa casa... ainda.

NÃO IMPORTA O QUE ACONTEÇA

A PALESTINA NÃO MORRERÁ

20 de abril de 2002

Nenhuma novidade: mais mortes, mais sofrimento.

21 de abril de 2002

Hoje estou muito triste porque todo domingo vamos à igreja, mas hoje não podemos fazê-lo como de costume, e temos de rezar em casa.

22 de abril de 2002

Acordei às nove horas com minha mãe falando em voz alta com os soldados. Fui vê-la, e ela me disse que tínhamos de descer. Fomos até o andar de baixo e eu vi quase vinte soldados à porta; um entrou e disse-nos que tínhamos de ficar num quarto. Eles ficaram com meu irmão e meu tio para que os levassem até os quartos.

Procuraram em toda parte; tiraram tudo dos armários, gavetas, tudo. Fizeram uma bagunça em nossa casa, viraram tudo de pernas para o ar, não ficou nada no lugar. Estiveram aqui por duas horas. Um deles ficou do lado de fora e outros quatro com meu irmão no andar de cima, quatro com meu tio em sua casa e outros quatro na casa da minha avó. Um soldado entrou no quarto onde estávamos e disse: "Por favor, não se preocupem e fiquem aqui".

Depois de algum tempo eles se foram, mas ainda estão na nossa área. Graças a Deus, não levaram ninguém. Pensei que fossem logo começar a quebrar tudo e destruir a casa, mas eles não foram tão maus. Acho que depende de quem está morando na casa. Em algumas residências eles destruíram muito, em outras não danificaram coisa nenhuma. O importante é que ninguém foi levado.

Agora é meio-dia. Eles deram permissão às pessoas para que saíssem das duas até as seis horas. Então vamos sair para comprar comida.

2 de maio de 2002

Como de costume, acordei ao meio-dia porque ficamos assistindo à tevê até tarde. Ouvi barulhos no fim da tarde, pareceu um tiroteio. Ficamos desapontados porque o encontro entre os negociadores israelenses e palestinos para resolver o impasse da igreja não obteve resultado. Isso vai manter a situação como está ou pode ainda piorá-la. Não se pode entrar na igreja hoje em dia. Um sujeito foi morto lá dentro e outro, ferido. Não há remédios nem primeiros socorros para salvá-los.

Alguns de nossos parentes telefonaram para meu pai, pedindo-lhe comida. São uma família grande, mas não podem sair para fazer compras. Pediram ajuda ao meu pai. Estudei um pouco, mas não muito; a situação não o permite.

3 de maio de 2002

Como sempre, os tanques rodeiam nossa casa o dia todo. O exército israelense deu permissão aos civis de Beit Jala e Beit Sahour para que saíssem para comprar comida. Meus primos e irmãos ficaram muito contentes e dançaram ao ouvir essas notícias. É a melhor notícia que recebemos já há algum tempo. Pode-se ver a luz do dia e banhar-se ao sol.

Meu pai quer ir até sua loja, que fica perto da igreja. Nós vamos com ele no carro. Espero que nada nos aconteça.

26 de maio de 2002

Hoje os tanques que haviam chegado ontem saíram de Belém. Não entendo o que vieram fazer aqui; não realizaram qualquer objetivo concreto. Este mês decidi parar de escrever porque não adianta explicar a situação da Palestina quando ninguém se importa com ela. O que me magoou muito foi quando os combatentes foram transferidos para diversos países. Meu coração parecia que ia se partir de raiva, tristeza, injustiça. Esses homens que o mundo todo pensa serem terroristas são alguns dos homens mais fiéis da Palestina. Quando Israel nos fazia sofrer, eram eles que defendiam nossas terras e lembravam a Israel que a Palestina não é um território vazio como eles querem que seja, mas que está cheia de palestinos que não temem as armas israelenses. Cada lar da Palestina ficou triste. Senti algo de terrível quando o ônibus foi embora e desapareceu da igreja da Natividade.

Sou cristã e estava ansiosa para desmascarar as mentiras que estavam sendo publicadas em matérias tendenciosas por toda a imprensa sobre o que acontecera na igreja. Fui ver com meus próprios olhos. Não havia mais cobertores, copos e pratos. O relacionamento entre os padres e os homens fora muito bom. Os padres os abrigaram, oferecendo-lhes do seu próprio pão. Em Belém isso é considerado normal, pois estes eram homens de Belém. Todos os conheciam; moramos juntos; os vemos quando vamos à escola ou à cidade velha. Eles não são aquilo que a imprensa mundial os acusa de ser.

Se Israel pensa que a Intifada vai acabar assim, eles estão muito enganados. Se é isso que os israelenses querem, terão de matar cada homem, mulher, menino e menina da Palestina, pois nenhum de nós viverá feliz sem nossa liberdade. Você pode estar se perguntando por que a Intifada não parou depois de tudo que Sharon fez. A resposta é que a Intifada é uma revolução justa, a qual nós precisamos continuar, e continuaremos. E eu acredito que os palestinos que acabam de ser transferidos um dia retornarão trazendo a bandeira da Palestina. Vamos recebê-los cantando e dançando com alegria, e a esperança retornará à nossa alma.

Ontem fui à igreja rezar. O padre Ibrahim expressou seus sentimentos de raiva e tristeza, e disse: "Mesmo nós estávamos em perigo e qualquer um poderia ser morto, mas a nossa preocupação era a mesma tanto por aqueles homens quanto pelos outros padres. Ficar na igreja com eles foi melhor do que vê-los deixar Belém sem justiça ou compaixão. Quando tive a oportunidade de conhecê-los melhor, descobri que eram bons homens, e foram respeitosos com a igreja. Rezo pela segurança deles e para que retornem um dia ao seu próprio país".

Verão de 2002

Este verão foi muito especial e significativo para mim. Depois de passar o ano todo estudando muito para a *Tawjihi*, consegui passar com menção honrosa e fiz 97 dentre cem pontos possíveis. Obtive diversas bolsas para estudar no exterior, como na Itália, na Jordânia. Mas decidi frequentar a Universidade de Belém e cursar jornalismo. Fiquei tão orgulhosa por ter conseguido uma nota tão alta mesmo em meio à guerra. Fui honrada por diversas organizações e institutos educacionais de Belém por ter obtido uma nota tão alta este ano, especialmente porque as provas da *Tawjihi* são muito difíceis e a situação de instabilidade e insegurança atrapalhava os estudos. Muitos estudantes desistiram por não conseguir estudar em meio a estas condições aterrorizantes. Quanto a mim, honestamente, não estudei sob circunstâncias tão horríveis apenas para conseguir notas altas. Apesar de sentir-me desesperada por causa de tudo que acontecia durante a Intifada, sempre tive a motivação de realizar algo pelo meu país e pelo meu povo. Durante o toque de recolher eu dizia a mim mesma: "Os soldados israelenses estão acabando com a vida de muitos palestinos inocentes; estão me roubando a terra e os direitos. No entanto, eu não vou me render e deixá-los vencer entregando-me ao desespero e perdendo minha razão de viver... Quero ser a voz da minha nação, cuja voz está sendo roubada. Quero estudar e estudar e tirar as melhores notas... Eles podem me impedir de sair e comprar comida, mas não podem me impedir de estudar... Quero ser uma jornalista bem-sucedida e vou trabalhar duro até realizar meu sonho". E esse era o motivo de eu estudar dia e noite, como costumava fazer, mesmo durante os tiroteios e bombardeios. Até quando não havia energia elétrica, eu acendia uma vela e passava a noite estudando. A parte mais difícil e perigosa durante todo esse tempo foi quando os estudantes precisaram ir até suas escolas para fazer as provas. Era sabido que, quando estava em vigor o toque de recolher, ninguém deveria sair. Então passávamos dia e noite em frente da tevê, esperando por notícias a respeito do toque de recolher. Se fosse anunciado que no dia seguinte não haveria toque de recolher durante algumas horas, o Ministério da Educação marcava o teste para esse período. Os estudantes se aprontavam e iam fazer as provas durante aquelas horas. O pior era quando os soldados israelenses anunciavam que não haveria toque de recolher e depois mudavam de ideia e mantinham o toque de recolher. Então, depois de noites insones de estudo para uma prova longa e difícil, ainda tínhamos de esperar pelo próximo anúncio de suspensão do toque de recolher, o que poderia acontecer no dia seguinte ou uma semana depois. Só Deus sabe como foi...

1º de novembro de 2004

Estou recomeçando o diário... Desde o dia 29 de junho, dia do meu aniversário, parei de escrever no diário. Foi o dia em que cheguei aos Estados Unidos para começar aqui uma nova vida e esquecer o meu passado no meu amado país, a Palestina. Para o mundo pode ainda não ser um país, mas para mim é o país onde temos o direito de morar. Tenho vinte anos de idade, mas sinto-me muito mais velha por causa de tudo que já vi na vida. Passei a vida toda em Belém — não era problema ser cristã lá. Há muitos cristãos vivendo lá com muçulmanos e todos convivemos como uma grande família. Sofri por causa da ocupação e por ver pessoas e crianças inocentes sendo assassinadas sem motivo.

Os últimos três anos foram os piores na Cisjordânia. Costumávamos dormir toda noite ao som de tiroteios e explosões acontecendo por toda parte. Havia toques de recolher o tempo todo. Nessa hora os soldados israelenses se espalhavam pelas ruas em seus tanques e ninguém podia sair de casa, fosse qual fosse o motivo. Costumávamos ficar sem comida por até duas semanas... e então davam-nos uma hora para comprar comida e logo depois voltava o toque de recolher.

Um dia fui até o jardim procurar meu primo pequeno e por acaso vi um grande tanque vindo na direção da nossa casa, e tive muito medo porque sei que ao verem alguma coisa se mexendo eles disparam instantaneamente. Bem naquele momento ouvi o tiroteio e senti que ia morrer. Graças a Deus a bala acertou a porta, e não a mim. No dia 28 de junho chegou a hora de partir, deixar Belém e dizer adeus ao meu querido lar, universidade, amigos, terra, árvores, amores e lembranças... Já estava à espera daquele dia, e dizia aos meus amigos: "Daqui a noventa dias deixarei minha querida Belém". Eles riam e diziam que ainda faltava muito tempo... para mim o tempo foi curto... Todas as noites eu dormia com lágrimas nos olhos e dor no coração. É uma coisa estranha... não? Viver uma vida difícil e amá-la mesmo assim... Quero ajudá-lo a compreender meus sentimentos... Sinto que a Palestina é minha mãe e ela está doente, ela está sofrendo e sentindo muita dor, mas eu jamais pensaria em abandoná-la; preferiria a morte a abandoná-la. Tenho lembranças tristes da ocupação, mas também tenho memórias muito boas, com meus amigos, na universidade, e sendo cantora tenho muitas lembranças de concertos e apresentações em igrejas, na universidade e em outras cidades da Palestina. Ninguém pode conhecer a dor da ocupação sem tê-la vivido. Nunca parei de escrever no diário até chegar aos Estados Unidos.

Meu coração estava partido e senti que minha vida tinha acabado. Não queríamos vir; minha mãe não queria morar aqui, nem meus irmãos, mas meu pai insistiu, dizendo que aqui teremos um futuro melhor. Não quero um futuro melhor; quero uma vida normal com meu povo... Hoje é o primeiro dia em que abro o diário e começo a escrever novamente. Quatro meses de estresse, lágrimas e desesperança que me fizeram perder a razão de viver, vinda de uma terra esquecida direto para o país mais poderoso do mundo.

12 de novembro de 2004

Dia após dia, minha vida nos Estados Unidos fica mais sem sentido, sem esperança, e estar longe da Palestina me faz sentir como se não houvesse razão de viver. Perdi tudo; abandonei a universidade antes de me formar; faltam-me ainda dois anos de curso. Minha carreira de cantora, que começou há muito tempo e se tornou mais profissional quando comecei a estudar na Universidade de Belém, foi interrompida. Meu canto é único. Não canto quaisquer músicas, canto canções nacionais pelo meu país, canções de liberdade, justiça, paz... Lembro-me de quando estava no palco e todos os estudantes cantavam comigo — era a melhor sensação que já senti. Também participei de apresentações em outras cidades, como Jerusalém, Ramallah e Hebron.

Quando comecei a cantar, sempre cantava as músicas de Marcel Khalife. Ele é um cantor e compositor libanês que agora vive na França, e é tão popular que já se apresentou em muitos países por todo o mundo. O que diferencia Marcel é que ele não é simplesmente um cantor. Ele usa sua música e sua incrível voz para falar por aqueles cujas vozes foram roubadas.

Nunca pensei que pudesse encontrar meu herói, até hoje, quando meu tio chegou para mim e disse: "Ei, Mary, adivinhe só... Marcel Khalife virá a Chicago... Fará uma apresentação dia 14 de novembro".

Posfácio

Mary ainda está em Chicago e formou-se no Harper College, Northwestern University de Illinois, em 2006. Ela espera começar sua pós-graduação em jornalismo para seguir carreira como repórter televisiva. O canto ainda é parte importante de sua vida. Ela quer que suas palavras sejam dedicadas ao "meu pai espiritual, Marcel Khalife".

GUERRA DO IRAQUE

2003-

Hoda Thamir Jehad

Iraque
2003-4 (18-19 anos de idade)

As palavras transbordam de mim, exigindo sair para o mundo e expressar com fidelidade aquilo que estamos vivendo hoje...

Hoda é o mais jovem membro de uma família moderada e culta de advogados, jornalistas e professores. Nascida em 11 de outubro de 1985 em Nasiriyah, uma cidade ao sul do Iraque, Hoda foi em grande parte criada pelos irmãos e irmãs mais velhos, após a trágica morte de seu pai num acidente de carro quando ela tinha apenas dois anos de idade. Iniciado em 2003, seu diário relata o desenvolvimento da guerra no Iraque com a chegada de tropas americanas e inglesas para depor o regime do ditador Saddam Hussein.

Na esteira de uma sequência de golpes militares, Saddam Hussein tornou-se presidente do Iraque em 1979. Na época, o país — que compreende em seu território os rios Tigre e Eufrates — era próspero e vivia da exportação do petróleo, servindo de plataforma ao nacionalismo árabe. Mas a guerra contra o Irã em 1980-8 e a Guerra do Golfo de 1991, que se seguiu à invasão do Kuwait por tropas iraquianas, somadas a sucessivas sanções internacionais, devastaram sua antiga riqueza e prestígio. Após os ataques de 11 de setembro de 2001 a Nova York, o presidente americano George Bush descreveu os regimes que promoviam o terror como o "eixo do mal". Isso incluía o Iraque, que foi definido como uma ameaça à paz, principalmente em relação a sua suposta busca por armas de destruição em massa.

Mísseis americanos atingiram os primeiros alvos em Bagdá nas primeiras horas do dia 20 de março de 2003, sinalizando o início de uma campanha militar cujo objetivo era a remoção do líder iraquiano. Tropas americanas e inglesas entraram no país pelo sul, enquanto o regime em Bagdá mantinha sua postura desafiadora. Em 9 de abril, as forças americanas já haviam avançado até o centro de Bagdá, e o poder detido por Saddam Hussein em grande parte desvanecera-se. O regime caiu em abril de 2003, três semanas após o início da campanha liderada pelos Estados Unidos. A suposta posse de armas de destruição em massa nas mãos do regime iraquiano foi a principal justificativa para a ação militar. Em terra, as forças da coalizão liderada pelos Estados Unidos enfrentaram rebeliões armadas e ataques de guerrilha. Suicidas usaram como alvo as agências internacionais e civis trabalhando para a coalizão.

A transferência da soberania para o governo interino deu-se em 28 de junho de 2004, dois dias antes do programado. Na época da publicação deste livro (2006), os principais desafios no Iraque pós-guerra eram a restauração da ordem civil, a criação de um sistema político estável e a reconstrução do país.

20 de março de 2003

Uma impressão dos dias de guerra...

Nestes dias difíceis pelos quais estamos passando, gostaria de expressar meus sentimentos. O que escrevo agora é a maneira como me sinto; mas não sei como os outros enxergam esta guerra, já que hoje é o seu primeiro dia: hoje é quinta-feira, 20 de março, um dia difícil pelo qual todos temos de passar. As palavras transbordam de mim, exigindo sair para o mundo e expressar com fidelidade aquilo que estamos vivendo hoje. Quero mencionar que foi um dia belo e comum, em que as estrelas reluziam contra o céu escuro. Mas esta não foi uma manhã comum, porque o cantar dos pássaros estava misturado ao tiroteio. Quanto a mim, quero falar um pouco sobre minha vida para poder expressar a tristeza dentro de mim. Sou aluna da sexta série do científico. Este é o último estágio da minha escola, quando o meu destino será decidido; não pode imaginar o otimismo que sentia ou a felicidade que eu tanto queria alcançar.

21 de março de 2003

Por um lado, estou esperando pelo dia em que obterei meu diploma e poderei me inscrever na faculdade de minha escolha, mas por outro lado sinto uma tristeza intensa agora que perdemos completamente a paz no nosso país, o Iraque. Também perdemos a deliciosa vida de estudos, conversas com amigos e a experiência diária da discussão de coisas belas e interessantes entre alunos e professores. Sinto falta de tudo isso hoje. Fico perturbada pela ideia de que, quando acordar pela manhã, não haverá nada além do rugido de armas e aviões inimigos. Naturalmente, isso me obriga a fazer o trabalho diário em casa. Foi assim nos primeiros três dias, quando houve terríveis combates.

23 de março de 2003

Hoje o bombardeio foi incessante e muito violento, mas foi pior em Bagdá e nas outras áreas de maior presença do governo. Não sabemos o que fazer. Todos ficam em casa e ninguém sai para trabalhar ou para ir à escola, universidade ou qualquer outro lugar em Nasiriyah, a não ser o hospital, que recebe constantemente os mortos e feridos, onde médicos benevolentes estão se sacrificando, dando suas almas pelos inocentes; para eles, é um dia como outro qualquer.

24 de março de 2003

A guerra ficou ainda pior hoje, quando os fuzileiros entraram nas nossas modestas áreas residenciais, em toda parte, em cada canto, enquanto os combates aumentam a cada dia.

Me pergunto se as coisas algum dia voltarão à vida simples e à pobreza com as quais eu estava contente, se voltarão aos dias da bela juventude, que agora não passam de uma memória, perdida para sempre.

25 de março de 2003

Não consigo transmitir a imagem fidedigna do que aconteceu na noite passada, terça-feira, não importa o quanto eu tente. Acho que foi a pior noite pela qual já passei, pois os combates começaram às duas da madrugada, quando eu tinha acabado de ir para a cama. E você sabe que não temos eletricidade desde o segundo dia da guerra, o que se soma ao medo, terror e apreensão com que vivemos. Então hoje permaneci acordada até as primeiras horas da manhã; não consigo distinguir entre a noite e o dia. Estamos todos abrigados num quarto, sob um telhado. São nove da manhã e ainda não abrimos a porta do cômodo. A situação é tão difícil para a minha família que não podemos sequer preparar o café da manhã. Agora o bombardeio aumentou muito, e não sabemos o que está acontecendo. Os ataques são muito violentos, o bombardeio, pesado, e os blindados americanos estão passando pelas ruas de Nasiriyah. Como estou nervosa! Santo Deus, rogo-lhe por segurança e proteção, e a mais ninguém. Estamos entregues à Vossa misericórdia e à de mais ninguém, e imploro-lhe para que proteja os bons e os fiéis entre nossos familiares e parentes.

26 de março de 2003

Quarta-feira foi uma noite muito pior do que a anterior. Os combates começaram novamente à noite, perto das duas ou três horas, não sei exatamente, e prosseguiram até o meio-dia da quinta-feira; durante todo esse tempo estivemos no mesmo quarto, sem saber o que estava acontecendo do lado de fora. Depois da calmaria que se fez, e sabendo que a calmaria não é um estado permanente e sempre precede a tempestade, saímos para respirar um pouco de ar puro no jardim, e ficamos sabendo de muitas coisas através dos vizinhos. Quer dizer, descobrimos que a voz que tínhamos ouvido perto das cinco ou seis horas, ao amanhecer, era a voz de uma mulher da vizinhança que estava gritando após ser atingida pelo fogo dos [francoatiradores] americanos. No momento em que a escutamos, meus três irmãos quiseram sair e descobrir de onde vinha a voz, mas Deus os estava protegendo e eles não saíram. Disseram-nos que o exército americano está no final da nossa rua, e a nossa casa é a última na rua, e que eles mataram um dos vizinhos porque ele tentou ajudar aquela mulher e descobrir o que havia acontecido conosco. Mas os americanos naquela hora não tiveram escrúpulos, pois pensaram que se tratasse de um dos fedayin, que começaram a se disfarçar usando roupas pretas de mulher e vagando pelas ruas e becos. Também soubemos que a razão pela qual essa mulher havia saído naquela hora era para pedir ajuda porque sua casa havia desabado sobre ela e seus filhos, mas os americanos a mataram. Então outro homem da nossa vizinhança, que também mora na casa diante da nossa, saiu para ajudá-la, apenas para receber uma chuva de balas. Um dos projéteis atingiu-o nas costas e saiu pelo outro lado. Foi então que muitos dos jovens da região saíram, e a maioria foi ferida, alguns se machucaram e outros perderam suas vidas. Naquele dia a rua tornou-se um lugar muito trágico; é difícil descrever, conduzida pela tristeza, pelos gritos e tragédias; até o céu parecia chorar sangue naquele dia. Será afinal possível haver alguma esperança de otimismo ou mesmo de permanecer viva? Não é normal o estado de desespero no qual me encontro.

27 de março de 2003

Tudo o que eu disse até agora é pouco se comparado às casas que caíram e aos inocentes que morrem, eles são incontáveis. Quase esqueci que esta manhã uma de minhas melhores amigas me telefonou. Ela me disse que seu sobrinho havia morrido. Ele era jovem, não tinha mais do que cinco anos de idade. Eu o amava e costumava comprar-lhe coisas no caminho de volta da escola. Ele era muito bonito; fiquei tão triste em saber dessa notícia que chorei. Será justo, eu me pergunto? Espera-se que voltemos à vida que levávamos antes, ou até a uma vida melhor; acho que nossa vida se tornou uma ruína da qual não podemos escapar.

28 de março de 2003

Hoje está fazendo uma manhã de sol e um dia maravilhoso, e a noite que o precedeu foi quase quieta, em se tratando de guerra. Mas foi uma noite tempestuosa, de muita chuva. No entanto, quando já eram quase cinco horas da tarde, enquanto minha mãe estava preparando o jantar para nós, meu irmão mais novo brincava à porta e eu estava no jardim, e os outros estavam no quarto que nos tem servido de abrigo durante esses dias de guerra, escutei um som terrível e alto, e corri para casa, gritando; o som foi tão agudo que me feriu os tímpanos. Ao mesmo tempo, ouvi minha mãe gritando e o barulho de vidro se partindo. O vidro das janelas da cozinha caía como chuva, e mamãe estava caída no chão, morta de medo, incapaz de se levantar. Logo depois ouvi o exército americano gritando nas ruas ordens para "evacuar a área". Não consigo descrever nossa situação naquele momento, pois era terrível demais. Todos na área, os pequeninos chorando, os idosos que não seriam capazes de se levantar caso caíssem, jovens de ambos os sexos e muitos outros; uma tamanha multidão, todos correndo, alguns sabiam para onde estavam indo, enquanto outros não tinham ideia de qual direção seguir.

Continuo de pé enquanto o medo rasteja por todas as partes do meu corpo. Suportamos muitas situações humilhantes, aguardando a morte a qualquer momento; todos querem escapar dos aviões sobrevoando suas cabeças e dos tanques que os cercam. Fomos visitar alguns amigos que moram em outra região e eles nos receberam muito bem, apesar de estarem hospedando duas outras famílias ao mesmo tempo, o que dava um grande número de pessoas! Mas eles não pouparam esforços para nos receber e ofereceram um jantar luxuoso e bem servido. Mas foi uma noite preocupante, cheia de medo e insônia, pois o lugar estava lotado, além dos pensamentos sobre o que poderia acontecer no dia seguinte ou sobre o que nos esperava amanhã.

29 de março de 2003

Ainda estamos na casa dos amigos, mas queremos voltar ao nosso lar e descobrir o que aconteceu, se houve muito dano à casa, ou se houve perda de vidas, ou qualquer outro evento a respeito do qual não tenhamos conhecimento. Esta manhã, dois dos meus irmãos saíram para dar uma olhada na casa e descobriram que não foi danificada, graças a Deus; apenas o vidro da janela do hall de entrada se partiu. Então eles nos telefonaram avisando que já podíamos ir para casa, e foi o que fizemos. Tudo isso foi às sete horas desta manhã. Quando chegamos em casa, vimos tanques americanos na área e soubemos que eles ocuparam quase toda a cidade de Nasiriyah. Tudo isso aconteceu hoje.

30 de março de 2003

Estou escrevendo agora, na tarde de domingo, sem saber o que poderá nos acontecer ou o que acabarei testemunhando hoje. O que será que nos aguarda, a calmaria ou a preocupação? Por enquanto parece ser a calma, e se Deus quiser, Ele nos protegerá. Hoje rimos um pouco e tentamos aliviar a tensão. Mas há um risco: a água e a comida que guardamos estão acabando e não temos fonte alternativa. Não podemos sair para comprar nada porque a situação ainda é muito difícil, e o que podemos dizer além de "graças a Deus"?*

31 de março de 2003

Devo admitir que hoje foi a manhã mais maravilhosa que vivi durante os dias de guerra, pois telefonamos para minha irmã, que vive fora do Iraque, e isso aconteceu às oito e meia da manhã. Todos nós conversamos com ela, e todos sentimos muita saudade. Ela temia por nós porque as coisas que ela ouve sobre a guerra, sobre o Iraque e sobre o que está acontecendo dentro do Iraque são falsas. Mas nós a confortamos.

Mas há uma crise de abastecimento de água e comida, e passei o dia sentindo-me deprimida; estou cheia dessa vida. Há alguma esperança de sair desta enorme crise?

1º de abril de 2003

Hoje é o primeiro dia de um novo mês, mas não há esperança nem calma, e as balas continuam a voar. A tristeza prevalece. Quanto à noite, como é triste a noite! Depois da calma que dominou durante o dia, o que acontece agora durante a noite é muito triste: o bombardeio de costume, e tudo isso apenas para que os regimentos do exército dos EUA possam passar — a ação contínua e interminável de armas, francoatiradores e explosivos.

Durante a época de Saddam, abril era conhecido como o mês da fartura e da generosidade, mas agora as marcas de destruição prevalecem pela cidade, enquanto as colunas de fuma-

(*) Nas culturas árabes e provavelmente nas islâmicas, essa frase tem duplo significado. É um agradecimento a Deus por algum motivo específico, mas também demonstra a aceitação das ações de Deus quando elas se apresentam desfavoráveis. É sinal da submissão à vontade de Deus e da aceitação dos Seus atos.

ça que pairam sobre prédios do governo, escritórios e escolas vagam como fantasmas pela cidade, a cidade de Nasiriyah, que ainda sofre, seja na época do tirano ou em outras épocas. A tristeza persiste durante esses dias por causa do que aconteceu no Iraque em geral e do que aconteceu à nossa simples cidade em particular. Talvez essa tristeza seja apenas por causa dos amigos que perdemos e do que aconteceu aos prédios do governo, mas a nossa alegria por ver-nos livres de um horrível presidente ditador tem seus limites: essa alegria que ocultou as marcas da tristeza que cobre nossos rostos cansados, rostos exauridos pelo pesar e pela guerra e perdas. Tudo que podemos fazer é esperar pela aurora do futuro próximo.

2 de abril de 2003

O sol está brilhando e faz calor; as janelas da esperança ainda estão abertas. Mas há questões que estragam o momento para mim. Perto das três horas da tarde recebi um telefonema de uma amiga próxima, e ela disse que uma outra amiga fora morta como resultado da guerra; sua morte foi um choque, pois ela estava simplesmente no jardim de sua casa, rindo e conversando com os parentes, e de repente veio uma bala como que propositalmente tentando matar essa pessoa inocente. Foi isso que me deixou tão nervosa. Não soube o que fazer ou dizer. Não podia encarar meus familiares e dar-lhes notícias tão ruins, então mantive segredo a respeito de tudo, e não sei por quanto tempo poderei ocultar a tristeza em meu coração. À noite eu já estava me debulhando em lágrimas ao lembrar o belo rosto dela, a inocência que brilhava nos seus traços e o sorriso que jamais lhe deixava os lábios. Assim acabou-se tudo ontem; perdi meus estudos, minhas simples esperanças e a segurança pela qual toda criança, jovem e velho no Iraque anseia. E hoje perdi minha amiga, nem sei o que me espera amanhã.

Não posso mentir e dizer que faz um lindo dia, porque, após o dia de hoje, o Iraque não conhece mais a alegria ou a felicidade, nem as conhecem os seus habitantes, cujos corações foram congelados pelo período em que viveram sob seu presidente imundo durante 37 anos. E como se isso ainda não fosse o bastante, na sequência vem a tempestade dos americanos, e não sabemos o que nos aguarda no futuro.

Hoje os problemas em relação à água foram quase resolvidos, mas ainda não foi o bastante; com a vontade de Deus, todos os nossos problemas serão solucionados.

3 de abril de 2003

A morte dela foi mais do que eu poderia suportar, e não sei como enfrentá-la, nem como enfrentar todas as dificuldades e tristezas pelas quais tenho passado. Tudo o que conheço é a sensação que se tem quando não há ninguém para cuidar de você, quando se está derrotado, perdido, e agora me encontro nessa situação. Ninguém cuida de mim, e não há ninguém para olhar dentro de mim enquanto estou nesse estado desesperado, para que possa me purificar dos sentimentos que me levam ao fundo da depressão. Mas agora procuro me libertar de tudo isso usando o tempo livre para a leitura de livros estrangeiros, como *Puchkin*, *Fernão Capelo Gaivota* e *A árvore sagrada*, além de peças como *Condenados à morte*, *Elsmere* e *As armas e os homens*, além de outros livros como *A vida de Lênin*. Já estava lendo esses livros antes, [e continuo lendo-os] para que eles não permitam que as circunstâncias me dominem. Em vez disso, posso superá-las através do meu interesse pela vida diária, acompanhando as notícias, os eventos, e lendo livros para nutrir minha mente.

Hoje foi de fato um dia muito especial, pois meu tio veio visitar-nos, e ele é o meu tio mais querido e amado. Ele me falou de seu trabalho na Guarda Republicana antes da guerra e de como, ao saber que a guerra começara, ele voltara correndo até aqui, a pé, enfrentando muitos problemas no caminho. Agradecemos ao Senhor pelo seu regresso seguro do exército.

4 de abril de 2003

Um dia nada diferente dos outros; como de costume, acordei ao som dos rifles ecoando em meus ouvidos como um alarme escolar. Tive de ouvi-los, não havia como escapar ao barulho. Todo mundo acorda depois de dormir nos seus modestos colchões, num quarto simples lotado de mobília velha, um telefone para manter contato com nossos amigos e um rádio simples para escutar o noticiário. E à noite, perto das seis horas, meu irmão faz sua cômica entrada no quarto tão pequeno e vazio, imaginando que isso irá nos abrigar e proteger da chuva de bombas que tem de acabar um dia. Enquanto isso, estamos sentados ao redor do rádio para ouvir as notícias, escutando atentamente o discurso do presidente americano (George Bush). Ficamos felizes com o que ele disse, mas ficamos mais orgulhosos deles quando dizem que vieram ao Iraque como libertadores, não como ocupantes.

Hoje o Iraque foi ocupado, mas não inteiramente — apenas algumas cidades, incluindo a minha, Nasiriyah. Mais e mais sinto falta de minhas queridas amigas, irmãs, das muitas pessoas que amo e dos lindos dias que se foram; eu amava aqueles dias, quando a paz prevalecia. Por Deus, sou uma mulher pacífica e odeio as guerras, a brutalidade e as mortes.

Durante os últimos dias alguns parentes, amigos e vizinhos vieram nos visitar e se certificar de que estamos bem e transmitir uma atmosfera mais alegre.

5 de abril de 2003

De manhã cedo, enquanto eu estava no jardim da casa, ouvi um barulho do lado de fora e descobri que o distúrbio foi causado pela chegada de um grande carro que trazia muitas cebolas. De repente, a maioria dos filhos da vizinhança na qual moro se reuniu ao redor do carro, deleitados com aquilo que havia chegado até eles; um desses jovens era o meu irmão, que é dois anos mais velho do que eu, e ele nos comprou um monte de cebolas. Então uma pergunta me veio à mente: será que a felicidade dos iraquianos depende de um punhado de cebolas? Ou foi a necessidade que os levou a esse estado? Mas lá no fundo eu me recuso totalmente a acreditar nisso, porque as esperanças e anseios dos iraquianos vão muito além. Ainda por cima, os iraquianos foram abençoados com um dom que muitos outros povos não possuem, que é a paciência. Estamos acostumados a ouvir falar dela em tudo e em todas as circunstâncias que temos de enfrentar. Também estamos acostumados a ouvir a respeito dela da boca de nossos pais, mães, avôs, avós e de nossos bisavós, e portanto o desespero jamais poderá nos dominar, desde que haja a esperança de que um dia viveremos num país governado pela democracia.

O dia estava muito claro, mas a noite foi muito difícil, pois ao pôr do sol um grupo de pessoas veio fugindo de suas casas. Eles disseram que um grupo de fedayins estava por perto e que à noite eles pretendiam executar algumas missões suicidas contra os americanos. Não posso descrever-lhe a cena, todas as pessoas começaram a fugir de suas casas. Passamos a noite com medo, mais medo do que sentimos em todos os dias anteriores, e tivemos dúvida se o melhor seria partir ou ficar, mas afinal decidimos ficar.

E, de fato, houve bombardeios violentos e passamos uma noite terrível, como passamos outras noites, na escuridão, entre as balas e a tristeza.

6 de abril de 2003

E a cidade desperta para mais um dia de miséria e crise, e as pessoas estão divididas em dois lados, um deles procurando abrigo e proteção do medo e o outro procurando uma solução para sua situação financeira, que está próxima da falência. Quanto à noite em Nasiriyah, esta tornou-se tão triste quanto a de ontem, pois quase toda a nossa cidade foi ocupada, bem como muitas das províncias. Não sei por quanto tempo viveremos neste círculo vicioso do qual não podemos fugir nem deixar para trás, enquanto todos os dedos apontam na nossa direção sem tentar nos salvar ou tirar daqui; então acabaremos nos devorando uns aos outros, e esse será o final da história. As tristezas ainda se fazem presentes em meu rosto, e é por isso que eu passei a manter este diário não apenas como forma de distração, mas também porque gosto de escrever sobre os eventos e problemas que acontecem em minha vida. Você poderia se perguntar que tipo de tragédia uma garota da minha idade poderia estar sofrendo. É claro, esses seriam assuntos triviais para uma menina vivendo em qualquer parte do mundo, fora do Iraque, assuntos como, por exemplo, viver num país onde a paz, o desenvolvimento e o aperfeiçoamento contínuo são dominantes, bem como o acesso a boas escolas e à faculdade que eu gostaria de cursar.

Hoje aconteceu algo de muito ruim: alguns sabotadores[*] dos filhos de Nasiriyah saquearam escritórios do governo, escolas, universidades, hospitais e até bancos. Seria esta uma mão honesta e devotada? Não, apenas uma pessoa suja e sem misericórdia no coração seria capaz de tal ato, porque o seu país é o nosso país, e temos de tomar conta dele. E não ficaram só no saque, mas ainda os[**] incendiaram. Neste dia, o céu ficou negro por causa da fumaça destes prédios; até o céu ficou bravo com o que aconteceu. Meu Deus! Isso é justo, é certo? Será um evento alegre? Eu discordo completamente.

E acho que ainda vem mais por aí.

7 de abril de 2003

Ser como um pássaro
Rebelde no seu voo
Enquanto se apoia num ramo fraco e oscilante

(*) Esta é a tradução mais fidedigna da palavra árabe que Hoda emprega. No entanto, o termo geralmente significa alguém que age contra o bem da sociedade.
(**) Hoda refere-se aos prédios.

Sabendo que o ramo cederá
Ele segue cantando apesar de tudo
Como se soubesse ter duas asas

Adoro esses versos; são os versos de um grande escritor (Victor Hugo). Comecei a manhã escrevendo essas palavras, mas não sei como acabarei minha noite. Poderia ser com as palavras do grande escritor (Albert Camus). Seja como for, a manhã de hoje foi bastante normal, e perto das dez horas ouvi uma notícia a respeito das aulas. Foi dito que as escolas vão abrir novamente para receber as crianças e os alunos, e a notícia foi mais tarde confirmada quando chegou um carro americano, transmitindo numa voz muito alta, encorajando os alunos a voltar para as escolas e os empregados a voltar aos seus trabalhos. Naquele instante não pude conter minha alegria; pensei que acabaria morrendo ou desmaiando de felicidade. Comecei a rir e a correr pela casa dizendo "Voltarei para a escola", enquanto mal podia acreditar na notícia. Mas o importante é saber se minha família me deixará ir à escola em circunstâncias tão desconcertantes. Isso eu não sei dizer! Mesmo assim, comecei a ligar para todas as minhas amigas para dar-lhes as boas notícias, para que pudessem compartilhar da minha alegria. Mas a felicidade logo acabou porque minha família não me deixou ir, o que me fez odiar a situação que vivo e a vida miserável que levo. Mas há uma faísca de esperança de que a vida possa voltar a ser aquilo que já foi no passado, quem sabe até melhor.

É um dia em nada menos triste do que os dias que o precederam. Sinto muito se contei muitas coisas ruins, mas o que devo fazer? Essa é a nova realidade com a qual preciso me acostumar. Mas o pior foi um telefonema de uma amiga esta tarde, quando ela me contou que minha melhor amiga morreu e nos deixou. Ela era linda, devotada, adorava estudar. Não pude acreditar no que me contaram e não acredito até agora! Vou morrer de tanto chorar e de sentir tanta tristeza. Quem me resta, agora que ela se foi? Com quem poderei conversar e para quem contarei meus segredos? Quem vai ler e rir comigo? Quem mais? Não me resta mais ninguém além de Deus!

No entanto, minha mãe disse que isso é algo predeterminado para nós; como é determinado que todos os humanos devem morrer, o que pode ser feito a respeito? E agora comecei a escrever para aliviar um pouco o sofrimento que sinto dentro de mim.

Hoda Thamir Jehad

8 de abril de 2003

Nestes dias grandes desejos são despertados dentro de mim, instando-me a absorver diretamente a matéria do mundo, seus elementos e características. Me parece que estou redescobrindo os sentimentos, ou quem sabe recuperando-os. À noite, quando estava deitada na cama durante as horas de horror, meu irmão (Ahmed) estava sentado no chão à luz de uma vela e em suas mãos havia um daqueles livros capazes de transportar o leitor até outro mundo. Naquele momento eu estava roubando-lhe alguns olhares por debaixo do meu cobertor, mas após alguns momentos, e em meio àquele céu limpo com as suas lindas estrelas, um avião roubou todas as palavras e a ilusão de meu irmão, e logo depois veio o rugido dos canhões. Naquele momento, eu sabia que meu irmão estava lendo seu livro, distraindo-se da situação ruim e do amargo terror com as suas palavras, fazendo desse livro um amigo a quem ele poderia revelar seus próprios segredos e que ajudaria a diminuir sua solidão, tristeza e medo do que o aguarda no futuro próximo. E eu admiro meu irmão porque ele sempre teve imaginação e sempre nos ajudou a esquecer a atmosfera trágica na qual vivemos ao contar para nós sobre filmes como *O paciente inglês*, *Matrix* etc.

9 de abril de 2003

Este é o maior dia na vida do povo do Iraque; um dia histórico que esta nação e o mundo todo estão testemunhando. É o dia em que as províncias renascem. É o dia em que a capital do Iraque (Bagdá) caiu. Hoje é o fim do império de Saddam. Quando essa notícia foi anunciada, vi sorrisos nos rostos de meus familiares e vizinhos, sorrisos como jamais vira antes; sorrisos que expressavam a felicidade e a alegria que ficaram congeladas durante anos, congeladas pelo regime de então. Só hoje pude sentir como se tivesse dezoito anos de idade, sentir que estou no início de minha juventude, que posso depender apenas de mim mesma para expressar minhas opiniões com sinceridade e seriedade. Hoje, cada família que sofreu sob o regime anterior recuperou a sua felicidade. Mas continuamos aguardando por um dia ainda melhor, quando Saddam for preso ou morto. Esse homem que sequestrou a felicidade de cada criança e fechou as portas a cada jovem, tomou a vida de cada velho e plantou a tristeza no rosto de cada mulher. Passamos a vida toda dizendo "sim" a tudo o que se fazia, de bom e de ruim — 37 anos de pobreza, doença, fome e necessidade, sem liberdade de expressão. Esse império se acabou; com ele, foi-se todo o passado sombrio. Hoje, viramos todas as páginas manchadas de sangue e abrimos uma nova página, cheia de rosas, e o nosso novo lema é a democracia.

10 de abril de 2003

... água mole em pedra dura, tanto bate até que fura.

Tornou-se difícil para mim obter aquilo que quero ou desejo. É uma época carente de emoções e de amor e dominada por uma história negra, cheia de tristeza, mas vejo um ponto luminoso escondido por trás do palco da vida, e um dia temos de alcançá-lo.

Senti como se estivesse sufocando enquanto estava sentada no chão do jardim da casa, olhando para o céu. Pode ser que a sensação seja fruto da situação que vivemos hoje — não sei dizer — e, durante aqueles instantes, algumas palavras sobre a nossa tragédia me ocorreram, e então peguei papel e caneta e exercitei a memória. Então escrevi algumas palavras expressando os sentimentos dentro de mim, na esperança de que isso pudesse me ajudar a respirar normalmente. Algumas das palavras foram:

Suspiros inaudíveis...
Um governo fracassado...
E uma vida ainda pior,
E as horas vão passando,
E a fome é agonizante...
Crianças sofrendo,
E a verdade não emerge.
Espalha-se a repressão,
E não há uma consciência sábia para deliberar,
E ninguém escuta o que é Direito.
Os olhares das pessoas simples se perdem no horizonte...
E não há uma alma generosa à vista.
Mas há uma voz na distância...
Que começa a se espalhar...
É a voz da verdade,
Mas não a da satisfação.

18 de abril de 2003

Muitas coisas importantes aconteceram durante a semana, e esta é a razão de eu ter parado de escrever no meu diário, como, por exemplo, o fato de que temos eletricidade novamente. E você não pode imaginar como foi o dia em que a eletricidade voltou; por toda Nasiriyah, em cada lar, todos começaram a gritar para expressar sua alegria. Não se pode imaginar a nossa felicidade por ter novamente água e eletricidade, e a vida pareceu quase voltar ao normal, mesmo que de uma maneira simples. E, também, alguns homens benevolentes inauguraram uma nova estação de tevê chamada Rede Nasiriyah. Isso vai ajudar a diminuir a nossa tristeza e melhorar a situação em que vivemos. E durante esse período voltei à escola, mas a situação é muito assustadora, pois não podemos ir sozinhas, alguém da família precisa nos acompanhar ou temos de ir num grupo de amigas. A situação da nossa família não mudou em relação aos dias anteriores. E quanto à minha vida, ela segue como nas palavras do grande escritor Albert Camus, que são: "Ó alma minha, não aspire a mais desta vida eterna, mas esgote as fronteiras do possível".

15 de dezembro de 2003

É o maior dia na história do Iraque, mesmo na história dos árabes. Não, é o maior na história de toda a Nação Árabe! É um dia que acho difícil de compreender quando penso a respeito dele. Ainda não posso acreditar que um momento em particular desse dia realmente aconteceu: é o dia em que Saddam foi preso. É de fato um sentimento difícil de expressar; a injustiça que emana de sua tirania me deixa perplexa e triste; e o mais difícil é expor a verdade àqueles que não a conhecem, aos árabes que nos condenam na maneira como falam a nosso respeito e a respeito daquilo que nos aconteceu.

E quanto ao que fizeram os americanos, foi um ato testemunhado por toda a nação. Hoje é realmente o dia do nascimento do Iraque verdadeiro. Parabéns a todos nós.

20 de dezembro de 2003

Não nos resta nada além de esperanças frustradas, o que, do meu ponto de vista, são apenas expectativas desenganadas. Nossa vida tornou-se uma coleção de manchas de sangue espalhadas por cada rua e cada esquina, e nos limitamos a torcer para que o dia termine sem o desperdício de vidas, e os nossos objetivos se estreitaram até simplesmente desejar que o Iraque se torne um grande país unido pela concórdia e pela democracia e o seu povo, unido pelo amor e pela irmandade. Só posso encontrar algumas poucas risadas e sorrisos, e por vezes eles são falsos ou inexistentes.

Chegamos ao ponto de evitar um ao outro de toda forma possível para podermos nos proteger. Às vezes penso que chegará o dia em que o Iraque será muito melhor do que antes; e em outras ocasiões perco completamente a esperança de ver o amanhã. Mesmo as leis comuns que governam o mundo, como a dignidade e o respeito pelos jovens e idosos, estão hoje transformadas, quando todos atacam a todos. Será que esses desastres terão fim? Haverá paz? Será que o nosso país conseguirá se desenvolver? O amor voltará aos nossos lares? Poderão as lágrimas ser limpas de nossos rostos? Isso é tudo o que pedimos para o futuro próximo! E ainda não encontramos nenhuma resposta.

27 de dezembro de 2003

Tudo o que posso dizer é que a situação está agora parcialmente resolvida, apesar de as coisas terem piorado nos últimos dias. Alguns esforços básicos de construção estão sendo feitos em certas escolas, escritórios do governo, hospitais e outros prédios. É claro que esse progresso é vital para nós. Outra melhoria importante é a possibilidade de ir às compras no mercado e entrar e sair livremente, mas isso apenas na cidade. Quer dizer, há atividade fora da cidade, mas é limitada. O dia da volta às aulas está se aproximando, embora a cidade ainda não esteja nem um pouco pronta para coisas assim; por exemplo, todos os livros foram incendiados durante a guerra, assim como os registros escolares das escolas de primeiro e segundo graus. A mesma coisa aconteceu com os ônibus que transportavam os trabalhadores. Se levarmos em consideração o risco de sequestro e assassinato premeditado, os alunos se perguntam [se a escola de fato retomará as aulas]. Apenas esperamos que a situação tenha se aquietado até lá.

4 de janeiro de 2004

Eis o Iraque se reerguendo depois da amargura de anos que foram roubados sem motivo de nossas vidas. Mas como pode o país se reerguer após o roubo de suas ruínas arqueológicas? Isso me dói desde o início da guerra, e não posso esquecer esse assunto, pois me sinto um pouco envergonhada. Como pôde aquele ladrão roubar nossas relíquias? Não pode ser uma pessoa dotada de qualidades humanas; deve ser desprovido de emoções. O que resta ao Iraque depois de ter os seus monumentos roubados, sua civilização saqueada e a sua riqueza pilhada? Não resta nada ao Iraque além de suspiros e pensamentos lúgubres, nada além de frases nas paredes.

10 de janeiro de 2004

É claro, como eu já havia mencionado antes, a escola recomeçou, e agora estou me preparando para as provas do primeiro semestre. Você deve se perguntar onde estou estudando. Fui aceita na Faculdade Educacional (Faculdade de Pedagogia) de Nasiriyah, e como sabe, não era exatamente o meu sonho, mas [é o melhor que posso conseguir] devido às minhas circunstâncias pessoais, sem falar nos dias assustadores da guerra. Mas devemos dar graças a Deus, seja como for. Os projetos de construção prosseguem, mas num ritmo muito lento por causa dos eventos que ainda estão se desenrolando no Iraque, sejam novas explosões ou assassinatos ou os muitos casos de sequestro. Um estado de temeridade nos envolve, e [há] muitos fatores que impedem as mãos caridosas de prosseguir com as suas boas ações. Há também um bom número de grupos e milícias diferentes comandados por certas organizações agindo em nome de interesses desconhecidos, que nos trazem a destruição com o objetivo deliberado de causar desconforto às pessoas e ao país como um todo. Sempre que pensamos que o Iraque está começando a recuperar a calma e a acertar o prumo rumo ao desenvolvimento, novos eventos surgem para obstruir o processo em curso. Não sei quem é o causador de coisas tão estúpidas! A cada dia surge um novo grupo; ontem foi a Brigada Mahdi, hoje temos Abu Musab al-Zarqawi e a organização Al-Qaeda, e amanhã haverá uma nova história. Meu sonho agora é ligar a tevê e não escutar nenhuma notícia dolorosa sobre o Iraque, mas essa é uma coisa quase impossível de acontecer, porque todos os dias milhões de pessoas das idades mais diversas morrem sem motivo e nas piores circunstâncias imagináveis, assassinadas, sequestradas, assaltadas. E tudo isso não foi restrito às pessoas normais, mas afeta igualmente os diretores das escolas, gerentes das empresas, chefes de gabinetes do governo, administradores de hospitais, até membros do governo. Chegou também às universidades, com o assassinato de professores, reitores e outros; nem estudantes, homens e mulheres, os idosos e os muito jovens estão a salvo daqueles cujas mãos estão cobertas pelo sangue de inocentes. Sem falar nos carros-bomba e dispositivos explosivos que deixam apenas um rastro de tristeza para aqueles cujos entes queridos se foram e o medo por suas próprias vidas.

Lembre-se de cada criança ou jovem que perdeu o futuro, cada amada que perdeu o amante, cada mãe que perdeu o filho, cada criança que perdeu tudo que amava de sua família e amigos e cada pobre família que perdeu o lar.

20 de janeiro de 2004

O mundo me parece sombrio e deserto, e as pessoas parecem apenas monstros esperando para devorar sua presa e fugir. Eu sou essa presa, perdida entre a multidão, assustada e com medo e sem saber como fugir. Devo ficar aqui bem quieta até ser devorada e feita em pedaços? Ou devo fugir deste mundo alienígena? Seria fraqueza minha? Mas a minha fuga não seria uma demonstração de fraqueza; em vez disso, seria a canção de minha fuga da injustiça.

Também não acho quem possa me entender e escutar meus pensamentos íntimos. Estão todos ocupados com a própria dor, preocupação e tristeza, e tudo o que fazem é me perguntar por que estou triste. Eu não sei! Essa é a minha resposta. Realmente não sei qual é a causa da minha tristeza, ou talvez esteja tentando esquecer essa amarga verdade reprimida dentro de mim durante anos. Fiz tudo que podia para me tirar desta situação ou para encontrar alguém que me levasse e carregasse até outro mundo.

Mas estou sempre pensando nos eventos que fizeram de mim um ser humano tão devastado, fugindo do tempo e da verdade.

Mas se volto à realidade e busco com atenção, descubro que [não é minha culpa]. Foi tudo [causado] pelas dificuldades em que vivo, a tragédia que não quer me deixar, e pelos anos em que Saddam destruiu todos os nossos sonhos e semeou dentro de nós o ódio ao invés do amor. Saddam, que destruiu nossas vidas e plantou minas terrestres no caminho dos jovens e das crianças, criou a situação em que vivemos hoje, nosso incomum modo de viver, uma vida cheia de minas, explosivos e grupos que não desempenhavam papel algum no passado e agora nos controlam. Mas temos de acreditar nas pessoas que entraram em nosso país para nos livrar de um tirano e dizem querer trazer a alegria aos nossos corações; devemos pôr nossas mãos nas mãos deles e ficar juntos até o fim do caminho.

Posfácio

Embora sua vida continue atribulada e difícil, Hoda está determinada a completar o curso na faculdade e seguir carreira. Seu irmão, Mohammed, que trabalhou incansavelmente para enviar trechos do diário sob circunstâncias extremamente difíceis, descreve a situação com suas próprias palavras: "Minha família sofreu especialmente sob o regime anterior porque é uma família de bons princípios, os quais mantém mesmo sob circunstâncias difíceis e ruins".

GLOSSÁRIO

Piete Kuhr

Imperador: título que se refere ao soberano de um vasto território habitado por mais de uma nacionalidade. Na época da Primeira Guerra Mundial, o imperador da Alemanha era Guilherme II.

Luttich: região da Bélgica também conhecida como Liège. Durante a Primeira Guerra Mundial, a batalha de Liège durou de 5 a 16 de agosto de 1914. Foi a primeira batalha terrestre da guerra, ocorrida quando o Segundo Exército alemão cruzou a fronteira da Bélgica neutra para atacar a França ao norte. As forças belgas afinal se renderam.

Marcha de Hohenfriedberger: peça musical composta por Frederico II da Prússia, que era tocada na Alemanha pelas bandas de soldados em marcha.

Masúria: região localizada ao norte da Polônia, coberta por grandes lagos e florestas. A Masúria fazia parte da Prússia Oriental e sua população era na maior parte alemã. A região dos lagos da Masúria foi palco de grandes combates no início da Primeira Guerra Mundial. Dois exércitos russos foram derrotados ali — em Tannenberg, em agosto de 1914, e na região dos lagos, em setembro. O avanço das tropas russas foi detido na Masúria na chamada Batalha de Inverno, em fevereiro de 1915. A região passou à Polônia em 1945, após a Segunda Guerra

Mundial, e a maioria da população de idioma alemão foi expulsa e substituída por poloneses.

Montenegro: república constituinte, juntamente com a Sérvia, de dimensões muito maiores, da Sérvia e Montenegro. Montenegro participou da Guerra dos Bálcãs de 1912 e 1913. Foi tomada pela Áustria durante a Primeira Guerra Mundial, e em 1918, após a deposição do rei Nicolau, fez-se um plebiscito pela inclusão de Montenegro no Reino Unido dos Sérvios, Croatas e Eslovenos sob o sérvio Pedro I. O reino foi rebatizado como Iugoslávia em 1929 e reconstruído em 1946 como uma federação de repúblicas.

Muçulmano: termo que designa os seguidores de Maomé, profeta da religião islâmica.

Pfennig: uma moeda alemã.

Prússia Oriental: a região nordeste do reino da Prússia, que compreendia a maior parte da área que é hoje o norte da Alemanha. Após a Primeira Guerra Mundial, a região mais ao norte foi incorporada à recém-criada Lituânia independente. A região sul da Prússia Oriental tornou-se parte da Polônia. Em 1945, a Prússia Oriental foi dividida entre Polônia e Rússia. Os habitantes alemães da Prússia Oriental fugiram em 1945 ou foram expulsos posteriormente. Apenas uma fração da população de idioma polonês dos distritos do sul permaneceu lá.

Sérvia: república constituinte, juntamente a Montenegro. *Ver Montenegro.*

Zepelim: grande aeronave projetada como um balão rígido, batizado em homenagem ao oficial do exército alemão e aeronauta que o desenhou, conde Ferdinand von Zeppelin. A marinha alemã adquiriu o último zepelim construído, que levava consigo uma metralhadora. Um serviço aéreo de passageiros utilizando zepelins foi inaugurado em 1910.

Baikal: lago siberiano na fronteira entre Rússia e Mongólia, conhecido popularmente como a "Pérola da Sibéria". É o maior lago da Eurásia e o mais profundo do mundo.

Fascismo: movimento político autoritário fundado em 1919 pelo líder italiano Benito Mussolini. O termo italiano que batizou o movimento é derivado de *fascio*, "massa, grupo [político]", mas também se refere ao emblema do movimento, o *fasces*, arma utilizada na Roma antiga que simbolizava a autoridade e o poder. O mesmo nome foi empregado em outros países para movimentos nacionalistas similares que buscavam consolidar o poder através da violência e da intimidação, como os nacional-socialistas (os nazistas), na Alemanha.

Horda Dourada de Batyi: o Estado mongol original (que incluía a maior parte do território russo) com o qual o neto de Gêngis Khan foi presenteado no século XIII. A Horda Dourada de Batyi governou a Rússia durante 250 anos, após a destruição dos exércitos polonês e húngaro.

Kaluzhskaia: rua de Moscou.

Khvalinsk: cidade portuária russa às margens do rio Volga.

Komsomol: Liga da Juventude Comunista.

Kremlin: complexo de prédios que abrigam o Parlamento russo em Moscou.

Messerschmitt: avião de guerra alemão. O fabricante chamava-se Messerschmitt.

NKVD: a polícia secreta comunista, oficialmente denominada Comissariado de Assuntos Internos, foi criada em 1934.

Parque Gorki: grande parque de Moscou, com jardins e diversões. Oficialmente chamado parque da Cultura, batizado em homenagem ao intelectual e autor russo Maxim Gorki.

Puchkin: o famoso autor Alexander Puchkin (1799-1837) era considerado o maior dos poetas russos e o fundador da literatura russa moderna. Foi celebrado por usar a linguagem do dia a dia em sua obra.

Shashlik: jeito de cozinhar a carne típico da Rússia. Cubos de filé são colocados em espetinhos de madeira e cozinhados com cebolas e temperos.

TET: companhia russa de energia.

Transbaikal: grande estrada de ferro que liga Moscou até a região do lago Baikal (hoje faz parte da ferrovia Transiberiana).

Trotskismo: movimento dos simpatizantes e seguidores de Leon Trotski, político integrante do Partido Bolchevique original, responsável pela instalação do comunismo na Rússia durante o início do século XX. Durante a época em que Nina escreveu o diário, este termo era utilizado com desprezo.

Volga: o rio mais longo da Europa, que corre através da Rússia.

William Wilson e Hans Stauder

Colombo: grande cidade e porto do Sri Lanka, estabelecida como capital do Ceilão pelos ingleses.

Hurricane : o avião de caça inglês *Hawker Hurricane* foi desenvolvido pelo aeroprojetista Sidney Camm em 1938.

Maadi: subúrbio no Egito, ao sul do Cairo. Cerca de 75 mil

membros da força expedicionária neozelandeza treinaram na base de Maadi.

Onehunga: subúrbio de Auckland, a capital da Nova Zelândia.

RAP: significa Posto Regimental de Socorros, uma sigla popular entre as forças australianas.

Sidi Azeiz: cidade no deserto ocidental, na fronteira entre Líbia e Egito.

Sidi Rezegh: cidade na Líbia onde foram travadas muitas das batalhas decisivas.

Stuka: avião de guerra alemão usado pelos nazistas. Conhecido por sua habilidade de se aproximar do alvo sem ser ouvido até despejar sua carga de bombas. Apelidado "O Soldado dos Céus".

Suástica: emblema adotado como símbolo pelo partido nazista.

Tommies: apelido dado às forças e tropas inglesas pelos alemães.

Trigh Capuzzo: estrada no deserto ocidental ao sul de Tobruk.

SHEILA ALLAN

Kampar: cidade na Malásia onde bom número de terríveis batalhas foi travado pelos japoneses.

Padang: grande porto em Sumatra, Indonésia. Predomina o comércio de café, especiarias e tabaco.

Renglet: cidade em Cingapura, no caminho de Pahang.

STANLEY HAYAMI

Issei: termo que designa a primeira geração de imigrantes japoneses, que chegaram aos Estados Unidos antes do Ato de Imigração de 1924. Entre 1861 e 1940, mais de 250 mil japoneses imigraram para os Estados Unidos e Havaí.

Kibei: pessoa nascida nos Estados Unidos de ascendência japonesa, que retorna ao Japão para receber sua educação.

Manzanar: complexo de internamento para nipo-americanos durante a Segunda Guerra Mundial, localizado na Califórnia. Foi foco de muitos protestos de nipo-americanos revoltados com a política de confinamento imposta pelo governo.

YITSKHOK RUDASHEVSKI E CLARA SCHWARZ

Belzec: complexo de campos de extermínio instalados pela Alemanha nazista próximo à vila de Belzec, na província de Lublin, Polônia.

Stormführer: comandante dos pelotões de assalto de Hitler. *Führer* significa "líder" em alemão.

Szepetovka: cidade na fronteira entre Polônia e a antiga URSS. Frequentemente utilizada como ponto de registro e transporte dos judeus capturados pelos nazistas.

Tarnopol: cidade na Ucrânia ocidental (antiga URSS).

Volksdeutsche: indivíduo de ascendência alemã — a Alemanha nazista oferecia privilégios aos indivíduos nos territórios ocupados que fossem capazes de provar serem de ascendência alemã.

Baby-san: jovem garota vietnamita.

Baía de Cam Ranh: porto vietnamita de águas profundas que foi usado como grande complexo militar pelos Estados Unidos durante a guerra.

Betsy: irmã de Ed Blanco, dois anos mais nova.

Bookoo : muito; muito bom. Derivado do francês *beaucoup*.

Charlie: gíria usada para se referir aos vietcongues.

Dd na área (dar um): gíria, significa "limpar a região".

M-16: rifle padrão utilizado pelos militares americanos no Vietnã a partir de 1966.

M-60: metralhadora leve utilizada pelos militares americanos no Vietnã.

Mata: termo empregado pela infantaria para se referir ao teatro de guerra; selvas ou áreas pantanosas distantes do conforto da civilização.

Perímetro: limite exterior de uma posição militar. A área para além do perímetro pertence ao inimigo.

Phan Rang: local de uma base da força aérea e do exército americanos.

Phan Thiet: capital de província e cidade costeira no Vietnã que era o local de uma base militar americana chamada ZP (Zona de Pouso) Betty.

PO (estar de): quando um grupo de soldados é mandado para

além da linha de frente para investigar; a sigla é derivada de Posto de Observação.

Rações: refeições comerciais preparadas e enviadas aos fuzileiros e ao exército no Vietnã. Vinham em embalagens individuais para serem comidas quentes ou frias. Cada embalagem continha uma lata de carne, uma lata de frutas, pão ou sobremesa, e uma embalagem acessória contendo cigarros, fósforos, goma de mascar, papel higiênico, café, creme, açúcar, sal e uma colher.

Ralar, camelar: marchar ou carregar a mochila; a realização de qualquer tarefa árdua.

VC: Viet Cong; a Frente de Libertação Nacional, as forças comunistas que combatiam o governo do Vietnã do Sul.

Zlata Filipović

Dubrovnik: antiga cidade na costa do mar Adriático, no extremo sul da Croácia. É um popular destino de turistas.

OTAN: Organização do Tratado do Atlântico Norte, uma organização internacional cujo principal objetivo é facilitar a colaboração defensiva em benefício da segurança da América do Norte e da Europa. A OTAN foi criada após a Segunda Guerra Mundial, de acordo com o Tratado do Atlântico Norte, assinado em 4 de abril de 1949. A premissa central é de que um ataque contra um país europeu ou norte-americano equivale a um ataque contra todos eles.

Sarajevo: capital da Bósnia-Herzegovina. Foi lá que um bósnio chamado Gavrilo Princip assassinou o arquiduque Francisco Ferdinando em 1914, precipitando a Primeira Guerra Mundial. Desde abril de 1992, a cidade foi alvo de sítio por parte das forças dos sérvios bósnios na sua luta pelo estabelecimento de uma nova república independente. Um ultimato das Nações Unidas e as ameaças da OTAN obrigaram todos a um cessar-fogo em fevereiro de 1994. O armamento pesado sérvio foi retirado dos pontos mais elevados ao redor da cidade, mas o governo bósnio só declarou oficialmente encerrado o sítio à cidade em 29 de fevereiro de 1996.

ONU: a Organização das Nações Unidas é um organismo internacional formado após a Segunda Guerra Mundial; originalmente o termo fora usado pelo presidente americano Franklin D. Roosevelt para se referir aos Aliados. A ONU inclui hoje 191 países filiados, que se comprometeram a cumprir as orientações gerais definidas pela carta da ONU pelo reforço da paz mundial.

Shiran Zelikovich e Mary Masrieh Hazboun

Arafat: nascido em 1929, Yasser Arafat foi o presidente da Autoridade Nacional Palestina de 1993 até sua morte em 2004. Figura controversa, ele foi o fundador da Organização pela Libertação da Palestina e recebeu o Prêmio Nobel da Paz em 1994.

Beit Jala: cidade próxima a Belém.

Beit Le'hem: grafia alternativa para Belém, cidade na Cisjordânia, ao sul de Jerusalém, que é tradicionalmente considerada o local do nascimento de Jesus.

Beit Sahour: cidade próxima a Belém.

Gaza e faixa de Gaza: faixa de território costeiro no mar Mediterrâneo, entre o Egito e Israel. Gaza é a sua maior cidade e porto.

Jenin: pequena cidade de maioria palestina localizada na porção norte da Cisjordânia. A ONU estabeleceu lá um grande campo de refugiados, em 1953, para abrigar os fugitivos da guerra árabe-israelense de 1948. Jenin foi palco de contínuos conflitos entre palestinos e israelenses e é supostamente o local onde começou a segunda Intifada.

Marwan Barghouti: líder palestino que foi capturado e julgado por assassinato em massa, em meio a grande controvérsia.

Nablus: também grafada Nablis; grande cidade ao norte da Palestina e antigo centro da Intifada.

Petah Tikva: cidade industrial de Israel, a nordeste de Tel Aviv.

Powell: Colin Powell, antigo secretário de Estado norte-americano.

Sharon: nascido em 1928, Ariel Sharon foi eleito primeiro-ministro de Israel em 2001. Serviu ao exército israelense por um longo período e manteve cargos no governo como ministro da Defesa e de Assuntos Exteriores. Sofreu um grave derrame em janeiro de 2006 e permanece em coma.

Tawjihi: série de exames finais para os estudantes palestinos que concluem o segundo grau.

UNRWA: a Agência de Auxílio e Trabalho Humanitário das Nações Unidas para refugiados palestinos no Oriente Próximo oferece serviços sociais, de educação, auxílio médico e de emergência para mais de 4 milhões de refugiados palestinos.

Hoda Thamir Jehad

Abu Musab Al-Zarqawi: importante líder dentro do grupo de militância islâmica Al-Qaeda e um dos homens mais procurados do Iraque. Nasceu na Jordânia em 1966 e supõe-se que tenha comandado diversos ataques terroristas. Em junho de 2006, foi morto pelas forças americanas em Bagdá.

Al-Qaeda: extensa rede de militantes islâmicos, que significa "fundação", e é chefiada por Osama Bin Laden. Foi reconhecida pela maioria dos países como organização terrorista internacional. A Al-Qaeda alega que está respondendo à presença militar americana em diversos países islâmicos (principalmente a Arábia Saudita), à ajuda dos Estados Unidos a Israel no conflito contra os palestinos e mais recentemente à invasão e ocupação do Iraque.

Brigada Mahdi: milícia formada por insurgentes xiitas no Iraque. O povo xiita do Iraque foi brutalmente reprimido durante o regime de Saddam Hussein.

Fedayin: termo que significa, de maneira geral, "aquele que está pronto para sacrificar a própria vida", mas também é usado como nome próprio para designar o grupo que permaneceu pró-Saddam no Iraque do pós-guerra.

Nasiriyah: cidade iraquiana às margens do rio Eufrates. Por localizar-se na encruzilhada entre diversas estradas, tornou-se de grande importância estratégica durante a Guerra do Iraque e foi palco de significativa movimentação militar.

SOBRE AS ORGANIZADORAS

Zlata Filipović tornou-se mundialmente conhecida quando seu diário foi publicado em 1993 e se transformou imediatamente em best-seller, relatando a vida da adolescente na devastada cidade de Sarajevo. Publicado pelas editoras Viking e Puffin Books, já foi traduzido para 36 idiomas. Zlata obteve bacharelado em ciências humanas pela Universidade de Oxford (2001) e mestrado na área de saúde pública em estudos da paz internacional pelo Trinity College, em Dublin (2003-4). Foi convidada por diversas escolas e universidades em todo o mundo para falar sobre sua experiência, e já trabalhou em diversas ocasiões com diferentes organizações, como a Casa Anne Frank, a ONU e a UNICEF, além de ter sido três vezes jurada do Prêmio de Literatura para Crianças e Jovens em nome da Tolerância, da UNESCO. Sua obra escrita inclui contribuições para muitos livros e periódicos, como o prefácio para *The freedom writers diary* (Doubleday, 1997), e a tradução inglesa e o prefácio de *Milosevic: The people's tyrant* (Tauris, 2004). Colaborou para *Prentice Hall Literature, the Penguin Edition: Grade 6* (Prentice Hall, 2007). Recentemente, trabalhou na Divisão de Crianças em Conflitos Armados da ONU em Nova York, sob a supervisão de Olara Otunnu, e concluiu um simpósio internacional sobre resolução de conflitos.

Melanie Challenger é uma premiada autora de poesia e prosa. Em 2005, recebeu da Sociedade de Autores o Prêmio Eric Gregory de poesia, e em seguida publicou sua primeira coletânea, *Galatea*. Como libretista, adaptou os diários de Anne Frank para as *Annelies*, do compositor britânico James Whitbourn, a principal contribuição musical nos eventos que marcaram o sexagésimo aniversário do Dia do Memorial ao Holocausto no palácio de Westminster, em Londres. Depois de se formar na Universidade de Oxford em 2000 e obter o diploma em língua e literatura inglesas, ela criou a Fundação Mostar, que trabalha com organizações como a Casa Anne Frank, a UNICEF, a Royal Philharmonic Orchestra e o British Council em projetos que fazem uso da música e da literatura para promover a consciência moral entre os jovens. Colaborou com o premiado compositor britânico Tarik O'Reagan em um oratório para marcar o Dia Internacional da Paz da ONU, em Nova York.

1ª EDIÇÃO [2008] 7 reimpressões

ESTA OBRA FOI COMPOSTA EM NEW BASKERVILLE PELO ESTÚDIO O.L.M. E IMPRESSA EM OFSETE PELA GRÁFICA BARTIRA SOBRE PAPEL PÓLEN SOFT DA SUZANO S.A. EM DEZEMBRO DE 2020

FSC
www.fsc.org
MISTO
Papel produzido a partir de fontes responsáveis
FSC® C105484

A marca FSC® é a garantia de que a madeira utilizada na fabricação do papel deste livro provém de florestas que foram gerenciadas de maneira ambientalmente correta, socialmente justa e economicamente viável, além de outras fontes de origem controlada.